# 科技人力资源管理

Science and Technology Human Resource Management

主　编：周　丽

副主编：王珏珽　朱王海　彭达枫　余腾夏

Wuhan University Press
武汉大学出版社

**图书在版编目（CIP）数据**

科技人力资源管理/周丽主编. — 武汉：武汉大学出版社，2023.1
ISBN 978-7-307-23533-5

Ⅰ．科… Ⅱ．周… Ⅲ．人力资源管理 Ⅳ.F243

中国国家版本馆CIP数据核字（2023）第004824号

责任编辑：周媛媛 冯红彩 责任校对：牟 丹 版式设计：文豪设计

出版发行：**武汉大学出版社** （430072 武昌 珞珈山）

（电子邮箱：cbs22@whu.edu.cn 网址：www.wdp.com.cn）

印刷：三河市京兰印务有限公司

开本：710×1000 1/16 印张：19.5 字数：319千字

版次：2023年1月第1版 2023年1月第1次印刷

ISBN 978-7-307-23533-5 定价：58.00元

# 主 编 简 介

　　周丽，湖南衡阳人，工商管理博士，肇庆学院应用经济学教授，主要研究方向为产业经济学、科技成果转化、创新创业管理。肇庆市政府落实珠三角规划纲要顾问、政协智库成员、发展策略与规划专家、广东省国土空间规划专家、广东省技术经济与管理现代化研究会副理事长。先后在《中国流通经济》《华东经济管理》《技术经济与管理研究》《东北农业大学学报（英文版）》《改革与战略》，以及国际期刊、学术会议等发表学术论文40余篇，出版著作和教材20余部。曾获得广东省社科联成立50周年优秀决策咨询成果奖、广东省哲学社会科学优秀成果三等奖、肇庆市优秀哲学社会科学优秀成果一等奖、肇庆学院优秀科研成果一等奖、肇庆学院优秀教学成就奖等多项奖项，并获广东省优秀社科普及工作者，肇庆市优秀教师等荣誉称号。肇庆市第十一届、第十二届政协委员。

# 《科技人力资源管理》编委会

# 前 言

　　习近平总书记在党的二十大报告中对我国科教兴国战略再度提出了新规划、新目标和新征程，强调"我们要坚持教育优先发展、科技自立自强、人才引领驱动，加快建设教育强国、科技强国、人才强国，坚持为党育人、为国育才，全面提高人才自主培养质量，着力造就拔尖创新人才，聚天下英才而用之"。按照党中央的决策部署，把加快建设创新型国家作为现代化建设全局的战略举措，坚定实施创新驱动发展战略，强化创新第一动力的地位和作用，突出以科技创新引领全面创新，具有重大而深远的意义。随着知识经济时代的来临，经济全球化的进程不断加快，人才资源已经成为推动人类文明和支持经济社会发展的重要因素。相对于物质、资本等要素而言，人才要素更为积极和活跃，在全球范围内的流动、循环、配置也将更加广阔。而今社会的竞争，更多的是人的创造力的竞争。科技人力资源的积累是国家促进自主创新以及科学技术发展的根本前提。在实施创新驱动发展战略的同时，科技人才资源的合理配置和优化，能使社会的整体创新绩效得到有效提高。

　　当今，国际综合国力竞争日趋激烈，人才资源作为经济社会发展第一要素的特点和功能更加突出，科技人力资源已经成为世界各国竞相争夺的战略资源和核心资源。经过多年的努力，我国的科技人力资源总量持续保持世界第一，综合素质不断提高，科技人力资源红利期即将来临。进入新时代，中国正以更加开放的姿态融入国际人才流动配置的大循环中。国内区域发展不平衡、不充分这一现象背后深层次的原因之一就是人才短缺，亟待探索适合新时代的人才流动机制，加快形成规模宏大、结构合理、素质优良的创新型人才队伍。

科学技术是第一生产力。科技能力已经成为衡量各国竞争力的重要指标，而科技人力资源是衡量各国科技能力的关键。科技人力资源是一种具有主观性的特殊资源，它在一定程度上会因外界条件的作用而产生地域上的迁移，从而产生集聚效应。我国属于人口大国，要充分利用和发挥科技人力资源集聚的积极作用，必要时发挥政府的宏观调控作用，有的放矢地实现科技人才集聚，为增强综合国力打下坚实的基础。

本书基于科技人力资源管理理论体系，基于"专精特新"企业案例，基于行业"隐形冠军"的成功经验，具备如下特点：①深入开展理论研究。阐述了企业科技人力资源管理的相关基本概念，探讨人力资源规划、培训开发能力、知识管理、绩效、伦理、薪酬、创新管理等方面的内容，分析新时代科技创新的"四个面向"（面向世界科技前沿、面向经济主战场、面向国家重大需求、面向人民生命健康）以及所面对的困难挑战。②突出企业实践应用。通过分析"专精特新"、行业"隐形冠军"等先进企业科技人力资源管理中探索和积累的经验，以及存在的问题，提出了应对方案，具有可探索、可借鉴、可研究、可应用的实证意义。③提出有效策略路径。论述科技人力资源管理定位中的使命、价值、变革及创新点，理论回归实践，实践强化理论，从多方面、多层次提出贴合实际的科技人力资源管理具体策略。

本书既可作为高等院校工商管理、公共管理、人力资源管理的专业教材，也可供企业、政府及各类公共组织管理者学习和参考。

# 目 录
## CONTENTS

# 第一章 导 论

　　新时代创新与科学技术的重要性越来越突出，创新引领发展。新时代的突出变化，对企业的人力资源管理带来影响。同时，科技创新的主体是企业，企业进行科技创新依靠科技人力资源。从企业经营管理角度来看，科技人力资源管理极为重要。科技人力资源管理就是依靠企业对科技人才实施的各种管理手段，实现企业绩效增长，在时代中获取成功的方法，更加细化了企业人力资源管理方面的内容。

　　我们在颠覆性创新中不完全追求以成功为导向，成功与不成功只是客观结果，颠覆创新中的失败也会造就很多人才，他们要把自己的经验和思想全部分享出来，一是能够启发别人，二是换一个岗位，带着这个曾经失败的方法，可能在其他领域中取得成功。

——华为技术有限公司董事、CEO 任正非

【学习要点】

☆ 科技创新变革

☆ 科技人才的重要性

☆ 数字化技术的应用

## 【案例导入】

# 华为公司人力资源管理

## 一、公司简介

华为创立于 1987 年，目前是全球领先的信息与通信基础设施和智能终端提供商。华为拥有个人及家庭产品和商用产品及方案两大方面的业务内容，其中个人及家庭产品包括手机、笔记本电脑、平板电脑等，商用产品及方案包括企业无线、企业网络、华为云等产品及行业解决方案。

随着数字经济时代、互联网时代深入发展，全球经济艰难前行，同时也存在更大的不确定性。华为在此环境下不断克服挑战，重视高新技术的研究开发，将技术应用到各行各业，实现数字化转型、智能化升级，在技术发展中受益，保障了客户产品品质、服务质量和企业员工利益。

华为注重研发，保持较高水平的研发投入，2021 年研发费用支出 1427 亿元，约占全年收入总额的 22.4%（如图 1-1、图 1-2 所示），全球位列第二。华为配备了高水平的科研人才组成科技研发团队，拥有较多科研成果，截至 2021 年 12 月 31 日，华为在全球共持有有效授权专利 4.5 万余族（超过 11 万件）。正是华为持续的科技研发，助力其获取了关键性竞争优势。

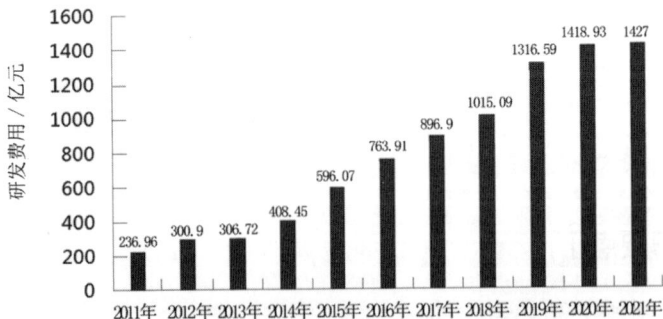

图 1-1　2011—2021 年华为研发费用

（资料来源：根据华为历年年报整理）

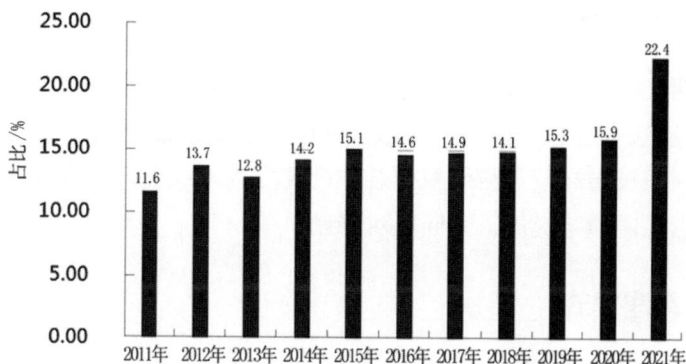

图 1-2　2011—2021 年华为研发费用占全年收入的比重

（资料来源：根据华为历年年报整理）

## 二、人力资源发展

### （一）人才结构

截至 2021 年年底，华为员工总数约 19.5 万人，近年来其员工总数呈上升趋势（如图 1-3 所示），只有 2021 年较 2020 年的 19.7 万人减少了约 2000 人，但是，其研发人员数量仍然占比较高。2021 年，华为研发人员约 10.7 万人，约占总人数的 54.9%。

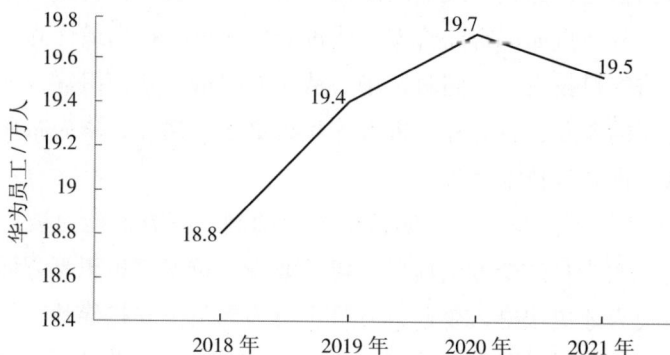

图 1-3　2018—2021 年华为员工总数变化趋势

（资料来源：根据华为历年年报整理）

## （二）科研力量

华为拥有雄厚的科研力量，一方面，华为核心管理层拥有较强的学历背景和实践经验，坐拥来自海外各国高科技人才及团队，人才力量充足；另一方面，华为积极与高校、科研机构合作，建立人才联盟伙伴模式，与高科技人才进行思想碰撞与交流，共同应对难题。

## 三、管理模式

### （一）企业文化及理念

华为塑造其企业文化，深入实施并应用文化理念，在其企业人力资源管理及科技人员的管理中发挥了作用。狼性文化是华为人才管理重要的价值文化观念。华为的狼性文化解决了员工团队精神合作的问题，为员工提供持续动能，提高员工之间的配合效率。华为强调以奋斗者为本，"板凳敢坐十年冷""胜则举杯相庆，败则拼死相救"是员工的力量源泉，奋斗理念深入每一位华为员工的心中，是华为人的情怀。

### （二）人才战略

（1）招聘及人才引进。华为认为，招聘失误所带来企业发展机会成本的损失远远大于招聘成本，因此华为重视招聘的每一个环节。在招聘中，华为会主动营销自己，如其下设部门高校联络办，主动寻找科技人才，提高效率。华为也十分注重面试官的管理，通过资格认证选拔出最优秀的人去选拔挖掘更加优秀的科技人才。同时，华为从海外引进人才，组建人才队伍。随着互联网应用的普及，自海外引进人才具有更多的途径，华为布局国际高科技人才团队，提高其技术优势。

（2）人才培养。华为内部实行全员导师制，各方面能力被认可的导师对新员工进行六个月的全方位辅导，包括业务、技术、思想等方面，使具有高水平的科技人才更快融入企业，并且也会为老员工安排导师，使其更加适应企业的组织管理及变化。华为还联合多所高校，开设华为云、HarmonyOS等相关课程，上线多门慕课，加强员工培训，为科技人才提供持续学习的路径。此外，华为深入构建产学研协同交流机制，为科技人员提供进修和授课的机会，将理论知识与企业的实践相结合。

### （三）科技人力资源激励机制

华为在科技人力资源的激励机制方面具有多元化的特点，主要分为两方面，即短期激励和中长期激励。

（1）短期激励。短期激励主要体现在薪酬方面。研究显示，在众多激励因素中，薪酬对科技人才的激励效果最显著。华为同样将薪酬放在员工激励的首要位置，提供具有竞争性的科技人员薪酬。2021 年，华为用于员工工资、奖金及其他福利的支出合计 1371 亿元（如表 1-1 所示）。华为的薪酬机制将科技人员划分为不同的等级，根据不同的等级支付相应的薪资。

表 1-1 2017—2021 年华为的薪酬统计

| 各类薪酬计划 | 2017 年 | 2018 年 | 2019 年 | 2020 年 | 2021 年 |
|---|---|---|---|---|---|
| 工资、薪金及其他福利 / 亿元 | 1068 | 1124 | 1349 | 1391 | 1371 |
| 时间单位计划 / 亿元 | 172 | 169 | 140 | 96 | 65 |
| 离职后计划及其他 / 亿元 | — | — | — | — | — |
| 设定受益计划 / 亿元 | 37 | 38 | 47 | 52 | 52 |
| 定额供款计划及其他 / 亿元 | 126 | 135 | 146 | 122 | 156 |
| 雇员费用及合计 / 亿元 | 1402 | 1466 | 1683 | 1661 | 1645 |
| 雇员人数 / 万人 | 18 | 18.8 | 19.4 | 19.7 | 19.5 |
| 人均收入 / 万元 | 59.33 | 59.79 | 69.54 | 70.61 | 70.31 |

（2）中长期激励。中长期激励主要是股权激励，华为实行全员持股的方式，也就是企业内部的核心员工拥有股权，这对全体员工而言具有较强的激励作用，而主要创始人任正非仅拥有 0.84%（截至 2021 年 12 月 31 日）的华为股份。华为的股权激励制度发展至今，已逐步升级为劳动激励，使员工拥有的是分红权或者剩余索取权。这种不具备资本性质的劳动激励，能真正地将员工创造的价值返还给员工，尤其对科技人才来说无疑是极为有效的一种激励方式。

## 四、成功经验

科技人才是企业变革创新的关键，是在新时代背景下响应政策号召的重要因素，华为在科技人力资源管理各方面的具体实践，能够为正在探索科技创新道路、实施有效的科技人力资源管理政策的企业提供成功经验。

（1）加强企业文化建设。华为的成功在很大程度上归功于企业文化建设的成功。塑造企业文化并较好地融入人力资源管理的实践中，能够有效加强员工对企业的忠诚度和归属感。企业的文化及核心价值观的引导，能够满足科技人才对职业发展的自我价值实现的追求，使其对科技研发工作形成自觉主动性，从而使企业与科技人才形成一个双向成就的价值关联。

（2）实施精准的人才挖掘体系。从华为在人才挖掘之中的实践得到如下启示，企业的科技人力资源管理要实施精准的人才挖掘体系。企业不仅要基于规范的评价体系，开放合作，树立多元开放的人才观，在国内外吸引高科技人才，招聘、引进不同层次的科技人才，而且不能坐以待毙，应积极主动出击，基于企业自身需求，寻找创新型科技人才。

（3）构建完善的人才培养平台。华为在科技人才的培养方面采用全员导师制、线上课程、产学研深入协同等措施，建立了较为完善的人才培养机制。对于企业来说，要搭建完善的人才培养平台，为企业科技人才培养工作的有效性奠定基础。通过多方面的人才培养模式，填补企业在人才培养方面人力资源管理制度的空缺，完善企业组织运行机制，同时提高科技人才的想象力、创造力，激发科技人才的创新潜能。

（4）健全多元化的人才激励机制。华为拥有多元化的人才激励机制。薪酬制度和股权激励属于物质激励，企业文化观念属于精神激励，华为实现了物质激励和精神激励的结合。由于企业科技人才的需求并非完全一致，因此多元化的激励机制更具有科学性，以不同的角度来激励不同的员工，能够有效提升科技员工的学习和工作效率。同时，科技员工的需求在大致方向上存在一致性，通过对主要激励因素的作用，能够较为有效地发挥效果，实现高效的科技人力资源管理。

## 五、发展与总结

当前在数字经济发展趋势下，互联网技术的影响越来越广泛，企业对于科技人才的需求越来越高，科技创新引领企业的发展。华为深知这一点，所以在发展的过程中，华为持续提高其研究开发能力，保持较高比例的研发投入和科技员工薪酬投入。华为的科技人力资源管理围绕着建设高水平的科技团队：文化和价值理念驱动人才；注重招聘及人才培养；多元化的激励机制；高度有效的股权激励模式；等等。这为企业带来多方面的成功经验，同时也给我们以启示：建立高水平、高稳定性的科技人才团队，是企业运行发展的底气，为科技人力资源管理工作带来更多的积极影响；只有高度完善、多元发展的人力资源管理模式，才能实现企业科技人力资源管理的目标。

# 第一节　新时代下科技人力资源管理

新时代下，各种科技手段的发展、大数据的普及、新用工模式的出现，为各行各业带来了新的理念和思想，科技创新被提到更加重要的位置上来。在此背景下，互联网成为当前企业所面对的最显著的背景特征，继而塑造了数字时代与数字经济，冲击着企业的人力资源管理，导致企业用工模式出现新变化。随着共享时代的到来，人力资源管理有了新发展。

## 一、新时代科技创新的"四个面向"

坚持以科技创新为核心的全面创新是实现经济高质量发展的根本前提。当前我国面临着国际竞争和国内需求的双重压力，新时代下，习近平总书记提出科技创新的"四个面向"。"四个面向"是针对科技创新而提出的，科学地判断了当前经济发展形势和发展阶段，将科技、经济、社会、人民统一起来，融入科技之中，不仅引领科技事业的长期发展，为经济社会带来更高质量的发展，而且给人们的生活带来重大变化，满足人民对美好生活的期待。

## （一）面向世界科技前沿

百年未有之大变局之际，科技创新是关键要素。要想提高科技创新能力，实现科技的持续、高质量创新，首先要面向世界科技前沿。世界科技前沿描绘了科技发展的总体方向，面向世界科技前沿是在国内外科技发展中赢得先机的重要战略选择。引进国际上先进的科学技术，在经济社会的重构及发展中发挥了重要作用，但长期来看，往往会陷入"引进—落后—再引进—再落后"的恶性循环，属于"治标不治本"的行为。所以在科技创新方面，应拒绝单纯地引进发达国家的先进技术，而是应该将国际上的先进技术作为指引方向及目标，不断提高自身的科技创新水平，实现高水平的自立自强。同时，原始创新能力的加强是面向世界科技前沿的基本要求，也是新时代下科技创新价值观的集中体现，代表着国家的科技实力和基础，培育科技创新人才也就成了各国的重点任务。在未来，伴随各类危机的频发，必须在面向世界科技前沿的同时，做到前瞻性的科技战略布局，在世界科技竞争中赢得先发优势。

## （二）面向经济主战场

面向经济主战场是科技发展最终落实的根本任务，是新时代下经济转型升级的内在需要。科技创新要面向经济主战场是基于当前科研成果转化不顺、成果自我封闭现象严重这一事实而提出的，要想实现将科技转化为现实的生产力，还需要使科研与经济紧密结合，在实践中检验科技成果，在现实中落地。高质量发展阶段需要转变经济发展方式，这些变化都需要科技创新能力的提高。推动科技创新与经济融合，提高科研成果的针对性，必须契合经济社会发展的需要，增强科技创新成果与经济的适配性，并且能够做到现实上的落地；要围绕产业链，对创新链进行布局，确立企业的创新主体地位，提高科技成果转化效率。

## （三）面向国家重大需求

面向国家重大需求是科技发展的使命，是科技创新的重要战略指向。面向国家重大需求也就是以需求为导向，从国家的迫切需要和长远需求出发，解决发展中的实际问题及战略难题。目前，我国科学技术的发展在某些领域已处于世界领先地位，但还存在一些"卡脖子"的问题，这也是当前所迫切需要做出创新改变的部分，也就是国家的重大需求。针对这些短板和弱项，要在重点"卡脖子"的领域内加强核心技术的研发落实，实现"补短"；同时在优势领域内继续锻造"杀手锏"，稳定国内经济发展，持续提升其在全球范围内的领先地位，成为该领域的领跑者，实现"拉长"。

### （四）面向人民生命健康

面向人民生命健康是科技发展必须遵循的价值导向。科技水平的高低在很大程度上影响着人们的生活和工作，面向人民生命健康是现实发展的必然要求，也是时代强有力的号召。因此，在疾病防控、食品安全、医疗卫生等方面，需要切实提高技术水平和科研创新能力，为人民提供更高水平的健康生活，这体现了人民至上、生命至上的理念。

## 二、互联网时代下人力资源管理背景

互联网技术快速发展，互联网时代悄然而至，给人们的生活、工作带来了某种方便，也给人们的生活方式带来了变化。在互联网时代背景下，企业的发展及现状也发生了重大变化。互联网技术融入人力资源管理工作，提高了企业效率，拓宽了经营销售渠道。

### （一）互联网时代已是大势所趋

目前，互联网时代已是企业发展所必然面临的未来趋势。互联网时代下，互联网技术不断创新，观念不断碰撞，经济社会已经进入一个全新的发展形态，成为各行业、各企业构建核心竞争力及顺应时代潮流的必然选择。

互联网时代与企业人力资源管理的结合，已是未来发展的必然趋势。人力资源管理作为企业日常经营管理事务中的重要部分，体现企业的软实力和内在动力，做好人力资源管理，能增强竞争力，促进企业发展。

### （二）市场竞争越发激烈

随着互联网技术的不断发展，越来越多的企业积极运用互联网技术参与到市场竞争中来，企业在新时代中面临的市场竞争越来越激烈，这种竞争主要体现在两个方面。

（1）需求变化较大。互联网技术的逐渐普及使消费者的需求出现了较大的变化，市场的整体需求出现多样化的趋势，消费者可以通过互联网接触更多的商品信息，选择替代商品的难度较低，对产品性价比的要求越来越高。

（2）人才争夺越来越激烈。随着互联网技术的发展，企业对人才的需求数量增多，采取的招揽人才的方式也越来越多，可以在互联网上通过各种方式与同类型企业竞争人才资源。

### （三）互联网时代下对人力资源管理的要求变化

互联网时代下，经济发展进入新常态，技术水平发生了重大变化，这也对企业的人力资源管理提出了更高的要求。

（1）高素质技术人才短缺。随着互联网技术在人力资源管理工作中的应用，企业对员工的创新能力、管理能力的要求提高，对专业技术人才的需求量猛增。但是，当前企业面临着高素质技术人才匮乏的问题，不仅是专业复合型人才的供给跟不上，员工素质有待提高，而且存在企业人才管理不善的问题，不能满足新时代的要求。

（2）新技术的应用有限。由于互联网的冲击和经济增长模式的变化，新技术对于企业的生产经营和竞争力的塑造带来巨大影响，大数据、云计算等先进技术在企业发展过程中的作用愈发重要，使企业人力资源管理的线上、线下结合成为可能，所以，市场对企业的技术创新能力要求更高，企业人力资源管理与新技术的融合也正在进行中。但是，目前企业对于新技术的应用有限，运用新技术进行人力资源管理的企业往往是那些与科学技术高度相关的企业，其他类型企业对新技术的应用较少。

（3）管理灵活性不足。互联网时代的到来，使得时空的限制被打破，信息传输效率大大提高。互联网在促成信息加速传播的同时，企业产品的生命周期随之被缩短，这就需要企业战略与人力资源管理工作能够做出快速响应，对企业策略及管理的灵活性要求更高。

专栏 1-1

# 美团：互联网下的人才管理

## 一、公司简介

美团成立于 2010 年，全称北京三快在线科技有限公司，是国内领先的生活服务电子商务平台。十几年来，美团不断发展、扩张其业务范围，拥有美团、大众点评等众多为消费者所熟知的 App，涉及餐饮、外卖、娱乐、购物、旅游、住宿等领域，连接了消费者与商户。互联网时代，美团在市场环境的新变化中，开始人才的争夺及培养。

## 二、互联网背景下的美团

### （一）互联网带来用户需求的变化

互联网时代的深入发展，促使互联网技术应用到各行各业之中，同样，处于互联网中的美团，也受到此影响。互联网技术的不断发展，使得企业所面对的消费者的观念产生变化并且有了更多的消费选择。当前，新时代人群（指 1995 年至 2009 年出生的人）成为消费的主力军，所以美团改变其战略规划，适应互联网时代与新时代人群的新需求。

### （二）人才紧缺现象出现

互联网时代及互联网技术的发展，使得美团及各企业对科技人才的需求增加，再加上企业扩展电商渠道，实施数字化转型，使得美团对人力资源的需求量急剧上升，出现人才紧缺的现象，尤其是领军型人才、创新型人才等关键人才短缺。

美团在人才紧缺的同时也注意人才储备风险，不仅严格控制新员工的数量与质量，而且随着企业的发展以及市场竞争的越发激烈，及时调整企业内部人才结构，保持高稳定性的人才队伍。

### （三）将科技提到战略高度

2021 年 9 月，美团将其战略从"Food + Platform"升级为"零售 + 科技"；同年 11 月，美团宣布全国首个城市低空物流运营示范中心落户上海。在互联网时代下，这些都证明了科技人才对美团的作用越来越重要。在日趋变化的市场环境中，美团作为一家互联网平台型企业，规模的扩张越来越具有不确定性，而加大研发投入与吸引科技人才成为当下的重要工作。

## 三、人才争夺及培养

面对互联网时代所带来的用户需求变化、人才短缺、科技人才重要性等特点，美团在人力资源管理方面不断创新其手段、模式，开始人才的抢夺及培养，建立合理的培养体系，实现精兵强将、降本增效的目标。

### （一）人才培养理念

美团在人才培养方面，始终坚持"长期有耐心"。从人才培养的效果来看，其方法论主要是"和高人聊，从书上学，在事上练"，这对企业的科技人力资源管理部门提出了更高的要求。

对于科技人才，美团采取人才管理不设限、成长边界不假设的方法。美团所采用的科技人才所具备的经验占其次，重要的是要有很强的学习能力，能够适应快速变化的市场，同时也需要认同美团的价值观。不假设科技人才的成长边界，是不希望科技人才束缚自身的能力，消除自我设限的局限性。

同时，美团在人才发展方面，为员工设置了"双通道"的人才发展机制，对于科技人才来说，主要有初做者、骨干、专家、研究员、科学家等的专业发展方向，为科技人才提供了清晰的发展路径。

### （二）专业人才培养体系

美团采用混合式人才培养方式，对科技人才进行培养时，往往设置70% 的实践学习、20% 的人际学习和 10% 的课堂学习。对于新员工以及在校生而言，美团采取了青橘计划，为优秀在校生量身定做，旨在培养优秀的互联网人才。进入美团的新员工、应届生还会接受为期一周的封闭式集训，对专业科技人才采取专业力、通用力等多方位的素质培养。对于内部干部来说，美团主要制定了核心课程和一对一辅导的学习机制，制定标杆标准，形成完善的科技人才个人及团队的复盘机制。对于核心高管来说，美团按照固定的时间周期，开展产品专项讨论会、月会、季度会分享，时刻掌握产品项目的研发进度。

### （三）"互联网＋大学"

2016 年，美团设立了"互联网＋大学"，顺应互联网时代的发展趋势，推进企业的人才培养工作。"互联网＋大学"下设各学院，为内部员工提供持续学习的平台，打造复合型人才。

### 四、发展与总结

美团依据互联网时代下衍生出人才需求的新特点，不断完善人才培养制度，以便为企业培养、提供更高质量的人才。在未来，互联网时代下的人力资源管理应当以创新为驱动力，秉持以人为本的基本理念，给予员工最大的支持，坚持以技术赋能打造企业的核心竞争力。

## 三、数字时代对人力资源管理的冲击

互联网的发展为企业人力资源管理所处的时代带来新的内容，而数字时代则是互联网时代及互联网技术发展到一定阶段的必然趋势。数字时代塑造数字经济，数字经济的发展则带来了企业内部的变革，同时，企业的组织模式、管理机制、经营模式也需要进行数字化的变革。这给企业的人力资源管理工作带来冲击，造成企业人力资源管理边界、管理理念及机制、技术赋能三方面的变化，为企业的人力资源管理工作提供了新的思路。

### （一）人力资源管理边界

数字时代下，数字技术发展迅速，企业数字化进程加快。数字化技术逐渐消解了企业人力资源管理实践中时间与空间的限制，企业人力资源管理边界更加模糊，这使得合作与多元化成为新趋势，员工越来越多地参与企业管理。

（1）合作与多元化成为新趋势。数字时代下，组织内部、外部边界逐渐消融，合作共生成为越来越多企业的选择，企业的人力资源管理工作在内部、外部逐渐加强合作，协同共生，走多元化的发展道路。领导者与员工之间建立合作关系，领导者注重每一位员工实现员工个体价值，从而提高整体员工的忠诚度、满意度和敬业度。同时，企业更加注重跨界融合发展，引进多元复合型人才，满足企业人力资源管理在数字时代的发展需要。

（2）员工参与度越来越高。每一位员工都是企业人力资源管理中的重要部分，人力资源管理组织边界的模糊化将每一位员工融入集体中，越来越多的员工参与到企业的经营决策中，让员工感受到与企业"共进退"的整体化理念。同时，数字技术打破了时空的局限，使得线上办公软件及自动化越来越普及，员工不论在办公室、家中，还是其他各种场景中，只要有网络就能够随时随地办公，管理者也能够通过数字化成果更加便利地与员工交流，降低沟通成本，提高工作效率。

## （二）管理理念及机制的变化

随着企业人力资源管理在人才、技术、效率方面的要求越来越高，在数字时代为企业提供变化趋势参考的情况下，企业的人力资源管理理念及机制受到冲击。同时，企业组织边界的模糊、时空局限的打破，使得企业员工雇佣关系松散，因此，企业应当在数字化不断发展的过程中，转变其管理理念及机制。

（1）企业管理理念的变化。数字时代及数字技术的发展要求企业转变、更新人力资源管理理念，秉持开放、包容的态度。企业需要坚持"以人为本"的理念，深入了解每位员工不同的能力，充分发挥人才的作用。另外，数字时代使得发展进程加快，企业还要对人力资源管理工作进行提前布局，培养前瞻性思维，使人力资源配置模式符合当下的发展趋势。

（2）企业管理机制的变化。在数字化时代背景下，原先的人力资源管理机制限制了人力资源潜力的发挥，因此企业的管理机制也发生了变化。数字时代迫切要求企业对人力资源管理进行合理规划，数字技术为企业人力资源管理规划提供了系统化、规范化的可能性。企业利用数字技术挖掘并搜集信息，以信息数据展开分析，了解企业内部人力资源管理发展状况及外部环境发展形势，生成、修改并落实人力资源管理的发展规划。

### （三）技术赋能

数字时代下，数字技术在企业组织管理中越来越多地被应用，平台化、数智化、在线化成为企业管理的主流趋势，人力资源管理越来越向着便捷化、精准化方向发展。通过信息技术的精确计算与推演，企业不但可以有效处理日常和突发事件，而且能够有针对性地对员工进行客观评估，招聘到适合企业发展方向的员工，将员工与岗位更好地进行匹配，提高企业运行效率。

在招聘流程、薪酬管理或激励机制中采取数字化技术，其自动化、规范化的操作流程给企业员工带来最大程度的公平。但是，数字技术在企业人力资源管理中的应用，也会造成去人性化的问题，使人力资源管理缺乏活力，成为冷冰冰的制度机器。

## 四、共享时代对人力资源管理的挑战

共享经济由互联网时代催生而来，完善了我国的经济结构。共享时代由互联网技术构建平台，社会上的各种闲置资源被整合起来，实现多元化、差异化的需求。2021 年，我国共享经济市场交易规模高达 36 881 亿元，大量存在于生活服务、交通出行、共享办公等领域（如图 1-4 所示）。共享时代下，网络信息快速发展，大数据技术得以广泛应用，用工形式也变得更加灵活，出现了共享员工这一新的用工形式。疫情背景下，共享员工成为企业的自救之举，为企业用工带来灵活选择、有效激励、数据化便利等机遇的同时，也对其内部的人力资源管理带来更多的挑战。

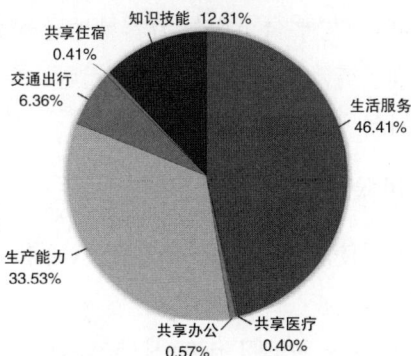

图 1-4　2021 年我国共享经济市场结构情况

（资料来源：国家信息中心分享经济研究中心）

## （一）企业人力资源管理既有体系受到挑战

伴随着共享经济的深入融合，共享用工这一形式在越来越多的企业中被应用，在一定程度上对企业日常的人力资源管理事务造成影响，其既有体系受到挑战。企业人力资源既有体系由原先的规范化层级结构，逐渐向扁平化方向发展，领导者与被领导者之间的层级结构减少，组织结构更加简化。同时，这也催生了企业人力资源管理的"去中心化"特征。"去中心化"并非没有中心，而是根据具体情况的不同，中心可随之转移，灵活性更强。并且，由于互联网技术助力共享员工的发展，其形式更加偏向平台化，平台在企业人力资源管理中所起到的作用越来越重要。但是，部分采用传统管理方式的企业难以适应这种更具灵活性的人力资源管理体系，在管理方式上转变困难，这是企业当前面临的一大挑战。

## （二）制度不完善导致员工维权难

共享员工在国内出现的时间较短，发展速度却迅猛，这就导致了当前国家关于共享员工方面的法律法规及制度措施尚不完善的问题，再加上政策的制定颁布具有一定的滞后性，劳动者、用工单位、平台三方之间的权利义务关系尚不明确，用工方式不统一，劳动关系模糊，导致共享员工维权困难。

（1）法律制度的缺失使得劳动关系界定困难。目前，在相关法律条文中，涉及共享用工的内容较少。共享员工在从事劳动过程中发生纠纷，解决问题时缺乏法律依据，维权困难。

（2）不完善的政策制度容易导致员工保障弱化。在缺乏法律、制度等强制性的情况下，用工单位与平台可以极为容易地逃避为共享员工缴纳社保，也会存在医保报销困难、劳动报酬支付不稳等问题，共享员工在实际工作中缺乏保障，积极性被削弱。

## （三）企业用工风险加剧

共享用工这一新形式使企业用工更具灵活性，同时，也为企业用工带来风险。

（1）员工不稳定性带来管理工作的困难。由于共享员工不是在固定一家企业中长久工作，具有周期性、临时性，因此，其对企业的认同度和忠诚度不高，缺乏归属感，保密工作开展困难，并且在管理方面难度较大。

（2）企业流转成本高。共享用工以平台为媒介，用工方式具有短期性、周期性的特点，企业招聘员工的频率更高，存在沟通重复的现象，企业用工成本提高，在这种情况下，企业往往会将员工的价值发挥到最大化。

（3）用工质量参差不齐。由于共享经济发展时间较短，其体系尚不成熟，常会出现员工素质与专业能力不均衡的情况，企业需求与劳动力市场上的供给难以匹配，给企业的共享用工模式带来风险。

## 五、科技人力资源管理的变革效能

新时代下，科技在企业产品的开发和日常事务的运营中所占的比重越来越高，科技人力资源管理逐渐突显出越来越重要的作用，也被越来越多的企业重视。在互联网时代、数字时代、共享时代的背景下，市场环境、价值观念、劳动力需求变化较快，科技人力资源管理不断发展的同时，也存在一些难题，因此各企业应根据时代的发展趋势及企业在不同阶段的需求，对科技人力资源的管理工作进行变革。

### （一）优化科技人力资源管理组织结构

为应对互联网时代、共享时代所带来的问题，企业从去中心化、信息化、完善制度体系三个方面，不断优化企业的科技人力资源管理组织结构，促使企业的科技人力资源管理的组织及活动更加科学、高效（如图1-5所示）。

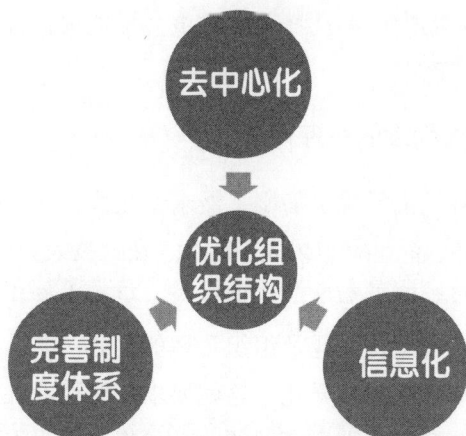

图1-5　科技人力资源管理组织结构的优化

（1）去中心化。在企业、员工、平台等节点之间，通过信息网络链接、知识技能交互，形成非线性雇佣关系。这种开放式、扁平化、平等性的人力资源管理系统或结构即去中心化。面对共享时代下企业组织管理的既有体系受到挑战，人力资源管理系统呈现出去中心化、平台化的特征，交流合作变得越发重要。随着企业对员工相互认知机能的不断平衡、认知结构的不断完善，个体能从自我中心状态中解放出来，融入网络中。

（2）信息化。互联网时代的大势所趋，使得社会上对企业的工作效率、技术水平的要求越来越高，对此，企业必须采取信息化手段，推动企业科技人力资源管理的变革。企业应推广科技人力资源管理的新技术应用，引入信息化的管理工具，加大并普及人工智能、大数据、物联网、区块链等技术，为企业组织变革带来新的方向，使企业资源共享更加便捷，人力资源各项管理工作的开展更加有序，减轻管理人员的负担。此外，企业必须做好人力资源的数据开发应用，建立科技人才结构化数据库，全方位、多方面汇聚科技人才的相关数据信息，为管理者的选人、用人提供清晰的思路和范围，使管理人员在招聘时精准锁定科技人才群体，提高招聘效率。

（3）完善制度体系。共享时代下，相关法律法规、制度体系尚不完善，员工流动性大，不具备较强的稳定性，企业面临重大风险。在新时代，企业应积极完善制度体系，充分了解《中华人民共和国劳动法》《中华人民共和国劳动合同法》与《中华人民共和国工会法》，遵守相关法律法规。依照相关法律法规建立企业内部完善的规章制度，保障科技人力资源或是共享员工的相关权益，为人才提供更多选择，能够更公平地选择合适的用工方式，同时也保障企业员工的稳定。

## （二）树立以人为本的管理理念

当前，互联网时代市场竞争加剧，需求变化快，从而造成了人才短缺、人才竞争激烈的问题，企业应当树立新观念。在科技人力资源管理的实践中，企业应转变思维，树立以人为本的管理理念，采取人性化的管理，如采取柔性管理等。科技人力资源是企业及组织管理的核心对象，拥有专业知识、科研技能，并且存在个体特征差异化，这就要求这些企业除贯彻规章制度管理的共性外，还应当看到科技人力资源的个性，将以人为本的理念贯彻到管理科技人力资源的工作中去，做好管理与服务，为科技人力资源营造平等的工作环境。

### （三）增强员工主动权

新时代下，组织结构的扁平化使更多的员工参与到组织决策、管理活动中，各企业致力于增强科技人力资源主动性，让更多的员工参与绩效考核，主动选择业务。

在绩效考核方面，大数据及互联网技术深刻改变了企业科技人力资源的绩效考核模式，员工不再是被动地被考核，而是采取多元化的绩效考核方式，使员工主动参与到考核的过程中进行相互评价。

在招聘方面，"揭榜挂帅"制度的实行使科技人力资源拥有主动权，科技人力资源根据自身兴趣选择"揭榜"，有利于发挥其最大优势，激发科技人力资源的最大潜能。并且，新技术下激励机制的改进，对科研型员工的激励效果大幅度提高，科研型员工进行科技研发的热情高涨，有助于充分发挥科技人力资源的潜能。

# 第二节　科技人力资源管理概述

21 世纪以来，科学技术及科技创新成为经济社会发展越来越重要的因素，人力资源作为推动经济发展的核心力量（徐宁，2021），成为当前社会持续发展的重要动力。新时代下，时代背景为企业的人力资源管理带来全新的冲击与挑战，再加上相关政策大力鼓励科技创新，科技人力资源被越来越多的企业重视。

## 一、科技人力资源概述

"十四五"规划指出，要把科技自立自强作为国家发展的战略支撑。科技水平和创新能力在当前及未来的发展中发挥着越来越重要的作用，其中，人力资源作为主体，在科技创新中起到引领作用。

## （一）科技人力资源的概念

企业在经营发展过程中需要投入大量的资源，经济学将资源分为财力、物力、人力、信息资源等方面。其中，科技人力资源属于一种投入资源，具有主观能动性、创造性等特征，占据基础性的地位。科技人力资源是一种不断变化的资源形态，按其构成来看，有专业技术人员、科技活动人员等五个层次。这些群体具有高素质、高智商、高学历的特点，其专业知识和技能将会对未来国家、产业、企业的发展增添源源不断的动力。

## （二）科技人力资源的重要性

科技进步是经济发展的重要动力，科技创新成为经济社会发展的关键因素，科技资源的高效投入是科技进步的前提和保障（徐晔 等，2020）。人才是发展的第一资源，科技人力资源具有高度创新性，是推动经济社会发展的重要力量，同时，加强科技人力资源的研究与开发，符合时代的要求。

国际上认识到科技人力资源的重要性较早，其研究开始较早。1964 年，经济合作与发展组织（Organization for Economic Co-operation and Development，OECD）发布《研究与开发调查手册》，其中将科技人力资源等同于 R&D 人员（指报告期 R&D 活动单位中从事基础研究、应用研究和试验发展活动的人员）；1995 年，OECD 又联合欧盟统计局（Eurostat）发布了《科技人力资源手册》（又称《堪培拉手册》），对科技人力资源管理做了更加规范、详细的解释，将科技人力资源管理定义为正在从事或者有潜力从事科技活动的人力资源，需要满足"资格"和"职业"两个指标的其中之一。"资格"是指完成相关专业的高等教育，"职业"是指需要上述资格的科技职业。

国内关于科技人力资源的相关研究起步较晚，传统上没有科技人力资源的概念。2002 年，科学技术部发布《中国科学技术指标》，首次对科技人力资源给予明确的定义，即科技人力资源是指实际从事或有潜力从事系统性科学和技术知识的产生、发展、传播及应用活动的人力资源；2008 年，中国科学技术协会发布《中国科技人力资源发展研究报告》，其中对科技人力资源的定义与《中国科学技术指标》中的定义一致，增加了鉴别科技人力资源的两个指标——"资格"和"职业"。

随着科技人力资源显现出越来越重要的地位，国内学者对其展开了进一步研究。姜玲等（2010）认为科技人力资源是科学技术与人力资源的结合，对推动经济发展具有重要作用；林喜庆（2015）也提出，科技人力资源是"科技"与"人力资源"的结合，隶属于人力资源范畴，是新时代下对人力资源的一种全新划分。同样，科技人力资源对时代的发展带来促进作用，是科技创新的基础载体，为创新提供了动力（陈子韬 等，2021），是评估国家科技竞争力的核心因素之一（杜德斌 等，2019）。对于企业来说，在产业政策支持的背景下，科技人力资源的比例越高，企业的创新风险也就越低，对研发投入、科技创新带来正面影响（冯飞鹏 等，2020）。

《中国科技人力资源发展研究报告》于2008年首次发布，至2020年已是第五次发布科技人力资源相关报告。结果显示，我国科技人力资源总量在世界范围内保持第一，女性科技人力资源比例进一步提升（周侗，2020）。中国科技人力资源总量有显著提升，并且在东部地区的科技人力资源优势显著，在发展中不断扩大其优势，但是科技人力资源密度仍然低于发达国家。因此，还需要充分发挥科技人力资源的作用，深化科学技术的体制改革，为科技发展及科技人力资源的创新提供保障，构建成熟的交流协同机制（陈子韬 等，2021），发挥好科技人力资源的重要作用。

科技人力资源具有时代性、创新性、层次性、开发性等特点，反映着一个国家或地区科技人才的水平和能力，科技人力资源的丰富和提高对国家和企业起到重要作用（如图1-6所示）。

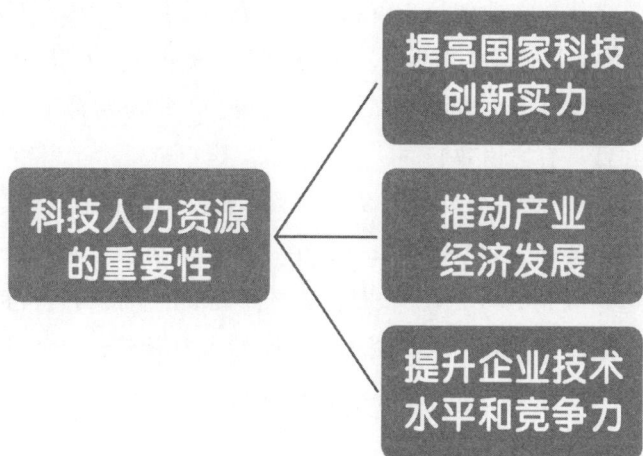

图 1-6 科技人力资源的重要性

（1）提高国家科技创新实力。科技人力资源是国家科学技术发展的基本条件，可提高国家核心竞争力，塑造不可替代的强劲优势，实现可持续发展的长远目标。

（2）推动产业经济发展。科技人力资源的聚集往往会使该产业的技术条件聚集，技术水平快速提升，进而使资金等其他生产要素也在此积聚，从而促进产业的发展和经济增长。此外，科技人才的主观能动性能够创造性地指出并弥补其他资源存在的不足，更加深层次、有效率地利用资源。

（3）提升企业技术水平和竞争力。相关研究显示，科技人力资源的数量与科技创新绩效呈正相关关系。科技人力资源不断提升其科技水平，从而影响企业，提升企业内部技术水平和竞争力。

## 二、人力资源与科技人力资源的联系与区别

在科技人力资源中，人力资源这一概念不可被绕过。按照时间脉络，人力资源这一概念最早在 1954 年就由现代管理学之父彼得·德鲁克（Peter F. Drucker）提出，20 世纪 80 年代以来不断完善，在实践中进一步发展；科技人力资源在 1995 年最初被全面提出，而后逐渐发展。

### （一）人力资源的概念

经过数十年的发展，国内对人力资源的研究不断深化。税丽（2021）认为人力资源是现代化企业的核心资源，是以人为主体的劳动力的总和；叶宝忠和陈建（2022）认为人力资源具有服务柔性、灵活性、无限性的独立特点，相对于硬资源来说，人力资源更加具备学习能力，能够灵活地针对具体情况做出反应，并且具有增值效应。

但是，国内人力资源的发展仍存在不足，面临严峻挑战。岳昌君（2022）指出，我国当前劳动力数量显著减少，劳动生产率和人力资本水平提高，但是仍然没有达到世界平均水平，高技能人才不足，创新能力有待提高。同时，他将人力资本划分为教育型人力资本、技能型人力资本、健康型人力资本、创新型人力资本、迁移型人力资本等，认为只有人力资本水平的全面提升，才能提高劳动生产率和管理水平，符合高质量发展的要求。从心理学的角度来看，人力资本是个人知识、技能、能力等各种要素的集合（Hitt et al.,

2001）；从管理学的角度来看，人力资本则是与组织战略结合起来，研究人力资本与组织战略目标的匹配性（李辉 等，2021）。

在新时代下，数字时代、互联网时代深入发展，技术水平的广泛应用使企业对人力资源体力的依靠转向对人力资源智力的依靠，个体知识、技能的价值越来越突出，人力资源具备了"人力资本"的属性（税丽，2021）。伴随全球经济的发展，组织的运营也从依靠劳动力逐渐转变为依靠人力资本等要素（姚凯 等，2019）。同时，灵活用工新模式的出现，也促使人力资源到人力资本的转变（杨伟国 等，2021）。此外，新时代还催生了人力资源柔性。曹玉玲和田新民（2021）认为人力资源柔性，是指在复杂环境下，企业人力资源应对外部环境的能力，包括技能柔性、行为柔性和人力资源实践柔性三部分。

人力资源的概念可以概括为两个方面：一方面，人力资源指的是在一个国家或地区内，所拥有的劳动力总数，包括处于劳动年龄的劳动力、未到劳动年龄的劳动力和超过劳动年龄但具有劳动能力的所有劳动力，这些劳动力能够为企业所用，为企业做出贡献并创造价值；另一方面，人力资源指的是企业需要员工所具备的能力或是企业所需的资源。人力资源的内涵可以表述为，为企业提供智力劳动和体力劳动的人的总和，基本内容包括体力和智力。根据现实应用来看，人力资源的内容可拓展到知识和技能两个方面，并且包含质量和数量两项标准。

### （二）人力资源与科技人力资源的联系

人力资源和科技人力资源都是特殊的社会资源，二者之间存在一定的联系。

从数量上来说，人力资源和科技人力资源之间存在包含关系。人力资源的范围和数量大于科技人力资源；科技人力资源是人力资源的一部分，是从人力资源中产生的。

从职能上来说，人力资源和科技人力资源之间存在总体方向的一致性。人力资源与科技人力资源都是为企业做贡献、为企业带来价值的社会资源，其主体都是人。

从特性上来说，人力资源与科技人力资源同样具有主观能动性、社会性、时效性、再生性。人力资源和科技人力资源同样具有主动创造、创新的行为趋势，同样处于特定的时代和社会之中，受到时代和社会的影响，同样具有最佳才能发挥的时期，同样具有"消耗—生产—再消耗—再生产"的可再生性。

### （三）人力资源与科技人力资源的区别

人力资源与科技人力资源也存在较大的区别，二者的区别是建立在其联系基础上的。科技人力资源的本质是质量概念，是指具有科技专业技能的人士从事科技活动，其素质、知识水平更高，是杰出的、优秀的人力资源，强调的是劳动力的质量；而人力资源的本质是数量概念，是科技人力资源的基础，范围更大，包含从事所有类型活动的劳动力，其素质水平参差不一。

## 三、人力资源管理与科技人力资源管理

在企业管理中，人力资源管理对其他各项管理工作起到连带影响作用，同样，科技人力资源管理的影响不可忽视。

### （一）人力资源管理概述

随着人力资源的不断发展，对企业的人力资源管理提出了更高的要求。对于人力资源管理的界定也有众多学者给出答案。杨桂兰（2014）认为人力资源管理是以充分发挥企业员工价值为目标，以企业效益为指引，运用科学的方法进行管理的过程，包括获取与配置、培训与开发、考核与激励、安全与保障、凝聚与整合五个部分。贾萍（2020）将人力资源管理划分为有关规划、相关人员招聘、人员培训、绩效管理、薪酬福利制度和劳动关系管理六大模块，通过对这六大模块的有效运用，满足企业的发展需要。张欣（2021）则侧重个人在企业中的发展，认为人力资源管理是指在科学合理的范围内对企业的经营运作进行开发的流程，以个人的能动性带动群体的积极性。李超杰（2021）阐述了人力资源管理与企业核心竞争力的关系，将人力资源管理置于打造企业核心竞争力中的重要地位，将员工的思维潜能作为企业的资源来衡量，兼顾其积极性和知识能力，同时也强调核心竞争力体现着企业人力资源管理的价值。

在不断发展的过程中，对于人力资源管理方面的研究不断具体、深入，

战略人力资源管理逐渐兴起，弥补了传统人力资源管理存在的不足（Rosing et al.，2011）。战略人力资源管理也就是为了实现组织目标，有计划地部署人力资源体系和活动的模式（Wright et al.，1992）。孙锐和李树文（2019）对战略人力资源管理与传统的人力资源管理进行了区分，指出战略人力资源管理更加强调对组织管理时间的价值取向和时间引导。尚航标等（2022）同样肯定了战略人力资源管理的重要性，认为战略人力资源管理在企业战略变革中起到关键性的作用，被越来越多的企业采纳。

新时代下，随着数字化、互联网、人工智能等新技术的不断发展，对人力资源管理新方向的研究逐渐兴起，数字化人力资源管理被更多的企业重视，也就是"利用数字技术获取、分析、应用数据，以数据来驱动决策的管理模式"（李燕萍 等，2021）。李敏等（2022）认为，数字化为企业人力资源管理带来了极大的便利，提高了企业业绩，数字化的工具、平台等塑造了信息化、标准化、规范化和流程化的人力资源管理系统。在互联网时代下，人力资源管理的内涵得到改变，成本的极小化和员工的最高性价比是传统人力资源管理的核心，追求更高品质的综合性人才成为主流趋势（陈多萍，2022），并且人工智能的出现为人力资源管理的发展增添动力。张敏和赵宜萱（2022）提出了人工智能及机器学习对人力资源的六大模块不仅带来了正向影响，还存在负向影响，如管理者和员工难以接受、忽视人际交往等。

国内人力资源管理经历了较长的发展过程，经历了从人事管理向人力资源管理发展的过程（赵曙明 等，2019）。20世纪80年代前属于人事管理阶段，人力资源处于被动的反映和执行的位置；改革开放后，员工的个人属性、需求，以及人力资源与组织战略的关系得到重视（彭娟 等，2015），企业逐步建立起更加规范的人力资源管理体系。此外，现代人力资源管理的萌芽、产生、发展都与科技进步密不可分（张建民 等，2022），其发展与科技革命的发展历程密切相关，蒸汽革命、电气革命、信息革命推动人力资源管理向知识管理、人本管理方向转变（罗文豪 等，2022）。

多数学者赞同将企业管理划分为计划、组织、人事、领导和控制五个职能部分，人力资源管理（human resource management，简称HRM）也就是这五种管理职能（人事）中的一种。这一概念在学术界存在着多种解释和分层，其中受到更多认可的解释是，人力资源管理是企业对员工进行的招聘、培训、激励、薪酬等一系列管理工作的统称，这些管理工作使人力资源得到更加有效的运用和合理的配置，满足企业当前及未来的发展目标。人力资源管理存在六大模块，即战略和规划、招聘、培训、绩效管理、薪酬制度及员工关系管理。

人力资源管理是企业管理的重要部分，在竞争环境中，其影响是持续且长期的。一方面，有效的人力资源管理能够更好地发挥员工的技能，通过各项管理措施，支持员工的职业发展，激励员工更好地工作，留住人才，并且也有利于吸引优秀人才；另一方面，有效的人力资源管理能够提升企业的执行能力，使企业内、外部业务流程更加规范，做到有条不紊。

### （二）科技人力资源管理概述

随着经济全球化和科技革命的到来，科技占据越来越重要的作用。同时，现代以来，人力资源管理的发展都与科技的进步紧密相连，如第一次、第二次、第三次工业革命。因此，在科技资源方面的投入对一个国家的实力和地位存在显著影响，科技人力资源作为科技资源投入的重中之重，其管理工作也被提到更为重要的位置上来。

科技人力资源管理从科技人力资源的含义中衍生而来，是围绕着科技人力资源进行的一系列管理活动，旨在更好地管理并发挥科技型员工的能力，激发科技创新能力，为企业带来独特的科技竞争力。科技人力资源管理工作同样也是围绕战略和规划、招聘、培训、绩效管理、薪酬制度及员工关系管理这六大模块开展的。

### （三）人力资源管理与科技人力资源管理的关系

在企业实际管理应用中，人力资源管理与科技人力资源管理之间密不可分，两者相互借鉴、相辅相成，主要体现在以下几方面。

（1）相通性。科技人力资源管理是人力资源管理工作的一部分，两者在各项管理工作制订、实施的过程中有相通之处，在管理过程中可相互借鉴经验。

（2）一致性。人力资源管理与科技人力资源管理在对企业的作用方面具有一致性，都是为了充分调动员工在工作中的积极性和创造性，进而增强企业实力和竞争力。

（3）指导性。人力资源管理理论与实践对科技人力资源管理具有指导作用。人力资源管理是企业管理发展的关键部分，服务于企业的整体战略目标，对科技人力资源管理具有引导意义。科技人力资源管理只有依靠人力资源管理的规划指引来开展，才能顺应企业发展趋势，充分发挥优势。

（4）促进性。科技人力资源管理对人力资源管理具有提升作用。企业围绕科技人才进行各项管理工作，发挥科技员工的知识与技能优势，对人力资源管理水平的提高具有一定促进意义。

## 四、传统人力资源管理的误区及突破

长久以来，大多数企业仍采用传统的人力资源管理模式，并且对人力资源管理工作没有给予过多的重视。但是，随着各行各业之中企业竞争越发激烈，传统的人力资源管理模式面临严峻冲击，科技人力资源管理面临挑战。

### （一）传统人力资源管理存在的误区

传统人力资源管理模式显然已经落后于时代，表现在科技人力资源管理中，主要有主体及战略、人员招聘、员工培训、激励与薪酬、管理模式创新这五个方面的误区。

（1）主体及战略。科技人力资源是当前时代及企业的新兴力量，但是多数企业的人力资源管理团队综合素质较低，管理者思维缺乏前瞻性、数据性，自身工作能力较弱，管理思维陈旧，难以适应互联网时代的要求，其创新意识淡薄，仍然使用传统观念进行科技人力资源管理，缺乏先进的管理理念。同时，管理者传统的管理思维缺乏战略管理意识，对企业战略规划造成一定的不利影响。传统思维下的管理者往往愿意以更低廉的薪资来雇佣经验不足的员工，通过后期培训提高新人，但是这样的模式不适应当前的发展趋势，难以契合企业发展战略及规划，浪费大量的人力资源成本。

（2）人员招聘。传统的人力资源管理模式下，招聘过于模式化，选拔机制不够科学，只进行面试的传统招聘方式只能单一考察到科技人才的学历、经验等，而不能考察出其技术专业能力、职业素养等重要素质，这使企业人员结构变得更加不合理。

（3）员工培训。传统的人力资源管理普遍存在对员工培训需求了解较少的问题，没有充分考虑到科技人力资源的具体需求，导致培训浮于表面，难以真正发挥作用。同时，企业开展的培训内容单一，未能做到理论与实践的统一，没有根据企业当前发展现状来选择培训内容，这往往会导致企业投入了大量资源，但收到的效果却不佳。

（4）激励与薪酬。传统人力资源管理的激励机制不完善。传统人力资源管理不仅激励方式与实际需求不符，例如，科技人力资源进行科研项目周期长，激励只注重结果而不注重过程，难以激发科技人才的工作热情；而且激励机制单一、低效，仅仅将增加薪酬、晋升职位作为激励手段，与绩效分离，对员工的激励效果较差。并且，企业在薪酬分配方面不规范、不合理，比如为了节约成本而克扣工资，没有引入绩效考核，严重挫伤员工的积极性。

（5）管理模式创新。传统管理者的管理工具尚未进行创新，在信息化时代，未能有效利用信息化手段，其大量的工作仍需要以人力和纸质的形式去完成，跨部门沟通协作费时费力，企业管理效率低下，与科技人才的沟通协作出现困难。

### （二）传统人力资源管理做出的突破

面对新时代的快速发展，企业已经认识到其传统的人力资源管理存在一定的误区，并努力做出突破（如图1-7所示）。

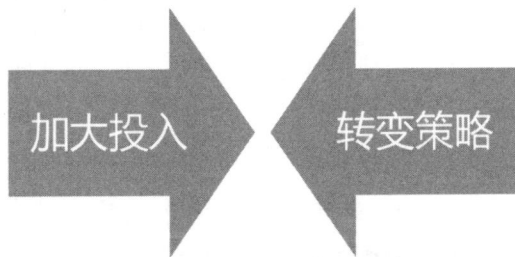

图1-7　传统人力资源管理做出的突破

（1）企业加大对人力资源管理的投入。新时代、新技术为企业的经营管理带来了巨大改变，企业的传统人力资源管理模式要想突破原先的固定模式，还需要加大在人力资源管理方面的资金投入，对企业员工及管理者重新培训，灌输新的人力资源管理思想，做到培训既有理论思想又有实践，使培训开展达到价值的最大化。并且，将该投入部分用于引进先进的人力资源管理技术及工具，将企业内、外部的人力资源管理模式及流程信息化、技术化，这有利于简化工作流程，提高企业人力资源管理效率。

（2）企业积极转变人力资源管理策略。当前，企业的核心技术在市场竞争中越来越重要，科技研发投入的比重也越来越大，这也就导致企业的员工类型发生了变化，例如，科技研发人员、先进思想管理者的数量越来越多，那么企业就应建立与新员工工作模式更加匹配的管理机制。比如，三支柱模型在企业转型升级中越来越流行，企业就应致力于改变其人力资源管理部门的传统运作模式，不断改进完善其人力资源管理模式，提高企业管理能力和水平，优化人员结构，为企业发展增添动力。

**专栏 1-2**

# 博彦科技：人才管理的突破

数字化时代，各企业纷纷寻求数字化转型路径，对于信息技术（information technology，IT）能力较弱、期望高性价比的企业来说，选择外包是最优策略。外包不仅能够获得自身不具备的 IT 技术，还能够避免过高的人力资源成本。与此同时，疫情的爆发加速了各企业数字化转型需求的增长，纷纷加快信息化部署，软件外包服务炙手可热。博彦科技就是这样一家提供 IT 服务外包的企业。

## 一、公司简介

博彦科技股份有限公司（以下简称"博彦科技"）总部位于北京，是亚洲领先的 IT 服务、行业解决方案供应商。2020 年，博彦科技荣获"2020 人力资源管理杰出奖"，2021 年，被授予"2020—2021 年度中国区人力资源管理领先企业 50 强"称号。其在人力资源管理及对科技人才的管理方面成绩突出，拥有完善的人力资源管理体系，同时也存在一些管理误区。

## 二、科技人才的激励及培训效果不佳

在企业内部，由于不断高涨的成本及落后的人力资源管理体系，导致博彦科技对科技人才的激励及培训效果不佳。

### （一）激励与薪酬

博彦科技的考核指标具有较大的主观性，其考核指标也不够健全，规范性等因素未纳入其考核体系中。并且，博彦科技的薪酬体系尚不完善，新老员工工资差距较大，也存在罚金高于奖金的问题，激励效果较差。

### （二）员工培训

博彦科技由于业务规模的不断扩大，对科技人才的需求量猛增，为了填补岗位空缺，培训工作时长往往被压缩，或是培训滞后，使得科技人才对本企业专业内容的了解程度不够。

### （三）人员招聘

科技人力资源成本的不断上升对博彦科技的冲击较大，企业进行科技人员的招聘困难，难以留住人才。同时，急速增长的科技人才需求，使得博彦科技的招聘工作操之过急，没有充分考虑企业内部真正的科技人才需求，造成人岗不匹配的问题。

## 三、投入及策略的优化

### （一）合理加大管理投入

博彦科技需要更加重视对科技人才的管理工作，在原有基础上实现突破，其中，突破的步骤之一就是加大对科技人力资源管理的投入。博彦科技通过大数据分析做企业投入预期，做出合理的新增投入预算，将人力资源管理的资金投入对员工的培训、新工具的引入上去。

### （二）优化科技人力资源管理策略

（1）组织架构向扁平化方向发展。博彦科技实施 MCTP 职级进阶体系，将科技人员划分为不同的层次等级，取消头衔，缩减其职务层级，使得博彦科技内部的组织架构向扁平化方向发展，提高对科技人才决策的效率。

（2）展开人才需求规划工作。针对博彦科技招聘操之过急，导致人岗不匹配问题的现象，博彦科技推动人力资源管理者的人才需求规划工作，建立有效的交流沟通机制、人才需求监控机制，能够帮助企业"按需找人"，有针对性地进行招聘。

（3）完善招聘体系。在外，博彦科技加强产学研等合作交流，有目标地挖掘企业所需的科技人才。在内，博彦科技实行轮岗制度和内部竞聘制度，将合适的科技人才安排到合适的位置上，培养高度专业型科技人才。

（4）制订完善的培训计划。根据企业战略安排和科技发展需求，博彦科技开展了针对不同层级的内部培训工作，支持并推动核心管理人员继续深造，开阔视野，提升专业能力。

### （三）激励机制的优化

（1）股权激励。2021年10月，博彦科技发布了股权回收方案，后续用于股权激励或员工持股计划，健全长期激励机制。这一举措无疑极大地激励了企业内部的员工。

（2）薪酬激励。博彦科技将持续健全优化其薪酬管理机制，实行薪酬结构差异化管理，不同类型、层级的科技人才具有不同的薪酬结构和配比权重，充分调动、激励员工，留住高端科技人才。根据2021年年报显示，博彦科技在报告期内共支出员工薪酬总额约4.23亿元，占总营业成本的83.39%。

（3）人性化管理。博彦科技尊重每位员工的个性，为科技人才提供清晰的职业发展道路，并且打造平等自由的科技研究环境，让每位科技人才都能享受舒适的工作环境，激发其工作积极性。

## 四、发展与总结

在未来，科技人才是科技创新企业的核心推动力，博彦科技也将以其问题及误区为启示，不断完善其科技人力资源管理体系，在管理投入、策略、激励机制等方面不断深化，并切实落地。

# 第三节　科技人力资源管理定位

科技人力资源管理与企业原本的人力资源管理相辅相成、相互促进，但是，新时代科技人力资源管理冲击着传统的人力资源管理方式，企业要适应时代的发展必须消除其在管理中的误区，要对其进行更好的规避，还需要做好准备工作，从整体上对科技人力资源管理进行定位，明确科技人力资源管理的使命、价值、变革及创新。

## 一、科技人力资源管理的使命

科技人力资源管理的使命是进行管理工作的开端，是人力资源管理部门和管理者在管理工作中所需要遵循的"命令"，是需要长期贯彻的方针，贯穿着整个科技人力资源管理的过程。具体来说，科技人力资源管理的使命主要包括建立完善的科技人力资源管理体系、实现企业价值的最大化、实现科技员工价值的最大化三方面（如图 1-8 所示）。

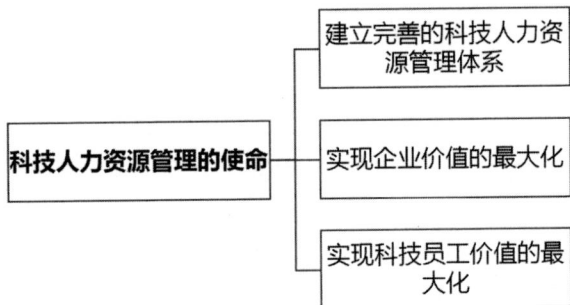

图 1-8　科技人力资源管理的使命

### （一）建立完善的科技人力资源管理体系

建立健全完善的科技人力资源管理体系是其使命之一，要在招聘、培训、考核、薪酬、激励、员工关系等一系列流程中，建立内在统一的、高度匹配的体系。高质量的管理体系是科技人力资源不断增多的现实需求。依托完善的科技人力资源管理体系，企业能够在很大程度上避免雇佣不合适的人担任某个职位、在无用的面试上浪费大量的时间、发生不公正的劳资关系等问题，为实现企业和科技员工价值的最大化奠定基础。

## （二）实现企业价值的最大化

科技人力资源管理的使命同样体现在实现企业价值的最大化上。如今，互联网时代和知识经济快速发展，催生科技人才的大量需求，企业内科技型员工的比例上升，行业内企业与企业之间的竞争已经演变为科技人才的竞争。在未来，科技人力资源将为企业带来竞争优势，高效的科技人力资源管理将推动企业实现价值最大化。

人力资源管理部门及管理者要做好科技型员工的管理工作，提高企业在市场竞争中的优势和内部运转效率，形成良好的氛围。并且，对科技型员工的高效管理从研发角度来说，能为企业带来更优质的产品技术和创新理念，能提高企业个别劳动生产率，使研发投入得到最大化的利用，在行业竞争中获得成本领先优势和产品差异化特点，实现企业价值的最大化。

## （三）实现科技员工价值的最大化

科技人力资源管理致力于实现企业内科技型员工价值的最大化。科技人力资源成本高且人数不断增加，在管理工作中占据越来越重要的地位。一方面，企业通过科技人力资源管理工作吸引更加优秀的人才加入，将其拥有的技能与企业需求进行匹配，将合适的人安排到合适的位置，使科技型员工的技能能够得到有效发挥，提高员工在科技活动中的满足感。另一方面，企业立足于更加有效的激励手段，保证更好的工作、生活质量，同时，满足科技型员工其他方面的需求，激发员工活力，帮助员工实现梦想，进而帮助企业实现可持续发展。

专栏 1-3

# 霖珑云科：科技完善管理

## 一、公司简介

霖珑云科网络科技（江苏）有限公司（以下简称"霖珑云科"）成立于 2022 年，是国内领先的"互联网 + 人力资源基础设施服务商"。霖珑云科始终坚持"以科技赋能、让劳动更有价值"的使命，为企业提供人力资源管理领域内的全场景、一站式解决方案，其主要包括四大电子平台，即薪社汇、乐接活、微办公、不木钱包。霖珑云科所提供的解决方案，能够完善企业科技人力资源管理体系，提高管理效率，为组织赋能，实现企业与科技人员价值的最大化。

## 二、助力企业完善管理体系

### （一）解决企业难题

霖珑云科为企业提供的人力资源管理服务，直面企业在当前时代的痛点，在考勤、算薪报税、入／离职等琐碎的科技人力资源管理工作上，为企业提供新模式，以技术化的管理体系帮助企业解决难题，为企业在科技人力资源管理上的技术空缺填补空白。

### （二）帮助企业打造云组织

随着时代的发展，组织管理体系实现了从传统金字塔模式到平台模式、云组织模式的变化，这也同样适用于人力资源的管理模式。霖珑云科正是通过采用其人力资源管理解决方案，实现云组织的变革，实现人与岗位、任务相匹配，将合适的人安排到适合的位置上。

## 三、企业及员工价值的最大化

在新型冠状病毒感染冲击下，"居家办公"成为常态，霖珑云科的一站式 HR SaaS 解决方案，一键解决企业复工难的问题，提高员工工作效率，实现高效办公，推动企业高效运转，实现企业及科技人员价值的最大化。

### （一）薪社汇

"薪社汇"提供基于雇佣关系的人事代理业务，是针对当前企业在科技人力资源管理中的诸多痛点、难题所开发的，如事务性工作繁杂、多分支管理难、用工政策复杂、社保合规成本高等，对此，采用"薪社汇"能够帮助企业告别烦琐事务，实现全国一体化管理，为员工提供了便利，为企业提高了效率，实现员工与企业的共同价值。

### （二）乐接活

近年来，随着众多互联网平台企业的兴起，灵活用工模式被广泛推广。面对此现状，霖珑云科推出"乐接活"。"乐接活"在共享经济下提供灵活用工全场景服务，为灵活用工员工提供财税结算等业务。

"乐接活"提供一键导入创客名单、线上一键审核等企业服务，企业用工需求快速响应，同时提供手机应用程序（Application）自主填写信息、1个工作日审批等创客服务，心仪岗位即刻申请，急速答复，有效提高了企业与员工的效率，减少资源浪费。

### （三）微办公

"微办公"是一种包括人事管理、协同办公等功能的办公平台，对此，霖珑云科提出"让你的企业每年节约10 000小时"的口号。"微办公"主要有三大特点。

（1）管理高效规范。信息移动化审批，规范企业审批流程及办公流程，构建规范化的科技人力资源管理制度，科技人员的执行力更强，提高企业运行效率，进而提升企业经营绩效和效益。

（2）沟通便捷通畅。"微办公"使企业内部之间的联系更加便捷，能够保持实时联系，信息传递无损耗、无延迟，提高工作效率。

（3）协作执行到位。"微办公"打破时空的限制，指令明晰，项目可线上联动，人力资源管理者也能够有效跟踪科技人员的进度。

### （四）不木钱包

"不木钱包"始于2018年个税改革，个税计算的复杂性让霖珑云科看到了商机，建立了"不木钱包"。霖珑云科将"不木钱包"定位为一款有温度的发薪工具，让企业管理省心、使用放心，大大节约了企业的人力、物力、时间成本。

高效、透明、灵活的发薪模式，以及预支、提现工资，为科技人员提供便利实用的日常服务，同时也激励了科技人员的工作积极性，实现科技人员价值的最大化。一键式个税计算能够使用计算机技术批量计算员工税金，减少员工的工作量和出错现象，提高企业效率，降低成本，实现企业价值的最大化。

### 四、发展与总结

霖珑云科作为"互联网＋人力资源基础设施服务商"，其所提供的人力资源管理解决方案，能够在灵活用工、社保缴税、企业组织变革等方面实现降本增效，有效提高科技人力资源管理效率。

## 二、科技人力资源管理的价值

在企业发展过程中，最重要的战略资源就是人才资源。优秀的科技人力资源能够在很大程度上决定企业未来的走向，科技人力资源管理有其存在的重要价值。总的来说，科技人力资源管理的价值通过对科技人才的有效规划和管理，持续优化、提升人才管理机制，提高企业核心竞争力，能够在市场上生存、发展。具体来说，科技人力资源管理的价值包括以下四个方面（如图 1-9 所示）。

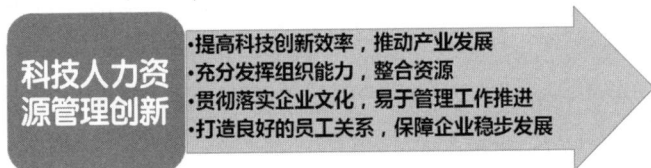

图 1-9　科技人力资源管理的价值

### （一）提高科技创新效率，推动产业发展

科技人力资源是最具创新的企业资源，能有效推动科技的发展和科技创新能力的提高，对产业发展带来有利影响。高效有序的科技人力资源管理，能够提高科技创新效率，为科技创新提供持续动力，满足企业的技术创新需求，在市场上抢占一席之地。同时，科技人力资源管理在提高科技创新效率的同时，也带动了产业发展。人力资源管理部门和管理者对研发投入的管控、科研人员的培训与学习、引进国外先进技术的程度等方面，都对产业的发展起着重要的作用。合理的研发投入和技术引进、符合时代和企业发展需要的培训学习安排，都能够提高产业的发展水平。

## （二）充分发挥组织能力，整合资源

人力资源部门面向的客户是企业全体员工，合作伙伴是员工、管理层等利益相关者，核心业务是吸引、培养、激励、留住人才，这表明人力资源管理围绕着"人"来展开，人力资源管理工作对"人"的影响深远。"人"构成了组织，组织能力对人力资源管理起到重要作用。在科技人力资源管理中，科技型人才是部门主要的面向对象，管理相关的各种活动都需要围绕组织展开，因此组织能力是科技人力资源管理的首要目的。国际商业机器公司（International Business Machines Corporation，IBM）创始人托马斯·约翰·沃森曾说，你可以接管我的工厂，烧掉我的厂房，但只要留下我的那些人，我就可以重建 IBM 公司。这显示出人力资源管理的组织性功能，通过科技人力资源管理，企业将会充分发挥其组织能力，实现降本增效、提质激活等目的。并且，站在企业的角度上，依靠其组织能力，整合企业发展所需的科技人力资源，进行选择、培养、使用科技人才，达到留住人才的目的。

## （三）贯彻落实企业文化，易于管理工作推进

优秀的企业文化为企业的日常管理工作带来许多便利，以其优秀文化为导向的科技人力资源管理保障了企业在市场竞争中的优势。企业文化由精神、制度、行为、物质四个层面构成，在企业内部具有一致性。人力资源管理是企业文化的保障，通过科技人力资源管理工作，将企业文化或隐形文化转化为显性文化，将企业显性文化落实到管理、工作中去，引导科技型员工探索企业需求的部分，凝聚各个科技型员工的技术才能为企业做出贡献，调整科技型员工消极创新的心理，激励科技型员工更好地投入科研工作。

## （四）打造良好的员工关系，保障企业稳步发展

员工关系管理是科技人力资源管理的重要部分。科技型员工区别于其他员工，具有自主独立性强、需求层次高等特点，对该群体的人力资源管理更应当在企业方面做好员工关系管理工作。科技人力资源管理可以为科技型员工提供良好的企业内部环境，不仅能建立良好的上下级关系和同级同事关系，形成管理层与员工、员工与员工之间良好的交流合作模式，而且还能够建立合理的奖惩机制，在给予公平待遇的基础上，设立公开透明的制度，对绩效考核成果佳的员工给予相应的奖励。公开高效的科技人力资源管理能够打造良好的员工关系，提高科技型员工的工作效率，以最短时间完成最高质量的工作，减少不必要的损耗。

专栏 1-4

# 字节跳动：科技人才管理创造价值

## 一、公司简介

北京抖音信息服务有限公司，曾用名北京字节跳动科技有限公司（以下简称"字节跳动"），2012 年成立于北京，是一家国内领先的科技信息企业，其业务范围主要包括六大板块，即抖音、大力教育、飞书、火山引擎、朝夕光年、TikTok。其中，飞书是其所有产品中最为复杂的产品，研发团队人数超过 4000 人。因此，字节跳动对于科技人力资源的管理整合也存在必要。

## 二、两个循环深化组织能力

字节跳动在人力资源管理方面存在两个循环，即人才管理循环和信息流动循环。这两个循环为字节跳动的人力资源管理工作提供切实的帮助，同时也对科技人力资源的管理提供有价值的参考，促使科技人力资源管理者通过多种路径，深化其组织能力，整合内部资源，真正做到效率的提高。

### （一）人才管理循环

字节跳动所采用的网状组织结构与传统组织采用的结构不同，其组织决策更加依赖于个体，因此塑造了人才管理循环，主要包括重视信任、淡化层级、高目标驱动、实时反馈、真实成长（如图 1-10 所示）。字节跳动对于人才的管理更加重视、更加信任，如果科技人才能力充分、值得信任，那么就会加大其授权，减少对科技人才的管控，简化不必要的流程，提高效率。淡化层级、去除"自我"体现在所有员工以平等的身份进行合作，新兴科技人才处于平等的氛围中，有助于效率提高。设置高目标对科技人才潜力的激发具有十分显著的效果，同时鼓励员工勇于挑战不可能。实时反馈不仅是对科技人员成果的肯定，而且也能够提升科技人员效率，减少沟通障碍。真实成长体现在字节跳动鼓励员工注重自身真正实力的提升，对于科技人员来说，其实际技术知识水平的提高才是切实有效的。在人才管理中，通过五个方面实现对科技人力资源的有效管理，切实提高企业的组织能力，更好地为企业和科技人力资源服务。

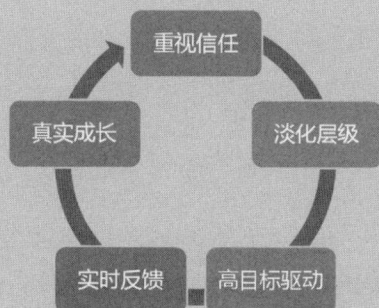

图 1-10　人才管理循环

## （二）信息流动循环

字节跳动创建信息创造、信息共享、信息共识、信息沉淀等四方面的循环体系（如图 1-11 所示），推动企业内部信息流动的正向循环，将资源整合，提高组织效率和能力。信息创造要求科技人才的汇报简介精要，避免无谓的美化，提高信息客观度。信息共享在字节跳动内部表现为，其信息对所有工作群成员可见，并且系统可以跟踪信息共享情况，提高信息透明度，为科技人才在研发方面的交流协作搭建桥梁。信息共识要求科技人才对其成果及汇报进行共同讨论，分享想法，提高信息互动性。信息沉淀表现为字节跳动加强信息的二次利用率，通过科技建立数据库，方便了科技人才的总结自省。字节跳动关于信息流动循环的举措，给科技人力资源管理部门的组织管理带来便利，整合了信息资源。

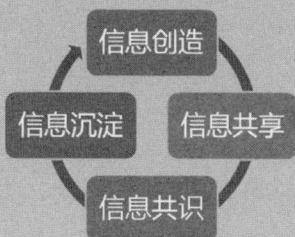

图 1-11　信息流动循环

## 三、企业文化推动工作进展

企业文化从精神上给予科技人力资源以动力，是从深处激发出的潜力，对企业科技人力资源的管理工作具有推动作用。在字节跳动的内部管理中，其人力资源管理者始终坚持"尊重人，体现人的价值"，坚持为人的成长与组织赋能。科技人才是一种新兴力量，在字节跳动内部，科技人员整体呈年轻化趋势。以尊重为核心的企业用人文化，无疑是科技人员最好的精神助推力。同时，字节跳动对人力资源的管理具体来说还是基于信任，打破制度的框架，崇尚平等、合作，由于科技人员的工作性质和个性化特征，更加认同信任的企业文化，强化员工归属感，有利于科技人力资源管理工作的推进。

## 四、打造良好的员工关系

### （一）良好的环境塑造员工关系

字节跳动为企业科技人员塑造良好的环境，不仅实行对外封闭、对内透明的理念，开放信息共享平台，做到有迹可查，减少重复性的失误，而且强调自由，实行"弹性工作制＋飞书"的工作模式，科技人员可以自由掌握自己的时间、空间，在平等开放的氛围中工作，形成良好的员工关系，稳固企业的发展。

### （二）公开透明的管理机制

字节跳动面对员工多、岗位多的问题，对绩效考核采取了OKR+360度的模式，通过OKR评估科技人员可量化的绩效数据，通过360度评估将不易量化的产出纳入考核范围，建立公开透明的管理机制，科技人员从环境和管理机制中同样感受到平等地被对待，有利于加强员工之间的相互关系，增强企业归属感，有利于企业科技人力资源管理和整体状况的稳步发展。

## 五、发展与总结

字节跳动通过加强组织能力、提高效率、企业文化、员工关系等方面的举措，对企业内部科技人才的管理提供必要价值，提升了科技人力资源管理的效能及效率。

### 三、科技人力资源管理的变革

科技人力资源管理肩负其自有使命，明晰其所保有的价值。在管理工作中，企业根据现实需求对管理工作进行变革，以更好实现其价值和使命，促使管理体制完善，努力实现企业及员工价值的最大化。对此，企业主要在信息化和战略化两方面进行变革（如图1-12所示），通过互联网技术改造工作，共享信息资源，充分利用信息化手段培养并开发科技人力资源，将各项实践活动引入战略中，以此来优化科技人力资源管理工作，实现管理变革。

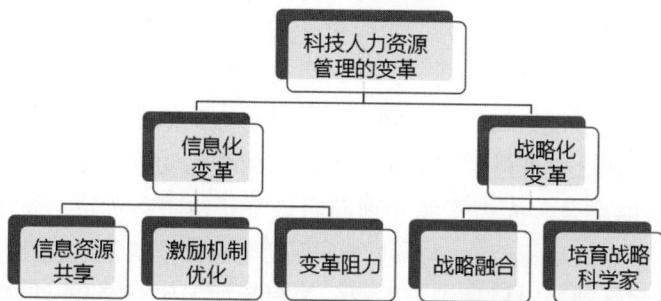

图1-12　科技人力资源管理方式变革

### （一）信息化变革

如今，越来越多的企业不得不采取信息技术来改造其对科技型员工的管理工作，因此，信息技术手段对科技人力资源管理来说是重大发展机遇，为企业发展带来重要机会，同时企业也面临着挑战。

（1）信息资源共享。信息时代使各类信息的传播速度显著加快，人与人、人与组织之间的联系通过信息技术能够实现快速联系。在科技人力资源管理之中，通过信息化的改造，实现了信息资源在行业内部、企业内部的共享，企业能够获得渠道更广、内容更加丰富准确的信息，人力资源管理部门能够获得更加先进的管理知识，对科技型员工的管理工作更加与时俱进。同时，信息化改造在企业内部的沟通交流中发生变化，使内部员工之间减少重复无效的沟通。

（2）激励机制优化。企业面临着传统激励机制单一、低效的问题，信息化变革尤为重要。科技人力资源更加了解科学技术和科技知识前沿，更加具有互联网思维，对于信息化变革的接受程度更高。以信息化变革后的激励机制管理科技人力资源，实施个性化、人性化的管理，能够实现更优质的激励效果。

（3）变革阻力。科技人力资源管理在转变思维、进行变革的同时，往往会遇到一定的阻力。面对信息化改革这一新颖的变革方式，因其变革后的效果如何是未知的，所以常常会受到传统管理观念的阻挠，但一成不变并且畏惧变革会使信息化进程放缓，或者在变革过程中受到轻微挫折就停止变革，对科技人力资源管理工作的稳定性具有不利影响。

### （二）战略化变革

随着经济社会的不断发展，企业所处的行业及市场环境面临更多的不确定性，战略规划也被逐渐提到一个更为重要的位置上来，要求企业不局限于短期利益，而是进行长远战略规划。但是目前大多数企业还存在战略规划不明确的问题，缺乏合理科学的决策，因此，战略化变革已是箭在弦上。

（1）战略融合。人力资源管理部门要将其招聘、考核、绩效等各项活动实践融入企业战略框架之中，结合企业战略对科技研发的思路，使人力资源管理部门和管理者对科技人力资源的各项管理工作，符合企业整体的科技研发战略，在整体战略的框架下，合理扩展并表达具体的管理工作思路。

（2）培育战略科学家。战略科学家培育是当前科技创新和人才培育的重要环节，战略科学家具有跨学科、跨领域的统筹组织能力，不仅在其专业领域内具有优异的专业能力和技术水平，而且拥有很强的号召力，能够专业化、规范化管理并调动科技人员。战略科学家不仅能够引领该产业、行业的科技发展，而且在企业内部能够统筹其科技人力资源，开展科技创新活动，打造企业科学技术优势。

## 四、科技人力资源管理的创新

传统的人力资源管理在战略、招聘、激励、管理模式等方面存在诸多误区，其自身也针对误区进行了一系列的突破，继科技人力资源管理的多项变革举措后，企业不断创新，力求其科技人力资源管理工作适应时代的步伐，完善自身科技人力资源的管理工作，主要在管理模式、思维及文化两方面进行创新（如图1-13所示）。

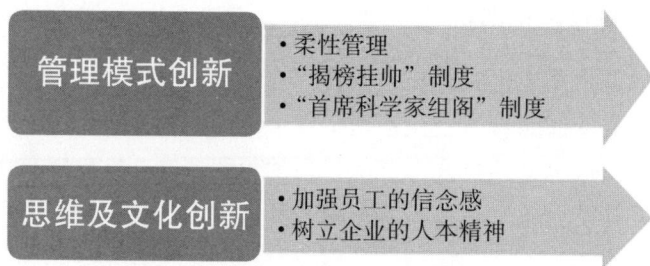

图 1-13　科技人力资源管理创新内容层次

### （一）管理模式创新

（1）柔性管理。传统人力资源管理存在的问题使其具有非主动性的特点，难以发挥人力资源管理在企业中的特殊作用，对此，将柔性管理引入企业的人力资源管理之中，有利于其职能的更好发挥。相对于采用各项规章制度的刚性管理，柔性管理更注重的是人性化。企业在科技人力资源管理工作中应用柔性化管理，顺应科技工作者越来越突出的职业需求，即从关注薪酬转化为工作生活之间的均衡需要，给予科技工作者尊重，满足科技工作者的经济、社会、精神需要。此外，对于企业来说，柔性管理更加符合企业发展的需要，使企业面临市场环境变化的适应能力增强，最大限度地发挥科技工作者的价值。

（2）"揭榜挂帅"制度。为提升科技硬实力、深入科技体制改革的国家需求，"揭榜挂帅"制度被提出。将"揭榜挂帅"应用于企业的科技人力资源管理中，将会得到较好的反响。"揭榜挂帅"是指开放型竞争方式，由企业主体发布"榜单"，让科技工作者及各类创新主体"揭榜"，公开公正地进行竞争，选择最合适的人"挂帅"，体现了市场化的选人用人机制。"揭榜挂帅"不仅能够让对的人干对的事，使科技人力资源得到最充分的利用，而且能够让对的事找到对的人，打破信息不对称的问题，提高科技创新资源的配置效率。

（3）"首席科学家组阁"制度。"首席科学家组阁"是国际上比较通用的一种科技项目组织模式和管理模式。在科研项目和政府机构中设立首席科学家一职，由首席科学家对项目负总责，并赋予其一定的经费管理权限。首席科学家拥有自主组建团队的权力，将所在领域具备基础科学研究实力和潜力的科学家统在自己麾下，集中力量开展重大项目攻关。

### （二）思维及文化创新

企业管理思维及文化对科技人力资源管理工作存在重大影响，思维及文化的合理构建及发挥能够为企业管理工作带来便利，有利于人力资源管理部门工作的推进，这也是科技人力资源管理的价值所在。在新时代下，企业更应注重企业思维及文化对科技人力资源及其管理的影响，顺应时代发展做出创新。

（1）加强员工的信念感。企业文化不是一成不变的，尤其是对于科技工作者而言，价值及文化的引导作用尤为重要。企业文化的创新是随着时代和员工思想观念的变化而变化的。从时代变化的角度更新其文化理念，是从产业发展的角度去引导员工的思想认识，促使其进行研究开发的领域和方向符合企业发展趋势；从员工思想观念的变化去更新其文化理念，是为了降低科研工作者对文化引导的抵触情绪，以科技工作者易于接受的方式强化其对企业的归属感。不论以何种路径创新企业文化，都是为了实现降低高素质、高科技人才流失问题的目标，以实现企业的长期发展。

（2）树立企业的人本精神。在管理模式创新中，不论是柔性管理、"揭榜挂帅"制度还是"首席科学家组阁"制度，都体现着深深的人本精神，这是因为越是高学历、高素质的科技人才，就越渴望自身价值的实现，所以企业在科技人力资源管理中，应当树立人本精神。

## 【章末案例】

# 美的公司人力资源管理

## 一、公司简介

美的集团 1968 年成立于广东省佛山市顺德县现佛山市顺德区，是中国国内家电制造行业领先的全球化科技集团，属于世界 500 强企业之一，在国内外拥有广阔市场，行业规模宏大，其子公司、海外分支机构约有 200 家，业务覆盖多个国家和地区。2020 年，美的集团经过组织架构调整，其业务范围涉及五大板块，即智能家居、楼宇科技、工业技术、机器人与自动化、数字化创新，细分业务如表1-2所示。

表1-2　美的集团五大业务板块

| 业务板块 | 主营产品 | 品牌 |
|---|---|---|
| 智能家居 | 家用电器、消费电器（如空调、冰箱、洗衣机、压力锅、电饭煲、热水器等） | COLMO、东芝、美的、小天鹅、华凌、酷风、Master Kitchen、eureka优瑞家、comfee |
| 楼宇科技 | 暖通空调、中央空调、智能建筑、电梯 | Midea、CLIVET、美控智能建筑（KONG）、菱王电梯、LINVOL、楼宇科技、MDV |
| 工业技术 | 家电部件、汽车部件、工控部件、3C产品部件 | GMCC、Welling、MR美仁半导体、HICONICS合康新能、SUNYE、Servotronix、Motinova、TOSHIBA |
| 机器人与自动化 | 机器人智能化自动化解决方案、自动化物流 | 库卡、瑞仕格 |
| 数字化创新 | 冲牙器、电动牙刷、电吹风等小家电及周边产品；物流数智化；智能制造；浴霸、智能门锁、智能晾衣架等智能前装电器产品；金融科技 | 安得智联、美云智联、美智光电、布谷、西式小电、美智科技、美的金融 |

当前时代的变迁，带来了更多的不确定性和不稳定性，但是科技推动变革仍然是时代发展的主旋律。因此，美的集团还需真正倾听时代的声音，直面科技变革的现实，以科技领先、数智驱动、用户指定、全球突破为其战略主线，将科技提到首要位置上来，始终坚信科技人才在企业战略发展过程中的重要地位，并且还需关注企业经营发展的基础——"人"的管理，尤其是科技人力资源方面的管理及模式，从中不断探索、填补、积累经验。

## 二、人力资源发展

### （一）人才结构

美的集团将其员工的职位按照工作性质划分为M、P、A、O四类，分别表示管理类职位、专业类职位、行政类职位、操作类职位。这四类职位还可划分为 22 个职级，数字越大表明职级越高。截至 2021 年年底，美的集团母公司及子公司在职员工数量为 16.6 万人，其中生产人员占比高达 81%。

## （二）科研力量

美的集团 2021 年年报显示，美的集团全年研发投入 1201 万元，同比增长 18.74%，美的始终坚持对核心技术的持续投入研究，并努力实现科研成果转化获得最大化。目前，美的集团已拥有 10 个国家级企业技术中心、设计中心及博士后科研工作站，超 60 个省级研发设计中心，仅在 2021 年全国范围内实现专利申请超过 1000 件。在科研人员方面，美的集团拥有 1.8 万余名专业研发人员，其中，外籍资深专家超过 500 人，构建了科学家体系。

## 三、管理模式

美的集团作为一家历史悠久的集团企业，在发展过程中，历经了多次变革和转型升级，对企业内、外部管理形成了一定的体系。人力资源与财务、运营并行，构成美的集团管理的三个抓手，对企业的运营及发展起到支撑作用。在如今互联网时代深入发展、数字化转型正在进行的背景下，科技人才及其优质管理是关键。

### （一）企业文化及用人理念

美的集团坚持公平、开放的用人理念和机制，具有开放、公平公正、自我培养、唯才使用、尊重人性等特点，认为员工是企业价值的缔造者。美的集团认为，拥有强烈进取心、创新力及团队精神的优秀科技人才，是企业在当今数字经济时代的核心竞争力，因此美的集团致力于为人才提供公开、公正、透明的选人用人机制。

### （二）人才政策

美的集团重视科技变革，在人力资源管理方面更是注重科技人才的管理。对此，美的集团的人才政策主要体现在人员招聘、晋升通道和职级管理、人才培养方案等三方面。

（1）人员招聘。美的集团主要采用优化招聘模式的方式，来提高企业和人才双方的效率。美的集团基于能力模型进行招聘甄选，采用SUCCESS核心能力模型，由人力资源管理部门进行员工综合素质和能力的评估，将此作为第一轮甄选，极大地节约了双方的选择时间，企业能够根据需求，选拔出具有一定素质能力的科技人员。同时，为进一步提高效率，美的集团升级并优化了其招聘模式，采用校园招聘与社会招聘相结合的方式，与高校合作，专业对接人才，并成立高端人才招聘团队，形成了科学有效的招聘体系。

（2）晋升通道和职级管理。美的集团在企业员工晋升通道和职级管理方面具有规范性，建立了拥有22级的职级体系，明确规定其晋升模式和职级层次，为企业内的科技人才提供晋升目标。同时，美的集团在晋升通路上还体现着公平竞争性，其独创了人力资源内部市场化运作的"美的模式"，通过内部职位晋升和竞聘，实现了科技人才之间的良性竞争，更具公平性。

（3）人才培养方案。美的集团坚持自主培养，设立美的学院，并秉持"内部培养为主，外部引进为辅"的原则，美的集团从外部引进专家型人才，完善其人才梯队，丰富人才体系。并且，美的集团与华东师范大学等高校签订合作协议，在科技人才方面，致力于双方协同培养科技能力和人文素养兼备的复合型人才，探索产学研机制，实现双方的共赢。

### （三）绩效考核机制及理念

（1）以组织绩效考核为主。美的集团的绩效和考核机制不同于传统模式的员工个人绩效评价考核，而是组织绩效大于员工绩效，将组织绩效考核放在首位。这样不仅能够更加客观地评价科技人员的成果，有利于组织内部团队精神的打造，避免个人主义的过度泛滥；而且具有战略性，从组织出发的绩效考核机制，其重要目的是与企业战略对接，响应企业总体战略，整体布局，全局设计，实现整体发展。此外，美的集团绩效考核体系目标的确定，具有公平性、开放性。绩效考核目标不是传统的直线式自上而下或是自下而上地进行决策，而是上下相互沟通并达成共识的过程。一般而言，人力资源管理部门对于科技研发工作内容的了解不够深入，独立制定考核目标就会出现目标不切实际的情况，而人力资源管理部门与科技工作者沟通协商，再行制定绩效考核目标就更具合理性。

（2）考核评价以充分放权为导向。美的集团具有自身特色的制度之一就是分权制。在组织机构运行方面，分权制下的美的集团设立了独立运行的组织机构，各级干部向下分权，加强人力资源部门与科研人员之间的互动，设立并不断完善考核评价体系。同时，美的集团要求被分配到权力的同时，也要向上级进行信息的透明化处理，为权力设立边界。

### （四）激励机制

（1）合理的股权激励。美的集团不断完善其股权激励机制，实施不同类别的股权激励计划以及员工持股计划。截至 2021 年年底，美的集团已推出八期股票期权激励计划、五期限制性股票激励计划、七期全球合伙人持股计划及四期事业合伙人持股计划，搭建了良好的股权架构。股权激励计划针对企业内的核心研发、技术、管理等骨干，对于科技人员来说是一种长期激励机制，继"吸引人才"之后，有助于企业"留住人才"。

（2）薪酬管理及考核。美的集团在数字化转型的过程中，薪酬管理方式也发生了变化。美的集团以其薪酬制度为基础，自主研发了 iHR 平台，遵循着数据录入、薪资计算、薪资发放、工资条发布的流程（如图 1-14 所示），以科技赋能，实现一站式薪资发放。并且，美的集团根据科技人员的绩效考核结果，在基本工资的基础上，确定每位科技人员的绩效奖金。同时，薪酬也会向战略型人才以及科技核心骨干倾斜，体现了战略科学家的重要性。薪酬制度作为一种短期激励方式，对科技人员的激励效果最佳。

数据录入 → 薪资计算 → 薪资发放 → 工资条发布

图 1-14 美的 iHR 系统薪资核算发放流程

### 四、成功经验

#### （一）形成并持续提升企业组织力

美的集团的人力资源管理部门依靠战略承接、人才梯队建设，以及组织管理的数字化变革，形成并持续提升其组织能力。

（1）战略承接。人力资源管理者承接"科技领先"战略，注重科技人才的发展及管理，进行企业的数字化转型；承接企业经营发展目标战略，合理制定绩效考核目标，切合科技人才需求。这些战略承接举措，是组织力打造的前提。

（2）人才梯队建设。美的集团通过系统的培训方案和大规模的招聘，丰富其人才结构层次，形成成熟的人才梯队体系。只有层出不穷的人才梯队体系，才能够承担各方面业务，形成真正的组织力。

（3）组织管理的数字化变革。美的集团的人力资源数字化进程经历了由企业资源计划（enterprise resource planning，ERP）的人事系统演化为数字化 HR 平台，搭建服务平台、赋能平台、智能平台，以数字化为人力资源管理工作赋能。

## （二）打造全方位、多层次的培养体系

美的集团重视员工的培训机制及其效果，不仅对新入职员工进行全面的岗前培训，而且为了应对时代的不确定性、不稳定性，还对老员工定期定时开展培训，及时更新其技术水平及思维观念，这对科技人员来说尤为重要，因此企业需要打造全方位、多层次的培养体系。一方面，全方位体现在通过培训，培养并提高员工的各项能力，如领导力、专业能力、通用能力、个人综合能力、关键技术训练等，实现员工的全面发展；另一方面，多层次体现在开展不同形式的培训，更好地发挥培训效果，如内部分销会、外训项目、专业体系课程等。

## （三）打造符合企业实际的激励机制

激励机制在科技人力资源管理中占据极其重要的位置，有利于维持科技人员的稳定性，提高工作效率。美的集团建立的激励机制符合企业实际情况，对企业组织变革和激励效果起到有利作用。一方面，企业多层次激励机制有助于去家族化，对企业绩效的提升和员工的激励目标有着正向影响；另一方面，激励机制对科技人员达成了有效激励，对集团企业中"躺在功劳簿上的人"具有一定的约束性，为科技人员指明了在美的集团的发展前景，做到了激励机制效果的最大化。

## 五、发展与总结

在互联网时代、数字时代的持续影响下，美的集团对其组织架构以及人力资源管理方式进行数字化变革，通过企业文化及用人理念、人才政策、绩效考核机制及理念、激励机制四个方面，对人力资源管理以及科技人才发展不断优化，形成了如今较为完善的管理模式，并且从中获取成功经验。在未来，美的集团也将继续遵循其"科技领先"的发展战略，在时代发展中，以新战略推动新增长，以新技术促进新突破，加大数字化转型力度与研发投入占比，持续改善人才结构，重视科技人才，优化科技人力资源管理，建立科技研发优势，实现企业在不断变化的时代中持续稳定发展的目标。

## 本章小结

本章为科技人力资源管理的导论部分，主要介绍了新时代背景下人力资源管理的背景，以及受到的冲击和挑战，指明传统的人力资源管理存在哪些误区，做出了何种突破，并通过人力资源和科技人力资源的对比，简要阐述科技人力资源管理的基本概念，从使命、价值、变革和创新四个方面对科技人力资源管理进行定位，完善基本概念，从整体上对科技人力资源管理形成一个完整体系。

## 讨论题

1. 阐述新时代下科技人力资源管理的变化和趋势。

2. 描述人力资源管理与科技人力资源管理的区别、联系，以及重要性。

3. 举例说明传统人力资源管理在新时代下所做出的突破。

4. 分别描述科技人力资源管理的使命和价值是什么，做了何种变革创新。

5. 阐述新时代下科技人才的重要性。

# 第二章　科技人力资源规划与胜任力

随着科技人力资源管理的不断深入发展，在企业践行科技人力资源管理工作时，战略性思维的作用越发凸显，战略性科技人力资源管理为越来越多的企业所重视。其中，科技人力资源战略规划是人力资源管理工作中的首要环节，做好企业内部科技人才招聘工作及胜任力素质分析，能够帮助企业更好地进行科技人力资源战略规划，实现人力资源战略与企业整体发展方向的一致。

当下的中国有培育领军人才和战略科学家最好的土壤，未来5年，百度将为社会培养500万人工智能（AI）人才，为国家战略科技力量的建设持续做贡献。

——百度创始人、董事长兼首席执行官　李彦宏

【学习要点】

☆人力资源战略

☆科技人才的招聘

☆战略科学家

## 【开篇案例】

# 金蝶公司人力资源战略

## 一、公司简介

金蝶国际软件集团有限公司（以下简称"金蝶"）成立于 1993 年，总部位于深圳。金蝶是一家提供管理软件、云服务的企业，金蝶系产品主要包括金蝶天燕、我家云、车商悦、账无忧等，在多个领域内，为企业管理者、财务、销售、人力资源等角色，提供数字化管理解决方案，已经为世界范围内超过 740 万家企业、政府等组织提供产品及服务。

金蝶深耕企业服务市场近三十年，始终坚持"全心全意为企业服务，让阳光照进每一个企业"的使命，秉持"致良知、走正道、行王道"的企业价值观，在云服务领域内不断探索，得到客户及研究机构的认可，获多项荣誉。

金蝶的产品及服务获得众多龙头企业的青睐，其组织内部相应地建立起安全可信的企业服务平台，囊括了安全及隐私、策略及文化、制度及流程、组织及人员、培训及意识五大模块（如图 2-1 所示）。

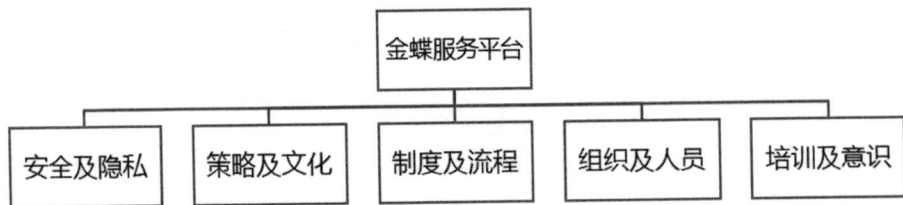

图 2-1 金蝶企业服务平台

## 二、人力资源规划

金蝶的成功离不开其内部的人力资源管理。金蝶提供人力资源管理系统的同时，也注重自身的人力资源管理以及人力资源规划，在企业内部建立起整体的人才策略及人力资源管理体系，优化人才队伍，并建立起 HR 应用系统部，专门负责制定人力资源蓝图及规划建设方面相关工作。

**（一）金蝶人力资源现状**

目前，金蝶现有员工总数 11 588 人，员工整体上呈现出多元化的趋势。2021 年，在性别结构上，男、女员工所占比例分别为 65.4%、34.6%；在学历结构上，专科及以下、本科、研究生及以上学历的员工分别为 1245 人、9 441 人、902 人，所占比例分别为 10.7%、81.5%、7.8%（如图 2-2、图 2-3 所示）。

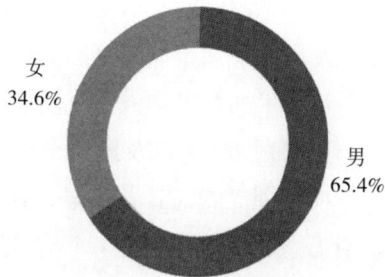

图 2-2　金蝶员工性别结构

（资料来源：2021 年金蝶环境、社会及管治报告）

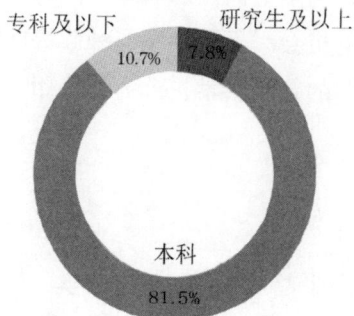

图 2-3　金蝶员工学历结构

（资料来源：2021 年金蝶环境、社会及管治报告）

### （二）金蝶的人力资源规划

对金蝶的人力资源规划的制订必须考虑企业的外部环境状况，结合企业内部自身状况进行决策，其所处的时代及环境对其组织架构及人力资源管理者造成了一定的影响。同时，金蝶的人力资源规划要求人力资源管理部门在招聘等环节中坚持平等雇佣原则，并且时刻关注人力资源规划的具体实践是否契合企业的战略目标，体现企业坚持以战略为导向的目标。

（1）环境分析。政策环境方面，金蝶正处于较高支持度的政策环境中，科技及数字化转型得到众多政策制度的支持。经济环境方面，宏观经济仍在不断向好发展，管理软件市场整体走向成熟，存在用友、思爱普（System Applications and Products，SAP）等行业巨头所带来的竞争压力。科技环境方面，互联网技术不断深入发展，应用推广程度较高，加之数字化技术的发展接踵而至，金蝶面临着高新技术的开发和数字化转型的境遇。

（2）组织架构影响。在互联网时代以及经济全球化的发展趋势下，企业内部的组织无边界化、分权管理等特征日益凸显，这就促使金蝶的组织架构发生变化，由传统的组织形态逐渐向扁平化、平台化方向发展。金蝶扁平化的组织特征精简其纵向组织架构，员工通过在线平台即可直接与管理者进行沟通，管理者也可通过在线平台定期收集员工意见，与员工沟通。

（3）平等雇佣原则。金蝶坚持一视同仁原则，在人才招聘、任职标准、实习生管理等方面认真贯彻落实，制定了多项适用于全集团的内部政策，明确指出招聘流程及模型，明晰各岗位的职责。同时，金蝶坚持反歧视原则，为应聘者提供公平竞争的机会，不因性别、种族等因素影响招聘结果。金蝶贯彻其"以奋斗者为本"的管理哲学，致力于录用、引进一批专业、高价值贡献的青年人才及精英。

## 三、实施战略

金蝶始终坚持"以奋斗者为本"的管理哲学，深信员工是企业发展的宝贵财富。金蝶以其人力资源规划为基础性指引，不断完善其人才实施战略，打造以战略为导向的培养体系，持续塑造员工及企业的创新创造能力，完善并实施其人才激励机制、人才职业发展战略。

### （一）打造战略化培养体系

目前，金蝶已经拥有较为完善的战略化培养体系，在企业培训过程中融入战略发展目标，并制定一系列制度，如《金蝶新员工培训管理办法》《金蝶专业类课程开发管理办法》《金蝶软件员工培训管理办法》等，保证企业各类培训活动能够顺利有效地开展，为企业塑造一支优质的人才队伍。金蝶人才培训体系将培训划分为四个类型，即领导力培训、任职资格培训、新员工培训、其他专业项目培训（如图 2-4 所示），致力于为每位员工提供合适的培训项目。

图 2-4 金蝶人才培训体系

### （二）塑造创新创造能力

创新创造能力对于一家科技企业来说尤为重要，是科技企业的内在基因。金蝶通过打造创新文化和增加技术投入两方面来塑造人才和企业的创新创造能力。

（1）创新文化。金蝶鼓励员工积极大胆进行创新，并进行内部优秀创新成果评选，使优秀人才脱颖而出，并给予相应奖励，营造积极创新的氛围和环境，为企业员工创新力的提升创造更多可能性。

（2）技术投入。金蝶拥有强大的研发体系，建立了成熟的产品线，秉持其优秀的创新文化，不断加大在科技研发投入中的力度，实现在软件即服务（software-as-a-service，SaaS）连接器、区块链、第五代移动通信技术（5th generation mobile communication technology，简称 5G）等领域的技术突破。

### （三）完善人才激励机制

金蝶致力于以完善合理的激励机制，激发人才的创新能力、提高工作效率，并留住人才，主要在薪酬绩效管理、员工关怀两方面蓄力。

（1）薪酬绩效管理。金蝶通过委托第三方机构进行市场薪酬调查，并对企业员工薪酬加以调整，同时，制订了《绩效管理办法》调整绩效考核指标，使企业薪酬绩效激励更加合理，提高激励效果。

（2）员工关怀。金蝶切实保障员工的权益，解决员工的困难，并且为员工生活提供便利，同时，也会关注员工的健康与安全，注重其身心健康和办公场所的安全，为企业员工创造优异舒适的工作环境。

### （四）实施人才职业发展战略

在人才职业发展策略方面，金蝶为员工创造了良好的职业发展平台，提供专业的培训辅导，让其更加适应其职位，引导员工积极创造出成果。

## 四、成功经验

### （一）以战略为导向，以愿景使命为指引

金蝶在人力资源管理方面的成功之处在于，其拥有明确的战略目标指向，全部人力资源规划及管理工作坚持以战略为导向，以愿景使命为指引。坚持以企业战略为导向，让企业在人才管理的培养、创新能力、激励、职业发展等方面，能够充分融合其战略目标，使其人力资源的管理符合企业整体发展方向，顺应时代及市场环境的变迁。

### （二）紧跟数字化转型步伐

数字化变局时代的来临，开启了企业数字化转型的大幕。金蝶面临这样的时代背景，也迈入数字化转型的道路。金蝶在其数字化转型进程中大胆实践，建立金蝶云·苍穹平台，实现数字化发展及应用，并在人力资源管理工作中引入数字化技术，以当前5G、云计算、人工智能等新一代高新技术为基准，不仅优化人力资源管理模式，而且转变人力资源管理者的思维模式，实现企业真正的颠覆与自我突破。

## 五、发展与总结

金蝶在近十年的发展中，面对复杂多变的市场环境仍然能够做到及时高效应对，响应企业的发展战略，探索适合企业组织管理及发展的人力资源战略及管理模式。金蝶对当前其内部人力资源现状进行分析，结合具体外部环境及其影响，对企业的人力资源规划做出判断，利用扁平化的组织结构，并秉持平等雇佣原则。在战略实施环节，金蝶坚持完善其战略化培养体系，致力于提高个人和企业整体的创新创造能力，打造符合企业实际情况的人才激励机制和人才发展战略，通过优质的人力资源管理促成优质的企业发展态势。

# 第一节　战略性科技人力资源管理

随着经济全球化的不断发展，以及互联网技术、数字技术发展与应用进程的加快，企业之间的竞争愈演愈烈，对提高科技水平的诉求越来越强烈，科技人力资源成为当前经济社会及企业亟需的战略科技力量。从整体环境及企业内部组织考虑，其战略引领企业的各项发展及历程，同时也对企业的科技人力资源管理模式有着指引作用。

## 一、战略性科技人力资源管理概述

科技人力资源管理在企业发展过程中允当至关重要的角色，是当今企业，尤其是科技型企业发展的基石，越来越多的企业重视科技人力资源管理。同时，人才也是一种战略资源，科技人才是企业战略规划与发展过程中的重要资源。因此，战略性科技人力资源管理也被更多的企业应用，成为企业组织管理中重要的部分。对于战略性科技人力资源管理的含义及内容，可以从战略性人力资源管理延伸至战略性科技人力资源管理。

### （一）战略性人力资源管理

战略性人力资源管理的概念可追溯至20世纪80年代。

Walker（1978）将战略规划与人力资源规划联系起来，标志着战略性人力资源管理的萌芽；Devanna等（1981）首次提出了战略性人力资源管理

（strategic human resources management, SHRM）的概念；Mahoney 和 Deckop（1986）对战略性人力资源管理的定义、理论、实践等相关研究内容予以总结归纳，标志着人力资源管理从传统的人事管理，开始转向战略性人力资源管理。Wright 和 McMahan（1992）将战略人力资源管理定义为人力资源与组织战略目标的结合，通过人力资源管理来使组织获得优势，以实现组织战略。到如今，战略性人力资源管理的含义被不断完善和补充。

罗殿军和付朝庆（2006）认为战略性人力资源管理是一个动态的过程，是将不断变化的战略与员工联系起来。张艳丽等（2014）探索战略人力资源管理是如何发挥作用的，指出战略人力资源管理通过战略层面的指引，发挥人力资本的价值，为组织创造价值和竞争优势。赵曙明和孙秀丽（2016）将战略人力资源看作一种为员工提供信息传达导向及指引的工具，认为 CEO 的变革领导行为对战略人力资源管理有着正向作用。杨婧和杨河清（2020）提出战略性人力资源管理的相关研究大致围绕着最佳实践理论、权变理论和资源论三种主流理论发展，并认为组织战略与人力资源战略实践的结合，将影响组织绩效。魏立群等（2008）则探究文化因素对战略人力资源管理的效用，认为企业文化在战略人力资源管理中起到关键性作用，进而影响组织绩效。总的来说，可以从运行方式和运行目的两方面来解析战略性人力资源管理的内涵。

从运行方式来看，战略性人力资源管理将采用战略管理与人力资源管理相结合的方式，通过对企业战略目标的研究与分析，将各种人力资源进行有机结合，对战略资源（也就是人力资源）进行配置。同时，战略性人力资源管理强调企业人力资源管理与外部环境的契合性，根据外部市场环境来制定战略，指导企业的管理工作。

从运行目的来看，企业的战略性人力资源管理是为了达成其战略目标而实施的一系列对人力资源进行配置、管理的活动。有别于传统人力资源管理的短期效应，战略性人力资源管理在组织中应用的目的是达成组织长期战略目标，建立长期有效的竞争力，实现财务绩效。

## （二）战略性科技人力资源管理

人力资源是科技型企业的核心资源（陈慧媛，2022）。在科技企业中，战略人力资源管理与组织绩效存在显著的正向关系（李典，2020）。战略人力资源管理能够影响组织情绪能力，进而影响组织绩效（李树文 等，2020）。具体来说，可以通过招聘配置、培训培养、选人用人、考核激励和薪酬福利五方面实施科技企业的人力资源战略规划。同时，陈子韬等（2021）认为科技人力资源的规划实践与资金资源之间的匹配能够提高组织绩效。杜新丽（2021）指出，加强企业科技创新人才队伍是提高企业核心竞争力的关键手段，突出强调了科技人力资源管理立足时代背景的重要性。

目前，企业面临着复杂的外部环境，互联网时代、数字时代发展脚步加速，新技术应用越来越广泛，同时还面临着新型冠状病毒感染疫情反复、人口老龄化趋势加快等问题。并且，科技人力资源是人力资源的一部分，是企业发展过程中各方面不可替代的重要战略资源。企业为了在复杂的环境中达成其战略目标，还需要不断改进自身，将战略与科技人力资源的管理工作相结合，发展出当今企业内部组织管理的新模式，从而也能够更好地服务于企业战略。因此，企业更加需要战略性科技人力资源管理。

战略性科技人力资源管理，也就是企业以战略目标为导向，有计划、有目的地对科技人力资源开展的使用、控制、检测、维护、开发等一系列的管理活动。实质上，战略性科技人力资源管理是一种战略执行工具，通过对科技人力资源的管理工作，在实践中确切地执行并实施企业战略，进而达成企业战略目标及规划。

从内容上来看，战略性科技人力资源管理能够与人力资源管理作对照，但同时也存在其独有的内容。战略性科技人力资源管理在企业的管理及应用中涉及广泛，主要有七大部分，即科技人力资源的战略性管理观念、战略性人力资源规划、战略性人才招聘管理、战略性激励管理、战略性薪酬管理、战略性绩效管理、战略性培养管理（如图2-5所示）。

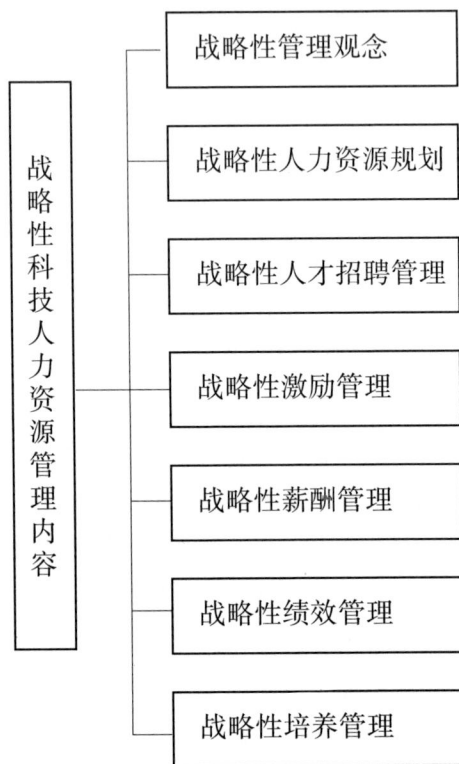

图 2-5　战略性科技人力资源管理内容

从特征上来看，战略性科技人力资源管理能够更精确地支持企业战略目标的实现，更精准地对科技人力资源开展管理工作，其管理体系具有战略性、整体性、动态性、人本性。战略性，是指科技人力资源管理与企业战略保持一致；整体性，是指企业在对科技人力资源进行管理活动时，将各项措施有机结合起来，形成一个完整的体系；动态性，是指企业的科技人力资源管理工作应当具有一定的灵活性，能够根据组织战略及环境的变化而变化发展，与企业战略保持动态匹配；人本性，是指企业推行与科技人才是利益共同体的理念，以共同的目标实现"各尽其才，各得其所"。

## 二、战略性科技人力资源管理发展

战略性科技人力资源管理是将科技人力资源管理放置到战略的高度，强调科技人力资源的管理工作对企业战略目标的推动作用，是对传统的人力资源管理的重大突破。随着时代的变迁，越来越多的企业重视战略实现与科技人力资源管理的工作，战略性科技人力资源管理得到更加深入、广泛的发展，体现在企业整体进程和企业内部管理模式两方面。

### （一）企业整体进程角度下的发展轨迹

根据企业生命周期理论，可将企业的发展进程划分为初创期、成长期、成熟期和衰退期四个阶段（如图 2-6 所示）。企业在不同发展阶段，其战略性科技人力资源管理存在不同的特点及优势。

初创期　成长期　成熟期　衰退期

图 2-6　企业不同发展阶段

（1）初创期。在初创期，企业的科技人力资源管理及科技人才状况存在人治特征显著、规章制度不严谨、科技人才不足等问题。初创企业由于综合实力较弱、规模较小，战略方向不明确，对科技人力资源管理方面的重视程度不足，导致缺乏完善的科技人力资源管理体系和战略规划，更加难以形成系统的战略与科技人力资源相结合的管理体系；再加上人治色彩浓厚，导致企业内部的科技人力资源管理专业化程度不足，难以上升到战略层面。

（2）成长期。在成长期，企业发展速度的加快，对其内部资源及管理模式提出了更高的要求，资源出现短缺情况，管理方式日趋复杂。此时，科技人力资源管理及科技人才状况相较于初创时期有所改善，企业文化开始转型，企业初步形成科技人力资源管理体系，对科技人才的招聘培训方式、绩效薪酬管理加以完善，企业开始意识到科技人力资源管理工作对战略实现的重要性，以及战略目标指引科技人力资源管理工作的重要性。

（3）成熟期。在成熟期，企业的各项要素都达到了均衡，经营活动相对稳定。此时，企业的科技人力资源管理平稳有序进行，人力资源管理者拥有丰富的实践经验，能够使科技人力资源的管理与企业战略较好地结合，并发挥相互推动的作用，实现企业经营目标与管理目标的契合。但是，在该时期内，企业还会出现科技创新意识下降、科技人才流动性较差等问题，这对企业战略目标的推进产生一定的阻碍作用。

（4）衰退期。在衰退期，企业往往面临着产品技术落后、市场优势较弱、风险增大等问题，企业文化不适应新时代、新环境，人力资源管理部门及管理者也会出现思想趋于保守的情况，导致企业战略目标与科技人力资源管理活动的匹配度下降。

## （二）企业内部管理模式的发展轨迹

基于不同的时代背景及企业战略发展要求，原有的人力资源管理模式显现出不合时宜的特征，对此，企业人力资源管理部门应结合企业实际情况及当前的战略目标，对其科技人力资源管理进行进一步的调整，使之具备整体化、民主化、精准化的发展特征，如图 2-7 所示。

图 2-7　科技人力资源管理特征

（1）整体化。企业科技人力资源管理摆脱了以往独立看待科技人力资源管理活动的做法，更加强调整体管理、集中管理，依据企业自身发展战略，集中统筹科技人力资源，从上至下向着全面发展的方向努力，突出表现为企业将科技人才的培训、薪酬、激励等管理工作采用整体化、体系化的思维方式提升至战略层次。同时，企业更加注重组织架构以及战略规划，调整企业战略规划，以战略性科技人力资源管理模式为依据，不断优化组织模式，提高管理效率。

（2）民主化。企业管理理念逐步由集中化、集权化向民主化、开放化方向转变，这是由企业实际情况转变、科技人才之间存在差异等特点导致的问题而发生的。目前，企业的战略性科技人力资源管理以科技人才为中心，力求实现企业战略目标与管理目标。此外，战略性科技人力资源管理的民主化趋势还表现在管理体系的公平性上，企业通过对绩效、薪酬等管理体系的不断完善，为科技人才提供公开、公正的环境及相应回报，充分挖掘人才潜能和工作积极性。

（3）精准化。随着企业规模的不断扩大和市场环境的日趋复杂，企业内部科技人力资源管理已经不再适应以往的粗放式管理，逐渐往精准化、精细化方向发展。企业人力资源管理部门对科技人力资源的管理，通过战略与管理工作的结合，充分利用企业优势，确保其与科技人力资源管理水平相辅相成，实现资源的高效匹配，满足企业与科技人才双方的需求，提高精确度。

### 三、战略性科技人力资源管理作用

战略性人力资源管理，是当今复杂市场环境下，满足各方需求的重要管理方式，尤其对新兴企业、科创企业的影响显著。对科技人力资源的战略性管理，能够为企业带来重要作用，可以简要概括为获取竞争优势、支撑企业战略目标、实现价值的发挥三个方面。

#### （一）获取竞争优势

研究表明，有效的战略性人力资源管理体系能够帮助企业快速获得市场竞争优势。在当前知识经济盛行的时代，科技人力资源是打造企业核心竞争力、获取长期竞争优势的源泉，实行战略性科技人力资源管理能够为企业赢得人才优势、管理优势，如图 2-8 所示。

图 2-8 科技人力资源管理获取竞争优势的内容

（1）人才优势。战略性人力资源管理所做出的一系列管理活动，不仅是为了吸引优秀科技人才，更重要的是留住科技人才。企业以战略为导向，对科技人力资源的潜力和价值进行合理、深入的挖掘，让科技人才在企业中感到受重视，体会到自身价值的发挥。同时，战略性科技人力资源管理也要求企业为科技人才创建良好的工作环境，这既能够契合科技人才自由、独立的个人特质，营造出良好的科技创新氛围，而且能够为员工提供公平、高效的管理规则和治理体系，充分发挥出科技人力资源的作用，造就企业的人才优势。

（2）管理优势。战略性科技人力资源管理在管理层面上，从外部和内部两方面为企业打造市场竞争优势。

在外部，战略性科技人力资源管理深化企业对外部环境的了解及掌握，企业针对不同的外部市场情况及自身状况进行科技人力资源管理的部署，用发展的眼光看问题，因势而变，提高企业对环境的适应程度，在市场上赢得优势。

在内部，战略性科技人力资源管理促使企业优化其内部管理体系，组建高质量的管理团队，凭借优质的管理体系和团队，高效、合理地配置相关科技人才，满足企业战略发展需要，为企业提供竞争优势。

### （二）支撑企业战略目标

战略性科技人力资源管理以战略导向为核心，其各项管理活动无一不是利用科技人力资源优势的最大化发挥，支撑企业的战略目标及发展。

（1）管理理念。在管理理念方面，以企业的战略目标来武装其管理理念，以企业当前战略发展方向来指引、管理科技人力资源，在文化理念层面做到与战略的有机结合。

（2）战略规划。在战略规划方面，战略性人力资源管理为企业提供科学的人力资源规划，为企业战略及管理工作的执行消除障碍，建立完善畅通的工作流程，为科技人才的日常创新工作创造便利条件。

（3）招聘与选拔。在招聘与选拔方面，与企业战略目标相结合的招聘工作，不仅关注科技人才与岗位之间的匹配度，而且也会考察科技人才的价值观念是否符合企业整体的文化及战略发展方向，降低失误率。

（4）薪酬。在薪酬方面，战略性科技人力资源管理要求企业根据当前内外部环境状况等因素，推行切实可行的薪酬管理方式，为企业科技人才发放具有竞争力的薪资，留住科技人才，同时也使薪酬支出与企业成本、效益相符，契合企业整体发展战略。

（5）绩效管理。在绩效管理方面，企业对科技人才进行的绩效考核及评估，是对人才资源的一种知识性投资，能够更加深入地发掘科技人才的价值。在企业战略指引下，根据企业的战略需要来制定其绩效管理制度，以此来支持企业战略目标。

（6）培训与开发。在培训与开发方面，战略性人力资源管理工作中的培训与开发模式对企业的长远发展规划具有清晰的认知，对科技人才的塑造更加具有针对性，不仅能够面向科技人才的个性特征，而且能够跟随企业战略发展步伐，建立高质量的人才团队。

### （三）实现价值的发挥

战略性科技人力资源管理是当今时代人力资源管理模式的主流，能够顺应时代的发展，掌握企业的科技人力资源，深入了解企业内部科技人力资源状况，促进企业战略与科技人力资源之间的相互协调，实现企业管理与科技人力资源的价值发挥。其价值发挥主要体现在提升组织绩效和提升科技人才的能力两方面。

（1）提升组织绩效。利用完备的战略性科技人力资源管理体系，能够在一定程度上提升企业的经济效益。科技人才的发展与企业战略发展密切相关，科学的战略人力资源管理可以保障企业内部合理分配工作岗位，将科技人才的个人技能、特性与工作内容较好地匹配，细化企业发展战略职能，激发科技人才的积极性、主动性，源源不断地推出高附加值的新产品，提高企业效益。

（2）提升科技人才的能力。战略性科技人力资源管理对科技人才表达着期望诉求，企业通过影响其职业发展、绩效考核、晋升管理等举措，对科技人才的积极性和创造性起到正向的影响，能提高科技人才的创新能力。同时，科技人才具有较高的职业追求，战略性科技人力资源管理将企业目标融入人才的科研创新活动中，将短期激励与长期激励相结合，促使科技人才不断提升其专业技能。

# 第二节　科技人力资源战略规划

科技人力资源战略规划是科技人力资源管理过程中必不可少的环节，是在管理活动中的首要步骤，其本质是为企业发展寻找并储备最合适的科技人才，满足企业战略发展过程的科技人才需要。同时，科技人力资源战略与企业战略相匹配，对企业发展提供重要支撑，分析科技人力资源战略的发展历程，对科技人力资源战略规划的制订实施形成完善的流程体系，并且要注意其中的风险防范。

## 一、科技人力资源战略与企业战略匹配的意义

战略性科技人力资源管理下，企业人力资源管理部门将科技人力资源战略与企业战略相匹配。二者之间存在相互作用的关系：企业战略为科技人力资源战略提供行动指南，科技人力资源战略为企业战略提供基础和保障，同时，二者的匹配有助于企业的长远发展，如图 2-9 所示。

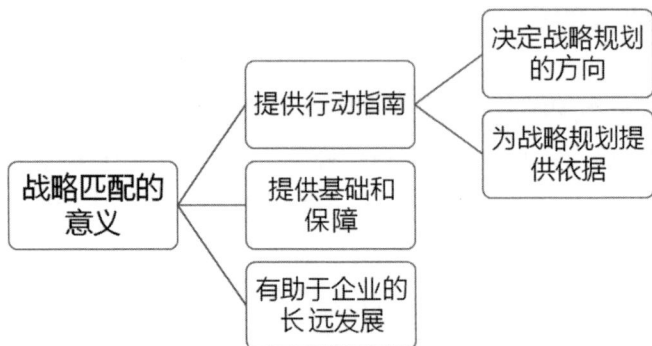

图 2-9　科技人力资源战略与企业战略匹配的意义

### （一）提供行动指南

科技人力资源战略与企业战略相匹配，企业战略为科技人力资源战略提供行动指南，不仅决定科技人力资源规划的方向，而且为规划提供重要依据。

（1）决定战略规划的方向。企业战略决定了科技人力资源战略规划的方向。在当前市场快速发展的环境下，各类经济要素进入市场，市场环境越发复杂，企业的发展及战略方向面临众多选择。此时，企业战略为科技人才

的管理指明了方向，明确自身所处的位置，按照既定的企业战略及目标，制定科学合理的科技人力资源战略。同时，根据企业战略，能够合理地预测企业内部科技人力资源的供需情况，以及未来各个岗位的需求情况，明确企业的供需，保障科技人力资源的供需平衡，为科技人力资源的战略规划提供指导。

（2）为战略规划提供重要依据。企业战略为科技人力资源战略规划提供依据。企业内部考核制度与科技人员的薪酬息息相关，在一定程度上反映着科技人员的工作能力和效率。对科技人员进行合理考核，还需要依靠企业战略来执行，将企业战略融入考核评价指标，如此才能够真实显示出科技工作人员在整体战略进程中的推动作用。因此，企业战略成为其重要的考核依据。

## （二）提供基础和保障

科技人力资源战略为企业战略提供基础和保障。科技人力资源战略在企业战略发展过程中属于一项基本内容，企业在其战略及目标的制定过程中，根据科技人力资源的管理方式、薪酬福利、绩效考核、晋升方式等内容，将其作为科技人力资源战略制定的参考，使企业战略的制定实施能够符合企业的具体情况，以及科技人力资源的现实境况和需求，为企业的长期健康发展提供动力。此外，科技人力资源战略在一定程度上对企业战略及整体发展起到促进或阻碍作用。高质量的科技人力资源战略帮助企业建立起优质的科技人力资源管理体系，塑造科技人员积极进取的工作态度，推动企业战略目标的加速实现；否则，会对企业的科技人力资源管理体系的建设和科技人员工作态度的塑造产生不良影响，不利于企业战略目标的推进。

## （三）有助于企业的长远发展

科技人力资源战略与企业战略相匹配，能够增强企业对内、外部环境不断变化的适应能力，更加高效地培养出更多的科技人才，获取更多的经济收益，进而不断优化完善发展战略，实现企业的长远发展。

通过科技人力资源战略与企业战略的融合，摒弃了传统人力资源管理笼统、无方向的缺点，能够有针对性、有目的性地对科技人力资源进行分析、管理，实现对科技人力资源的合理配置，提高工作运行效率；能够根据整体战略实现对科技人力资源成本的统筹规划，防止企业资金的浪费，做到资金的有效利用。

与此同时，在传统的企业内部管理中，人力资源管理往往不能有效衔接企业战略发展的需要。科技人力资源战略与企业战略的有效融合，有助于企业进行长远规划设计，有效解决企业在短期发展过程中的人才问题，实现对科技人才的长远使用，减少人员冗余的情况。

## 二、科技人力资源战略的发展历程

企业战略的制定、规划与时代背景息息相关，科技人力资源战略在时间历程中不断发展，其转折节点受到时代变化的影响。全球化的冲击、数字化时代的到来，都为企业的科技人力资源战略带来新模式、新发展。

### （一）传统模式下的科技人力资源战略

早期，传统的人力资源管理重心还在人事管理方面，追求组织任务的完成，将人力资源作为一种工具，是一种事后型管理模式，注重规范与完成度，其管理模式及思考角度仅停留在事物的表面。并且，彼时的科技发展程度不高，在企业管理工作中的应用程度不深，企业对科技人才的需求量较低，没有重视科技人才，在科技人力资源战略方面尚未形成一个成熟的体系，诸多企业将其与人力资源规划混为一谈，甚至忽略科技人力资源方面的战略规划与制定。

### （二）全球化冲击下的科技人力资源战略

随着时代的变迁和科技的进步，科技全球化的步伐日益加快，科技已成为时代发展的主流趋势，企业对科技人才开始重视起来。科技全球化则直接导致了科技人才的全球化，科技人才、智力知识跨国流动等现象纷至沓来，这对企业人力资源的管理具有"双刃剑"的作用，不仅对传统科技人力资源战略造成冲击，而且也为企业带来新的发展机遇。

科技人才全球化导致企业内部科技人才流失问题加剧，为此企业纷纷针对人才外流现象制定其人力资源战略，人才流失问题成为各大企业制定科技人力资源战略的重要考量因素。企业采取了一系列的"吸引人、留住人"的措施促使人才回流，并有针对性地培养企业所需的科技人才。

### （三）数字化时代下的科技人力资源战略

继科技全球化发展趋势后，数字化时代到来，各类资源、经济活动、企业运营管理无一不处于数字化进程中，科学技术的重要性越来越突出。科技人力资源作为企业管理及发展历程中的重要主体力量，也在适应数字化所带来的新变化。

数字化时代，对科技人才创新能力的需求越来越高，科技人力资源战略制定的核心是激活科技人才的创新动能，以数字化技术赋能科技人力资源的管理工作，对其科技人力资源战略及管理工作进行重新设计，打造符合实际状况、紧跟时代潮流的科技人力资源战略新规划，以使科技人力资源的价值发挥呈现最大化。

数字化时代对当下企业科技人力资源的冲击具体体现在以下两方面：一是企业科技人力资源战略专注于激发科技人才的创新能力，激发其创新动能及活力，通过科研项目审批程序精简、解决科技人才的后顾之忧、健全考核评价体系等措施，充分调动科技人才的积极性；二是企业科技人力资源战略越来越趋向于技术赋能，将互联网技术、数字技术等融入企业的人力资源战略的制定实施和管理工作中去，实现工作场所、科技人力资源运营、战略决策的技术化、数字化。

## 三、科技人力资源战略规划的制订实施

科技人力资源战略规划的制订实施，是科技人力资源管理体系的重要内容，是科技人力资源战略规划的关键一环。战略规划遵循其制订原则，不仅需要关注企业当下的发展，而且需要着眼于企业科技人力资源未来的发展，企业应根据其战略规划制订实施的内容，塑造整体战略规划制订实施的流程。

### （一）科技人力资源战略规划制订实施的原则

科技人力资源战略规划制订实施的原则主要包括以下三条（图 2-10）：

（1）一致性原则。科技人力资源战略规划制订实施首要遵循的原则为一致性，体现在其战略规划的制定实施方面，必须坚持科技人力资源战略与企业战略相结合的原则，以企业战略为依据，以科技人力资源战略为主线进行科学合理布局，保证管理的高效率。同时，一致性也表现在科技人力资源战略与科技人才个人发展同步，培育科技人才对企业的忠诚度，实现二者之间规划的同步性。

（2）分类原则。科技人力资源的类型按照重要程度来划分，主要包括核心科技人力资源、骨干科技人力资源、一般科技人力资源；按照职能来划分，主要包括专门人才、专业技术人员、工程师等。企业对科技人力资源进行合理划分，对不同类型的科技人力资源制定更加细化的战略举措，提高科技人力资源的利用率，加强管理效果，并且对其职业生涯规划做到"量体裁衣"，满足个人不同的实际需求。

（3）全面性原则。企业在进行科技人力资源战略规划的制定实施过程中，要以整体的眼光看问题，制定较为完善、全面的战略规划，摒弃单一的战略发展模式，提高战略规划与科技人力资源之间的契合度；同时也要考虑到企业的成本管控问题，不能抛弃成本空谈发展，只有对成本开支进行科学、严格的管控，才能有效支持科技人力资源战略规划的实施及进步。

图 2-10　科技人力资源战略规划制订实施的原则

### （二）科技人力资源战略规划制定实施的内容

科技人力资源战略规划的内容包括整体规划和各项业务规划两部分。

（1）整体规划。整体规划主要体现在科技人力资源战略规划总目标的明确、相关政策的制定、整体时间进程的安排等方面，是立足于宏观角度，致力于企业科技人力资源战略规划的制定，为各项业务的安排与规划提供整体方向。

（2）各项业务规划。各项业务规划依附于整体战略规划，是对整体规划的细化补充，形成具体的科技人力资源战略规划体系，构建起科技人力资源的招聘、薪酬、培训、考核等管理模式，完善科技人力资源战略规划的总体结构。在招聘方面，从岗位协调管理、人才引进、流程优化等方面完善科技人力资源战略规划体系；在薪酬方面，建立公平但有区别的薪酬决定机制，优化市场化的分配模式，从多角度对科技人才进行正向激励；在培训方面，确立制度化、规范化的培训机制，制订科技人才合理的开发计划；在考核方面，建立完善的考核结果应用体系，突出业绩导向，构建差异化的考核体系。

### （三）科技人力资源战略规划制定实施的流程

企业的科技人力资源战略规划的制定实施，因不同时期、不同经营业务等因素而有不同的细节性差异，但是其在总体上遵循着必要的流程，主要有以下四个阶段（如图 2-11 所示）。

（1）前期调研准备阶段。在企业对科技人力资源战略规划进行制定实施的前期，不仅要详细分析企业战略的内容及目标，而且应当对企业内、外部环境进行准确分析和评估。对于内部环境，企业要全面了解其内部的业务发展近况、业务规模、科技人力资源现状等因素，对自身进行合理分析，确保企业实力足以支撑科技人力资源战略规划的实施；对于外部环境，企业应当深入研究市场，对外部市场环境的动态变化做到深刻掌握，保证企业在发展过程中拥有适应环境的动态能力，主要分析政治环境、经济环境、人口状况等因素。此外，科技人力资源管理人员还应在事前与科技人才、其他人员进行广泛沟通，听取主观意见作为参考。

（2）科学预测阶段。在做足前期的调研准备工作后，企业应当依据其结果、模型及自身经验，科学预测企业科技人力资源的存量及供需情况，判断在未来科技人力资源的变化情况，使企业明确其战略的实施会引起的变化，为企业科技人力资源战略规划的制定实施工作提供参考和保障。

（3）战略规划制定阶段。根据企业调研及预测结果，制订出科技人力资源战略规划的方案，其核心目标是制定与企业战略相匹配、相一致的战略规划，明确战略规划所涉及主体的工作内容、工作目标，这在科技人力资源管理的几大模块中发挥其指引作用。在战略规划制定过程中，对于科技人力资源所重点关注的绩效管理领域，可以引入平衡计分卡法，建立起具体、高效的绩效指标框架体系，规范绩效评估体系，完善科技人力资源的战略规划。

（4）实施、监控及反馈阶段。科技人力资源战略规划的制定阶段完成后，紧接着实施战略规划，需要将战略规划落到实处，转化为企业的实际行动。

在实施过程中，还需要进行全面监控，保证其合理性和有效性。在科技人力资源战略规划实施过程的中后期，还需要对该过程进行大范围的反馈信息收集，进行综合性的评估，以便企业适时调整其战略规划，更好地为科技人力资源及企业发展服务。

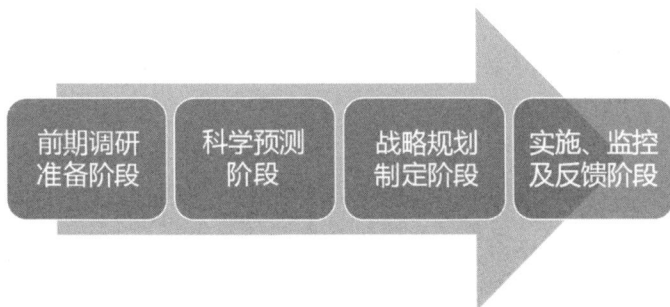

图 2-11　科技人力资源战略规划制定实施的流程

专栏 2-1

# 百度：让优秀的攀登者脱颖而出

## 一、公司简介

　　百度在线网络技术（北京）有限公司（以下简称"百度"）成立于 2000 年，是全球范围内为数不多的提供 AI 芯片、软件架构和应用程序等 AI 技术的公司之一，拥有全球最大的中文搜索引擎。百度拥有语音、图像、知识图谱等多项人工智能技术，始终坚持运用创新技术和科技型人才。在人力资源管理方面，百度围绕其企业战略，科学合理制定其人力资源战略规划，并在具体的管理工作中进一步实施。

## 二、企业战略及人才战略

### （一）企业战略

　　百度始终坚持"用科技让复杂的世界更简单"的使命，百度以技术创新为信仰。新时代下，互联网技术不断发展，百度坚持以 AI 技术为基准，以 AI 赋能，注重研发投入和研发团队建设。

在未来发展中，百度致力于以 AI 技术为基础，提高技术发展水平，培养并完善战略领军型人物以及高水平的工程师团队，完善组织架构，推动战略加速实施，并保障战略落地不变形。

### （二）人力资源战略规划

百度面对人力资源管理及科技人才的发展时，坚持人才至上的原则。百度致力于构建科学的人才策略，秉持"让优秀的攀登者脱颖而出"的人力资源战略定位。具体来说，百度的人才观可以概括为招最好的人，给最大的空间，看最后的结果，为价值创造付薪，让优秀人才脱颖而出，致力于企业发展与人才发展、企业战略与人力资源战略规划之间的统一。

## 三、人力资源战略规划的实施

百度依据与企业战略相融合的人力资源战略规划，对企业科技人才的管理现状及员工诉求进行分析，合理确定科技人力资源战略规划实施过程中的举措，优化科技人力资源管理，提高科技人才效率。

### （一）开放包容的企业文化

在人力资源战略规划下，百度塑造了开放包容的企业文化，通过企业文化的精神引领，为科技人才提供轻松、开放的环境。

百度建立了畅通的双向沟通机制，鼓励公开沟通，开通了多种沟通渠道，如"珊珊果茶会"，在轻松的氛围内完成管理者与科技人才的沟通。同时，百度建立了员工反馈机制和投诉机制，这种便捷高效的问题解决方式，得到了科技人才的广泛好评，日常争议的解决度高。此外，百度定期对员工发放满意度调查问卷，开创了调查反馈的新渠道，即"简单小调研"工具，加强了匿名保护的力度，科技人才的参与度提高。

### （二）多元化招聘体系

百度制定了《百度招聘管理规范》，明确指出坚持招聘体系的多元化，打造多元化的员工体系。百度将先进的 AI 技术融入其招聘流程和决策中，研发智能招聘系统，以多种渠道进行招聘，塑造了多样性的员工体系，招揽不同领域、不同创新思路的科技人才。

### （三）员工关爱与激励

2021年，百度更新了其相关规章制度——《百度薪酬管理规范》《百度休假管理说明》等，对其薪酬机制、绩效机制等激励模式进行了完善，解决了科技人才的后顾之忧。

（1）人文关怀。百度为科技人才提供工作、生活平衡，健康状况等方面的方案支持，为科技人才提供福利保障，体现百度的人文关怀。例如，百度举办各类文体竞赛、大咖讲座，或设置家属特色节日"度家有礼"，抑或为女性生育员工提供额外福利、延长生育假天数等。

（2）激励措施。百度实行的长期激励主要体现在其股权激励计划；短期激励主要体现在，以科学绩效考核指标为依据的薪酬策略，不仅针对不同的个人能力和成果发放不同的薪资，而且针对不同岗位、职级设置不同的绩效工资。

### （四）人才培养模式

百度建立了科学、规范的科技人才培养体系。百度建立了清晰的分级治理机制，人力资源委员会、业务体系负责人、业务领导者、人力资源部等各部门参与人才的治理，与企业整体战略有机结合，为科技人才指明方向。同时，百度利用自主研发的职业规划路径算法，有针对性地、科学地为每一位科技人才打造最适合自身发展的职业规划。

## 四、发展与总结

总之，百度拥有完善的科技人力资源管理体系，将企业战略与人力资源战略规划融合，通过开放包容的企业文化、多元化招聘体系、员工关爱与激励和人才培养模式四方面，助力百度的人力资源战略规划的实施，塑造高质量的科技人才，形成企业强劲的竞争优势。

## 四、科技人力资源战略规划的调整风险

科技人力资源的战略规划是一项综合性工作，需要秉持一定的原则，覆盖较为全面的内容，遵循既定的总体流程，进行战略的制定规划，在这个过程中还需要根据具体情况不断优化，其整体性和复杂程度更高，大体上存在专业人员缺乏、不确定性强、实施效果达不到预期、战略规划徒有其表的风险（见图2-12）。

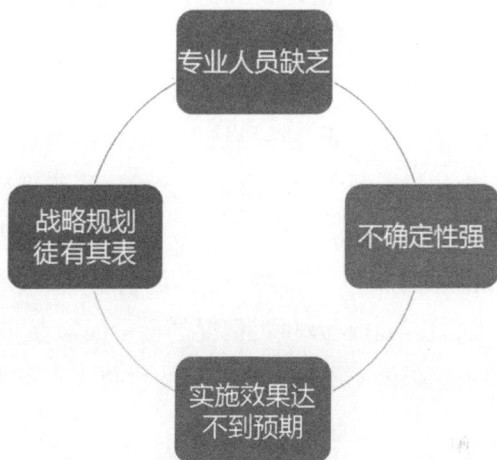

图 2-12 科技人力资源战略规划的调整风险

### （一）专业人员缺乏

战略性科技人力资源管理成为当前主流趋势的同时，大多数企业在进行战略性管理变革或战略规划制定时，往往会遇到企业内部专业人员缺乏的风险。

（1）科技创新人才缺乏。当前科技人才流动性较强，区域分布不均衡，相关科技人才政策不健全，再加上科技人力资源成本较高，造成了大多数企业，尤其是科技型中小企业科技人才的缺乏。

（2）专业管理人员不足。当前企业虽然大多设置有人力资源管理部门，但是仍然较为缺乏科技人力资源的专业管理人员，使企业的科技人力资源战略规划工作缺乏必要的合理性。同时，企业现有的科技人力资源的专业管理

人员存在认知上的不足，不仅对战略规划的正确认识不到位，而且缺乏管理创新思维，缺乏与时俱进的人力资源管理能力，导致相关战略规划不合理，在实施调整过程中给企业带来一定的风险，可能会降低效率。

### （二）不确定性强

（1）存在不稳定性。企业在科技人力资源的战略规划中具有不稳定性的风险，缺少对科技人力资源的细化分析。虽然存在整体性科技人力资源战略规划，但其战略规划目标不清晰，战略规划的实施存在不稳定性。企业处于时刻变化中的市场环境中，更是加剧了科技人力资源战略规划的不稳定性。

（2）调研评估存在偏差。企业在科技人力资源战略规划的制定过程中，其前期调研准备阶段和科学预测阶段由企业人力资源管理部门完成，那么，不可避免地存在方式手段不当的现象，造成一定的偏差。内外部环境由于其范围广泛、信息数据捕捉不易、难以量化衡量等因素，造成其调研评估的不准确。同理，未来人力资源状况及供需情况的衡量因素存在较大的不确定性，往往会导致企业预测结果的不准确，造成后续科技人力资源战略规划在实施中出现较大偏差。

（3）存在主观性。科技人力资源战略规划制定实施的核心主体是人，那么必然会存在一定的主观性，并且具有不可预测的特点，导致企业面临不确定性的风险。科技人力资源战略规划在变更调整的过程中，与科技人员、其他人员之间进行的沟通交流具有主观性，再加上若是存在沟通机制不健全的问题，往往会对科技人力资源的战略发展造成阻碍。与此同时，管理者的主观性、随意性会造成科技人力资源战略规划的监督程序失去效力，对科技人才及其他人员缺乏约束力，并且部分企业的科技人力资源管理者缺乏全局意识，对科技人力资源的战略规划不重视，导致战略规划难以落实。

### （三）实施效果达不到预期

科技人力资源战略规划落地实施过程中，并非所有的规划、目标都能有效实现，甚至会出现结果与预期效果差距较大的现象。

（1）企业战略规划灵活性较差。当前企业所面临的挑战、外部环境、科技人才特性等因素越来越趋向于多元化，对企业科技人力资源战略规划工作提出了更多的要求，而企业内部组织架构及战略规划往往难以快速响应新变化，也难以覆盖全部，造成灵活性不足、战略规划迟缓的问题出现。

（2）企业战略规划不完善。企业在制定实施科技人力资源战略规划时，还需涉及具体细化的内容，否则会造成战略规划不完善的问题，薪酬、考核、激励等机制体系不完善，科技人才的付出得不到合理回报，甚至会面临不公正的管理体系，人才流失现象加剧，造成企业内部人才体系的不稳定。

### （四）战略规划徒有其表

（1）战略管理重心偏离。从整体上分析，企业的科技人力资源战略规划大多存在重数量轻质量、重形式轻实质的方向性问题。引进先进科学技术、管理模型，并将其应用在科技人力资源战略规划的具体步骤流程中，本质上是为了更好地得出分析结果，为企业战略和科技人力资源战略规划服务，但实际上通常流于形式，只注重形式上的革新和数量上的优势，而忽略了其本质目的和质量。

（2）企业战略与科技人力资源战略规划相分离。科技人力资源战略规划在企业中大多由人力资源管理部门负责，缺少其他部门的参与，使得人力资源管理部门制定的科技人力资源战略规划与企业整体战略相分离。

（3）科技人力资源战略规划与实际情况相分离。科技人力资源战略规划大部分是针对科技人力资源未来的发展及使用情况而做出的预测及规划。在这个过程中，不仅会出现忽略部分现实情况的问题，而且会存在专业管理人员获取的信息数据与实际情况不符的现象，从而导致科技人力资源战略规划与实际情况相分离，给企业带来风险。

专栏 2-2

# 中科曙光：风险下前行

## 一、公司简介

曙光信息产业股份有限公司（以下简称"中科曙光"）是国内核心信息基础设施领军企业，其核心业务包括通用服务器、智能计算服务器、网络安全产品等多项产品项目，以及各项解决方案。中科曙光持续专注于核心技术研发，在国内各省市设立了分支机构，拥有七大研发中心。

把握新机遇，优化内部资源配置，加大研发投入，建立起先进计算产业生态，是中科曙光当前发展的重要战略方向。中科曙光贯彻其战略规划，面对过程中的风险挑战，也做出了及时的应对，提高了企业经营水平和盈利能力。

## 二、优化人员管理

目前，科技企业普遍存在科技人员不足、战略规划执行达不到预期效果的问题。对此，中科曙光不断优化其人员管理，在技术创新、员工关怀、培养体系、员工激励四方面发展深化，不断完善其制度体系，以应对此类问题，提高战略规划实施效果。

### （一）提升创新能力及技术水平

计算机技术具有更新换代快的特点，新技术、新理念层出不穷，企业的总体实力和发展前景与技术的改造升级有着密切联系。企业只有不断提高其创新能力及技术水平，才能稳住企业的发展态势，而后实现更加长远、更加高效的发展，对专业科技人才形成吸引力，弥补人才空缺的不足。对此，中科曙光秉承开放合作的理念，加强外部合作，如联合中国科学院人工智能产学研创新联盟发布新产品，同时也大力推进智能制造及数字化生产，引入智能产业线。

### （二）加强员工关怀

中科曙光在劳动保障和安全生产两方面，加强对企业员工的关怀，以人文关怀留住重要科技人才和管理人才，也对外吸引优秀人才加入。中科曙光不仅在保障员工合法权益方面表现优异，在保障相关法律法规所规定的劳动者权益基础上，为员工提供多种额外的福利；而且注重员工的生产安全，定期进行安全教育培训和综合安全检查，保障员工的基本生命健康安全。

### （三）优化培养体系

中科曙光不断优化完善其培养体系，不仅通过完善的人才能力培养体系来吸引科技人才的加入，而且注重对企业内部员工综合能力的培养。中科曙光对其科技人才和专业管理人员进行专业系统化的培训，开展应届生集训营，学习企业文化及专业知识，并结合产品技术中心的需求，组织发展干部培训，解决产品生产中的实际问题。

### （四）深化员工激励

成熟高效的激励体系对员工的留存、进步具有重要意义。中科曙光完善其治理结构，致力于建立健全激励机制。在薪酬策略方面，中科曙光对科技人才以及专业管理人员的不同岗位，采取灵活多变的薪酬政策，有效激励员工，提高其积极性、主动性。此外，薪酬的制定以绩效为导向，中科曙光针对绩效建立了公平、公开的考评机制，让员工专注于绩效和自身能力的提升。

## 三、降低不确定性

当前，宏观经济环境风险加剧，中科曙光面临着市场环境的动荡、不确定性，再加上管理者决策主体所具有的不可避免的主观性，企业是有较大的不确定性风险。对此，中科曙光致力于降低企业内、外部的不确定性，提高其管理能力，加大企业研发投入，以应对当前复杂的环境，使其战略规划能够有效落实。

### （一）提高管理能力和决策正确性

中科曙光建立了完善、规范的管理和专业双向发展通道，也就是通过专业发展通道和管理发展通道，选拔优秀科技人才和专业管理人员，致力于让科技人才以及专业管理人才以明确的发展路径提升自身能力，使其从业务新手升级为主要贡献者，提高企业内部的管理能力，增强企业决策的准确性和精确度。

### （二）加大研发投入

中科曙光以科技研发和创新为核心,围绕其战略,持续加大研发投入,提高自主创新能力和水平。2021 年，中科曙光研发投入共计 15.34 亿元，研发人员总计 2614 人，占企业员工总数的 63.71%。中科曙光保持着其高比例的研发投入，占据核心技术制高点，提高产品质量，提升企业竞争力。

## 四、发展与总结

中科曙光面临着人员、环境、主观性等带来的风险，通过加强人员管理、努力降低不确定因素带来的影响，逐步完善其管理体制，提高其战略规划的实施效果，并且能够在实际中具体实施。

# 第三节　科技人力资源招聘与胜任

科技人力资源的招聘与胜任是其战略规划的具体实施项目，也是从企业组织和科技人才角度，对科技人力资源战略规划的补充说明。科技企业的组织结构与职位设计是企业内部的基础性工作，为后续的招聘、胜任奠定基础，进而分析科技人才招聘及招聘后的人才配置情况，确定科技人才所需要具备的素质。

## 一、科技企业组织设计与结构

组织设计是组织建构的必经步骤,企业经过组织设计后形成其组织结构。组织结构是企业在进行科技人力资源管理过程中的重要保障,连接着企业内部各个关系主体,对企业各项分散的资源予以整合利用,有效发挥组织结构的效应。近年来,随着信息技术的快速发展,科技企业在组织结构上还存在管理结构僵化、分配机制不合理、人才结构不合理等问题,对此,科技企业的组织设计与结构还需作进一步研究,及时实现转型升级。

### (一)科技企业组织设计的关注点

(1)关注企业内部科技人员。科技企业有别于其他一般企业,往往具有行业进出壁垒高、周期性波动的特点,主要经营成果及利润来自科技创新,因此其内部的科技人员占据较大的比例。科技企业在进行组织设计时,应当密切关注企业内部科技人员的职业愿景与个人发展状况,更多地考虑到科技人员的相关因素,将其个人的展望融入组织设计中,构建有助于科技人员个人发展和科技创新的组织架构。

(2)关注组织管理形式化严重的现象。科技企业还需时刻关注其组织设计过程之中是否出现管理形式化的问题。由于科技企业以科技人员为主,其管理人员的专业素质较为缺乏,容易犯形式主义的错误。

(3)关注效率的提高。不同的组织结构,具有不同的经营管理效率。科技企业在进行组织设计时,致力于选择最合适的组织结构,实现最佳的组织效率,同时也需要结合企业自身实际,构建精简、高效、统一的组织结构。

(4)关注企业组织文化的建设。进行科技企业组织结构设计时也不能忽视精神文化层面的引领作用,要关注企业组织文化的构建,弥补企业组织结构中的空白,可以从制度、价值观念、物质等层面构建企业组织文化,增强科技人员与管理人员的凝聚力。

### (二)科技企业组织结构的特点及趋势

科技企业组织结构的特点及趋势,在时代的不断发展中越来越凸显,为越来越多的科技企业所注重,大体包括团队管理、战略导向、扁平化管理三项特点(见图 2–13)。

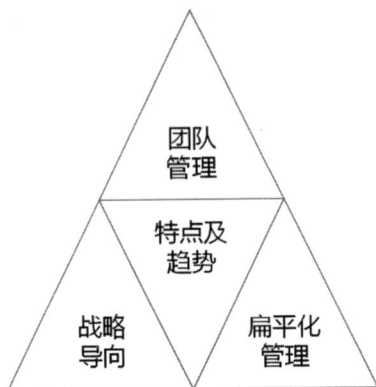

图 2-13　科技企业组织结构的特点及趋势

（1）团队管理。科技企业的组织结构越来越倾向于团队管理模式，强调团队的自我管理以及科技人员的自主管理。团队管理的新模式较好地契合了科技人员独立性强、个性化高的特质，能够充分发挥科技人员的价值，提高科技企业组织结构的运行效率。此外，团队管理下的组织结构还呈现出柔性化的特征趋势，致力于在组织结构与人员结构保持动态平衡的情况下，提高科技人员与组织结构的效率，完善科技企业组织结构。

（2）战略导向。组织结构的不断发展，对企业的组织管理提出了更高的要求，各科技企业纷纷顺应时代的发展，以战略为导向来优化组织结构，实施专业化管理。

（3）扁平化管理。随着市场环境的变化发展，科技企业对升级组织管理结构的需求越发迫切，再加上互联网技术、数字技术的发展及应用，使得减少组织管理层次、减少人员冗余的举措成为可能，科技企业组织架构更加精简，组织活动更加灵活敏捷，这也就是科技企业的扁平化新特征。

### （三）科技企业常见的组织结构

企业组织结构有多种分类，其中最为常见的是直线制、职能制、直线—职能制、矩阵制。

（1）直线制。直线制组织结构是时间最悠久，也是框架结构最为简单的一种组织结构，其突出特点是垂直领导，一个部门、个体都只接受一个上级的直接调派和指令。这种简单清晰的组织结构使得各层权责分明，流程较为简单,但同时也存在弊端,如仅适用于规模较小的企业,管理者工作任务较为繁杂。

(2)职能制。职能制组织结构根据企业员工的不同职能来划分责任,如生产、研发、销售等,能够较好地适应精细化的管理工作,减轻管理者负担,同时其责任划分不够明确,纪律松弛,管理秩序混乱。

(3)直线—职能制。直线—职能制结合了直线制和职能制的特点,取其优势所在,既存在直线领导人员,也按职能划分工作,但直线—职能制也造成了组织结构冗余、各层配合较差的不利之处。

(4)矩阵制。矩阵制是对直线—职能制的改进,主要表现为围绕某项专门任务成立跨职能部门的专门机构,具有较强的灵活性,并且针对性强,目标明确,人员配置合理,但是由于其临时性专门机构的成员来源于不同的职能部门,在配合、激励等方面的管理工作上存在一定的困难。

针对科技企业本身所具有的特点,为了实现其组织效率的最大化,不同规模的企业所选择的管理结构有所不同。从总体上看,大多数科技企业选择矩阵制组织结构,不仅是因为矩阵制结构所成立的专门机构能够极好地促进各部门之间的信息、知识的交流,提高工作效率,而且能够较好地适应外部环境的变化,以其灵活性、机动性来及时对这些信息进行处理、反馈,提高组织管理效率。

**专栏 2-3**

# 乐鑫科技:组织协作育人才

## 一、公司简介

乐鑫信息科技(上海)股份有限公司(以下简称"乐鑫科技")成立于 2008 年,2019 年于科创板挂牌上市,是一家全球化的无晶圆厂半导体企业,是全球领先的 AIoT 解决方案平台。乐鑫科技历来注重技术开发、坚持共享、连接、创新，致力于通过企业科学技术的开发和创新，为全球客户提供 AIoT 技术和解决方案。

## 二、组织结构及人员结构

### （一）组织结构

乐鑫科技建立了较为完善的组织架构及运行机制，股东大会为最高权力机构，董事会下设战略委员会、提名委员会、薪酬与考核委员会、审计委员会四个专门委员会。总经理由董事会聘任，带领各职能部门，负责日常经营管理活动。同时，监事会是企业的监督机构，承担监管职责。

### （二）人员结构

乐鑫科技母公司及子公司在职员工数量为 517 人，整体团队具有年轻化的特点，其中 40 岁及以下员工占比为 91%。从员工岗位分布情况来看，研发人员所占比重最多，而后依次是管理人员、销售人员，这三类人员所占比重分别为 75%、16% 和 9%。

乐鑫科技历来重视科学技术的开发与研究，显著体现在其研发投入和研发人员两方面。2021 年，研发投入 27 168.98 万元，且研发人员占比高，共 388 人，并逐年增长（见图 2-14）。

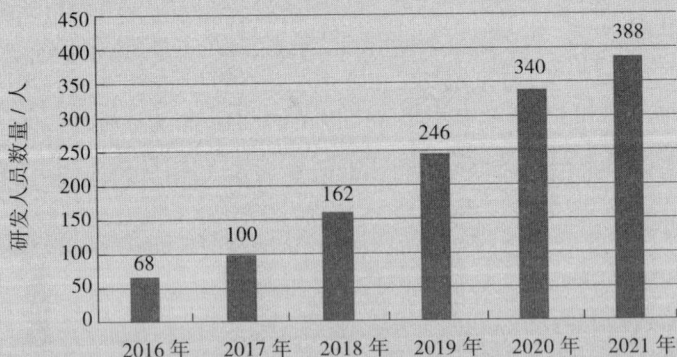

图 2-14　2016—2021 年乐鑫科技研发人员数量变化趋势

（资料来源：乐鑫科技 2016—2021 年年度报告）

## 三、组织特征及发展趋势

### （一）团队管理

团队管理是乐鑫科技的必然选择，乐鑫科技产品及业务的技术研发具有较高难度，并且多数属于研发工作的系统性工程，这决定了其产品开发需要各人员、部门之间的协同合作，共同制定研发策略，推进研发工作。团队管理也体现在乐鑫科技致力于将个人与团队的利益结合起来，共同关注企业的长远发展。

### （二）战略导向

乐鑫科技的各项管理工作以其整体战略为导向。乐鑫科技采用"星云"战略，主星，是指其主芯产品线；从星，是指围绕着"主星"而设的不同软件方案；云，是指云服务，这将与物联网芯片形成互补的关系；能量，是指底层开发框架（包括操作系统）和各类工具，是一种隐形的能量。乐鑫科技的管理工作及模式都是为战略服务的，都是为了更好地实现企业战略目标，这体现了乐鑫科技以技术为核心的必要性。在企业研发及人力资源方面，乐鑫科技采用全球化战略，面向全球引进科技研发人才。如今，乐鑫科技在国内外拥有众多研发团队。

## 四、科技人才管理的重要关注点

乐鑫科技始终将研发水平作为塑造企业核心竞争力的根基，不断招募高水平研发人员，加大研发投入，同时，对科技人员的管理也相当重视。

### （一）注重企业文化的引领

乐鑫科技注重多样性，推崇多元化、包容性的企业文化，对于新想法保持开放的态度。乐鑫科技开放的企业文化为科技人员提供了平等、自由、轻松的环境，让其敢于表达想法，更加富有创造性。

### （二）密切关注员工个人职业发展愿景

科技人才的个体性不可忽视，其个人职业发展愿景应当为企业所重视。

乐鑫科技坚持打造学习型组织，通过完善的培训制度和晋升制度、公平的绩效考核机制，让每一位科技人才保持思考、不断学习，助力个人的职业发展前景。

### （三）保障员工权益

乐鑫科技保障每一位员工的正当权益及其健康安全。乐鑫科技不仅为员工提供具有竞争力的薪酬福利，保护每位员工及团队的知识产权成果，保障其合法权益；而且制定了《安全管理规范》，保障员工的健康安全，还在公共卫生、工伤、疾病等方面为员工提供硬件或制度保障。

## 五、发展与总结

乐鑫科技作为一家高科技企业，在发展过程中不断优化组织结构，以企业战略为导向,促进企业内部的团队管理和组织结构的扁平化发展，从企业文化、个人职业发展、员工权益三方面强化其科技人力资源管理。在未来，乐鑫科技仍会不断加大其研发投入，招募科技人才，提高其科技研发水平，同时也更加注重组织架构之下的科技人力资源管理。

## 二、科技企业职位分析与设计

在科技企业中，科技人力资源是主力军，在科技人才的招聘中，职位管理是整个招聘工作的基础性内容。探究科技企业的职位分析内容，明确其重要性，找出其职位设计与分析方法，遵循设计过程中的要求，对科技企业的科技人力资源管理及招聘工作具有重要意义。

### （一）科技企业职位分析与设计概述

在科技企业的科技人力资源管理工作中，职位分析是基础性内容。职位分析不仅能够为企业人力资源管理提供基本信息，使每个职位都明确其职责，保证人力资源管理工作顺利推进，为科技企业招聘工作增添动力，帮助科技企业招聘合适的科技人员，而且能够在职位分析的过程中，深入剖析当前科技人力资源管理工作的整体规划和具体信息，配合人力资源战略规划和企业战略的调整，推动管理及规划的高效实施，增进企业绩效。此外，进行职位分析有助于科技企业的量化管理，对科研成果、工作效益做出科学合理的评价，促进内部之间的公平，推动职位管理的规范化、科学化。

在科技人力资源管理中，职位分析与管理主要是科技企业通过收集科技人才的相关信息及数据，对科技企业内部的科技人才职位设置与规划进行分析、收集、整理、分类，明晰不同类别职位应有的职责，确定职位的具体工作内容和工作量，并且根据每一职位的具体情况，制定科技企业的职位规范、工作制度、创新范式等。

### （二）科技企业职位分析与设计的要求

（1）避免职位职责的重复。科技企业职位分析的目的之一就是提高企业运行及管理的效率，提高组织绩效，为此，科技企业在进行职位设计时就需要尽可能地避免各个职位职责的重复，实现不相容职务的分离、制约。科技企业中科技人才所肩负职责的首要目标是不断加深科技研究，深化科技创新能力。职位职责的重复不仅会导致科技人力资源的科技创新积极性下降，而且会导致工作的重复度高，严重降低企业组织效率。因此，科技企业在进行职位分析时，要做到职位职责相分离。

（2）合理配置资源。职位的分析与设计要求企业对资源进行合理配置。科技人力资源是科技企业内核心的战略性资源。科技企业应当通过职位分析，将企业所拥有的科技人力资源进行合理配置，统筹规划薪酬及资金预算。

（3）注重职位管理。职位分析要求科技企业注重职位管理，对科技企业高度需要的科技创新型人才实行完善的职位管理措施，建立科学、合理的职位管理体系，使科技创新型人才感受到自身在企业内部的职业发展空间，有效利用人才。

## 三、科技企业人才招聘与配置

科技人力资源规划及人力资源管理的效益，以科技人力资源招聘与配置的成效为前提条件。科技企业深化其招聘流程与渠道的分析与选择，结合企业当前招聘与配置的现状及困境，不断探索完善其招聘与配置体系。同时，在这个过程中，科技企业坚持以战略为导向，从整体、全局的角度思考，从不同的角度优化人才招聘与配置，为企业补齐短板，修补漏洞，促进企业的发展。

## （一）招聘渠道

招聘工作是科技人力资源管理的命脉，掌握着人才的来源，而招聘渠道的选择在很大程度上影响着科技人才的质量及后续的人才配置工作。具体来说，常见的招聘渠道主要包括现场招聘、网络招聘、人员推荐（见图2-15）。

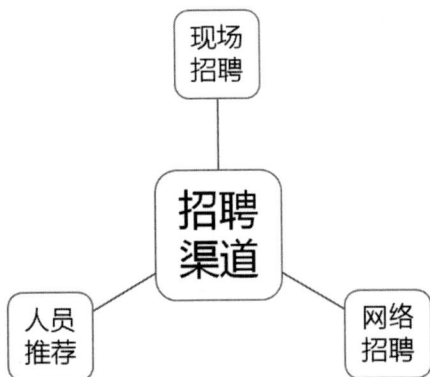

图 2-15 常见的招聘渠道类型

（1）现场招聘。现场招聘是最基本的招聘方式，企业往往在第三方场地与人才进行面对面的对话并完成招聘面试。现场招聘所需费用较少，人才简历的有效性高，但同时也存在地域的局限性。

（2）网络招聘。网络招聘模式随着互联网时代的到来而迅速普及，具有便捷性、高效性、低成本性。目前，大多数企业采取社交网络的招聘模式，这是由于网络上招聘信息传播速度快，并且可以根据大数据的分析匹配，有针对性地对特定群体发送招聘公告信息，极大地节约了时间、资金成本，提高企业招聘效率。并且，广告招聘与社交网络的融合也成为当今科技企业进行人才招聘的重要渠道，通过发布内容明确、优势突出的广告，吸引更多优质的科技创新型人才。但是，科技企业利用社交网络进行招聘的同时，也需要注意保护求职者的数据隐私，在广大求职者面前树立良好的企业形象。

（3）人员推荐。人员推荐主要包括人才机构介绍和内部员工推荐。人才机构拥有大量的供需双方信息，能够较好地匹配供需关系，不仅可为科技企业寻找合适的人才，而且也会帮助科技人才寻找到合适的雇主。内部员工推荐是科技企业通过企业内部员工的推荐来寻找合适的科技人才，简化了招聘流程，对被推荐者的真实能力和素质有着更加清晰的认知。

### （二）人才招聘及配置流程

科技企业对不同招聘渠道的选择是人才招聘的一部分，整体上科技企业进行科技人才招聘遵循这样一套流程：战略规划分析、确定招聘计划、发布招聘信息、人才甄选与决策、入职与培训、评估与后续追踪（见图2-16）。

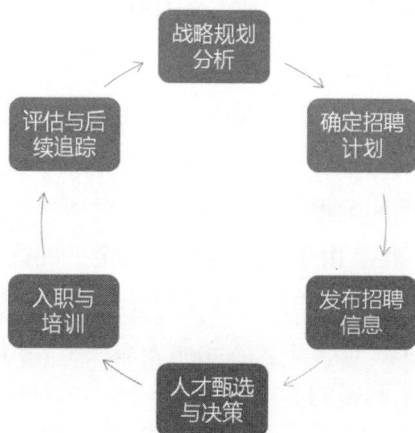

图 2-16　人才招聘及配置流程

（1）战略规划分析。科技企业招聘流程的第一步是对其内部的战略规划、人力资源规划及职位设置等内容进行分析，开展人才盘点，对企业内部现有人才状况、潜力、人岗匹配度等因素进行梳理，确定科技企业的人才需求。

（2）确定招聘计划。根据科技企业的人才需求，明确其招聘计划，其中包括时间、职位、人数、任职资格与素质等因素。

（3）发布招聘信息。科技企业在分析当前劳动力市场情况后，为了快速高效地获取更多优质职位候选人的简历及信息，通过一种或多种招聘渠道，及时发布招聘信息，并接受求职者的职位申请，转化为候选人。

（4）人才甄选与决策。人才甄选与决策是科技企业整个招聘过程中最重要的一环，前期工作都是为此步骤做准备。科技企业的人才甄选往往表现为人才的筛选、面试等方式，常见方式为初步筛选、笔试、面试、其他测试等，可以选择一种方式，也可以选择多种方式，根据多轮测试的综合分析结果，做出最终的招聘决策。

（5）入职与培训。招聘决策做出后，还需进行科技人才入职与岗前培训工作，目的是提升科技人才的入职感受，使其更好地融入企业。

（6）评估与后续追踪。人才评估与后续追踪是企业招聘后续工作的重要内容，不仅能够切实地评价人才，有利于人岗匹配度的分析，而且对科技企业下一次的人才招聘配置有着参考意义。

### （三）科技企业招聘与配置现状及困境

（1）应用新技术手段。当前科技企业顺应时代发展的趋势，大多数企业在人才招聘与配置的过程中应用新技术手段，优化招聘流程，极大地提高了招聘效率。例如，利用招聘平台发布招聘信息，一键导入应聘者简历，自动分析候选人与职位的匹配程度，线上面试，等等。

（2）招聘投入不足。由于科技企业的资金分配往往会偏向核心技术的开发，再加上对人力资源管理的疏忽，因此科技人才招聘方面的资金投入不足，导致人力资源专员的能力不强，招聘渠道单一，招聘评定效果不足，给科技企业的招聘带来不利影响。

（3）招聘难度大。科技企业专业性强，专精于某一研发领域的创新开发，往往具有高度的专业化特征。因此，科技企业对人才的要求较高，相应地，在市场上与之相符的专业科技型人才较为稀缺，导致其招聘难度过大。

（4）资源与职位配置困境。试用期间，科技企业对科技人才的考核评估往往不够准确，并且企业对人才的培养、激励存在不足，没有提供切实可行的相关培训机制，不仅导致企业内部人岗不匹配的现象严重，还造成企业无法留住优质人才，流失率较高，最终使企业的招聘工作成为"无用功"，降低招聘效率。

### （四）完善科技企业招聘与配置

针对科技企业当前人才招聘与配置的现状及困境，企业还需持续优化其招聘与配置流程，拓宽招聘渠道，强化人才与职位的匹配程度，在招聘后，完善企业内部人才梯队建设，强化人才培养，优化人才配置。

（1）拓宽招聘渠道。在招聘渠道的选择上，科技企业应当结合市场环境和企业的实际情况，选择合理的招聘渠道，并且避免单一的渠道，适时、多渠道地发布招聘信息，提高招聘效率和成功率。

（2）强化人才与职位的匹配程度。在招聘过程中，科技企业应当紧密结合企业发展战略和人才需求，坚持"宁缺毋滥"的原则，使新招聘人员较好地契合企业所缺乏的人才，提高人岗匹配度，完善企业内部职位设置，提高运行效率与科研能力。

（3）完善内部人才梯队建设。人才梯队建设对科技企业的人力资源管理以及战略规划目标的实现具有极为重要的支撑作用。科技企业坚持公正、公开的选拔体系，合理把握并使用科技人才，充分考虑科技人才的实际能力，再分配与之能力相匹配的科研任务，做到人尽其才，优化人才结构配置。同时，科技企业也要平衡各类科技人才的数量，减少各个岗位的空缺，优化人才储备。

**专栏 2-4**

# 网易：网聚人的力量

## 一、公司简介

广州网易计算机系统有限公司（以下简称"网易"）是国内领先的互联网科技企业。网易所拥有的产品及服务分布在游戏、教育、音乐、电商、传媒等领域内，覆盖全中国超 10 亿的用户。网易本着"网聚人的力量，以科技创新缔造美好生活"的使命，开发并利用最先进的互联网技术，优化其内部管理，为客户提供优质的产品和服务。

## 二、网易的人才招聘渠道

网易进行人才招聘与甄选有着其系统的人才观，即"聪明、有活力、自驱、有 SENSE"。网易秉持这四项人才招聘原则，采取以下三种招聘渠道。

图 2-17　网易人才观

### （一）校园招聘

校园招聘是网易丰富其科技人才储备的重要渠道。根据业务发展需要，网易开展多种形式的校园招聘，如线上宣讲会、高校人才招聘双选会等，采用网络招聘和现场招聘相结合的方式，充分挖掘优质科技人才及管理人才。2021 年度，网易通过校园招聘吸纳了来自海内外 600 余所高校的毕业生，人数总计超 2500 人。

### （二）社会招聘

网易的招聘渠道具有多样性，社会招聘是其多元化人才队伍的重要来源之一。网易的社会招聘更加具有针对性，在规模上小于校园招聘。同时，内部推荐是网易进行社会招聘的重要渠道。网易游戏组织并开展"精准内推""内推节"等活动，提高内部员工内推的积极性和精确度，使网易游戏获得行业内更多的优秀技术人才。

### （三）内部转岗

内部转岗的招聘方式，实质上是针对网易内部员工的岗位转换提供的方式。网易制订了内部转岗计划——Y 计划，帮助员工在企业内部寻找合适的发展机会和岗位，打造更加灵活、可持续的人才发展队伍。

## 三、优化人才招聘及配置

互联网时代的到来，互联网技术广泛应用，网易面临着人才招聘难度大、人才与岗位匹配度不足等问题，对此，网易采取了如下举措。

### （一）提升自身人才治理能力

优化人才招聘及配置的前提是企业的管理水平和员工治理能力较强，主要体现在员工知识产权的保护、员工权益、员工发展、健康与安全等方面，网易从未停止前进的步伐，不断加强人才治理能力和管理能力，使科技人才能够高效、有序地发挥其价值。

### （二）优化招聘流程，强化招聘吸引力

人才招聘的优化可从招聘流程和招聘吸引力两方面进行改善。

（1）招聘流程。网易根据其企业整体战略规划及人力资源规划，确定招聘计划，并进行招聘信息发布，对应聘者进行初筛后，开启空中直播宣讲会，而后进行在线笔试和远程面试，确定录用人员，入职后进行培训和相应的评估。

（2）招聘吸引力。网易通过对员工的关怀，打造优质的工作环境，建立高效的双向沟通机制，吸引合适的求职者前来应聘。网易为员工提供良好的后勤保障工作，同时也积极关注员工的心声，保持双向沟通交流，建立开放、轻松的信息交流环境。

### （三）完善人才梯队体系

网易致力于打造多元化的人才队伍，集合不同背景、不同行业领域内的人才，塑造人才梯队。具体来说，网易通过建立完善的、差异化的培训体系，实现其内部人才的梯队化。网易针对高层管理者、中初级管理者、高潜力员工及新员工制定有针对性的培养模式，如针对高层管理者的"BEYOND领导力加速训练营"、针对毕业生的"易计划"、针对高潜力员工的"FSAT加速培训"等，完善了网易的培训管理体系，有利于完善其人才梯队建设。

## 四、发展与总结

网易在人才招聘与配置上，呈现出多元化、技术化的招聘渠道，提高对科技人才的吸引力，在此基础上，根据企业战略及问题风险，不断优化人才的招聘与配置，为企业的可持续发展提供动力。

## 四、科技人才胜任素质与资质

科技人才是科技人力资源管理的客体对象。在企业科技人力资源战略规划中，科技人才的招聘管理至关重要，其人才胜任素质与资质是科技企业在招聘、考核等过程中需要参考的核心要素。

### （一）胜任力模型

胜任素质，是指员工在企业的具体工作职位上，做出优异成绩所需要的知识、技能、行为等素质。出于对企业人才进行整合统筹的考量，系统化的理论诞生，这就是胜任力模型。

（1）胜任力模型理论。胜任力，是指能够将某一工作中表现优异者与表现平平者区分开来的特质。胜任力的概念由哈佛大学教授戴维·麦克利兰（David McClelland）于1973年正式提出，由于当时企业对人才招聘及甄选所采取的各类传统手段过于片面，难以预测复杂性工作的绩效极其成功概率,故戴维·麦克利兰教授提出了胜任力概念及胜任力模型。胜任力模型与员工绩效存在密切的联系，成为企业选人、用人、育人的成功模型，将其作为员工招聘、考核的主要依据之一，同时也能够驱动组织内部变革。

（2）冰山模型。众多学者构建了各种不同类型的胜任力模型，其中，最具代表性的就是冰山模型。冰山模型将胜任力拟化为一座冰山，海平面以上的部分为基准性（显性）胜任力，是指能够通过教育、培训等方式来发展的知识技能，是对人才的基本要求，可以直接识别并测量评估，如知识、技能等要素；海平面以下的则为鉴别性（隐性）胜任力，也就是在短期内较难改变或发展的特质，是获得高绩效成果的人才所必须具备的条件，不易直接识别，如特质、动机、自我概念、社会角色等。

### （二）科技人才胜任素质与资质

目前，国内也有学者将科技人才与胜任力模型相结合的例子，提出创新型科技人才的评价机制。根据胜任力模型的胜任因子，科技人才胜任所需要的素质与资质可以分为基础素质、高级素质及终极素质，其中高级素质主要包括个人特质、职业能力、实践能力（见图2-18）。

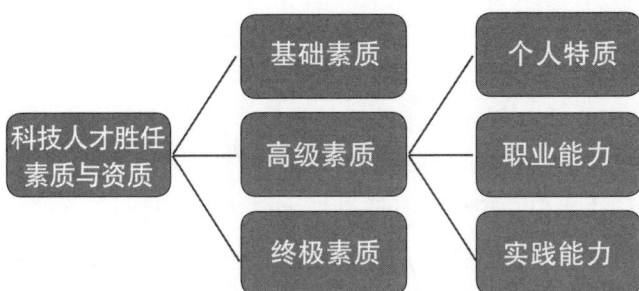

图 2-18　科技人才胜任素质与资质

（1）基础素质。企业内部的科技人才所需要具备的基础素质，是每一位科技人才所必备的知识能力，主要指的是基础科技知识。科技人才只有具备基础科技知识，才能够拥有胜任职位的基本能力。基础素质具体可以细分为教育背景和专业基础知识两项内容。教育背景反映科技人才的学历学位水平，在一定程度上显示其专业知识的水平；专业基础知识是科技人才经过学习所积累下来的知识体系，是胜任力的基础。

（2）高级素质。高级素质对科技人才提出了更高的要求，对进一步塑造企业复合型人才提供了指标依据，主要包括个人特质、职业能力、实践能力三部分。

个人特质是指科技人才所具有的个性、品质。个性是人的主观精神世界，在很大程度上引领、影响着科技人才的其他胜任特质。并且，科技人才还需具备良好的职业道德和科研道德，具备良好的职业操守，勇担风险及责任，遵守知识产权等相关法律法规，在科技研究中坚持严谨认真、实事求是的态度。

职业能力是科技人才在特定职位上所具备的人际交往、学习、团队协作等方面的技能特质。科技人才需要掌握良好的人际交流、沟通技巧，构建和谐的人际关系和环境，同时这也是团队协作所需要的个人能力。互联网的诞生使人与人之间的交流更加便捷。边界被不断打破，合作共生变得尤为重要，所以科技人才还应当具有合作精神、团队意识。此外，科技人才的自主学习能力也是其重要的职业能力，需要科技人才根据不断变化的环境，主动更新其知识水平及储备，不断进取。

实践能力符合科技人才的职位特征。科技研发活动不能只依靠想象，还应具有一定的实践经验及实践能力，如行业实践能力、科研管理能力、人才培养能力。科技人才所具备的实践能力能够有效提高研发、实践效率，更好地管理科研团队，提高对青年人才、新员工的专业培养水平。

（3）终极素质。科技人才胜任的最终素质是综合性的创新能力，主要包括创新知识、创新技能、创新意识三项内容。其中，创新知识是指科技人才具备前沿科技知识，积极进行前沿学术交流，这是由于在前沿学术交流研讨中所传达出来的前沿科技知识，是最核心、最高层的知识，有利于拓展思路，提高创新能力；创新技能是科技人才所具备的科技设计能力、研发能力等，是科技人才进行创新的主要工具；创新意识是科技人才主观上所具备的科技创新能力，要求科技人才以创新思维和逻辑思维来武装大脑，拥有对未来发展清晰的洞察力和预知能力。创新知识、创新技能、创新意识是科技人才最为宝贵的胜任素质与资质。

## 五、战略科学家的招聘、培育、留存

在过去几十年的发展过程中，基础研究缺乏重大原创成果及突破，企业的科技人力资源战略管理发展缓慢，重要原因之一是缺乏战略科学家。战略科学家在科技人力资源中属于杰出团体。科技企业在强化科技创新、提高运营效率的过程中，还应当关注战略性思维，注重战略科学家的招聘、培育、留存等问题。

### （一）战略科学家的内涵及其重要性

从字面上分析，战略科学家是"战略"与"科学家"的组合，事实上，战略科学家的内涵也是如此。战略科学家具有"战略层面的科学家"和"科学领域的战略家"两重含义，在专业领域内更加具备战略性思维和长远性眼光，拥有卓越的领导力和宏观管理、决策能力，在战略领域具有高水平的专业能力，能够站在科技发展的前沿，统筹发展战略及目标，引领行业的发展。相较于普通科学家，战略科学家具有三重特质：一是在前瞻层面上，有洞察力；二是在布局层面上，有判断力；三是在实施层面上，有领导力。这三重特质都体现着科技人才的综合能力和素质，表现了对战略科学家极高的要求。

### （二）战略科学家相关政策支持

战略科学家的培育需要得到相关政策的大力支持，要使企业处于良好的外部环境深耕科技创新领域，遵循战略发展方向，大力培育战略科学家。2018 年，中国科学院号召科学家把握科技发展整体态势，准确研判科技变革的方向，为科技布局提供依据，并召集了一批高质量战略科学家。2021 年，中央人才工作会议指出，要大力培养、使用战略科学家，有意识地发现和培养更多具有战略科学家潜质的高层次复合型人才。相关政策制度为战略科学家的培育、发展提供了良好的环境和保障。

**（三）战略科学家招聘、培育、留存的关键举措**

战略性人力资源管理的必要性，以及政策制度的支持，都催促着企业注重战略科学家的重要地位。战略科学家的引领作用，不仅是靠着选拔和招聘而来的，也需要不断完善其培育、留存路径，让战略科学家脱颖而出，充分发挥其作用。在战略科学家招聘、培育、留存方面，企业所能做的包括以下几点。

（1）开阔视野选拔人才。对战略科学家的选拔及培育不应当过于局限，需要开拓选拔人才的视野，破除条条框框的束缚，以不拘一格的原则来遴选前瞻性判断力、专业技术能力强的科技人才，也可以将视野扩展到全球，广纳国际高层次的战略科学家。同时，企业不仅可以在高端人才中选拔，也可以关注青年科技人才群体，激发其创造力及创新能力。

（2）推进产学研深度融合。产学研深度融合的人才培养模式越来越受到企业和科技人才的欢迎，科技人才在高等院校和科技企业双方的科技创新实践、战略思维培养，能切实提高科技人才的专业能力和战略思维，有利于培养高科学素养和战略思维的复合型人才，逐步建立健全企业战略科学家的引进培养体系，形成战略科学家的成长梯队，培育一批战略科学家后备人才。

（3）完善优化人才激励机制。不断优化人才激励机制，为战略科学家及科技人才提供学术成长型激励、权益保障激励，多角度为战略科学家及科技人才提供成长路径与后备保障。完善战略科学家学术成长机制、科研激励机制，提高战略科学家在企业中重要业务领域的话语权，使战略科学家更多地参与到企业的决策中，让战略科学家及科技人才体会到自我价值，实现其在科研项目中的自我激励。同时，完善战略科学家权益保障机制，为战略科学家提供良好的科研环境，扩大其科研自主权，让战略科学家能够专注于科技创新及科技发展的整体趋势，以发挥其最大化作用。

**【章末案例】**

# 科大讯飞公司招聘管理

## 一、公司简介

科大讯飞股份有限公司（以下简称"科大讯飞"）总部位于合肥，是一家智能语音和人工智能企业，也是国家级骨干软件企业。科大讯飞长期以来致力于智能语音、自然语言理解、计算机视觉等核心技术研究，拥有国际前沿的科技水平。科大讯飞的主要业务涉及智慧教育、智慧城市、运营商、智能汽车、智慧医疗等领域，主要应用产品有讯飞学习机、讯飞输入法、讯飞语记等。

科大讯飞秉持"成就客户，一切围绕为客户创造价值"的价值主张，始终坚持源头核心技术创新，荣获国家多项荣誉，同时其研究院还被评选为十大具有技术创新力和引领力的人工智能研究院之一，拥有语音合成技术、语音识别技术、语音测评技术、自然语言等多项关键核心技术。2021年度，科大讯飞整体经营状况稳健发展，营业收入持续上涨，全年实现营业收入 183.14 亿元，同比增长 40.61%。

科大讯飞取得如此成绩，与其各方面的管理密切相关。其中，人力资源作为企业重要的战略资源，充分发挥其主观能动作用，加之优异的科技人力资源管理，保障了科大讯飞在技术层面上的发展与进步。

## 二、人力资源规划

### （一）环境分析

（1）宏观经济环境。当前，国际局势日益复杂，存在不确定性、不稳定性，再加上新型冠状病毒感染疫情仍然有持续反复的态势，对企业的正常经营和管理工作造成较大的影响。同时，不确定的社会环境态势，进一步促使科大讯飞增强源头技术的自主创新能力，持续研发核心技术。

（2）政策支持。人工智能的发展正长期处于政策大力支持的阶段，不论是2022年发布的《"十四五"数字经济发展规划》确定数字经济健康发展的指导思想，将人工智能列为前沿科技领域的较高优先级；还是《2022年国务院政府工作报告》中强调数字化转型及其应用的重要程度，并积极推广应用人工智能等新技术，都为科大讯飞人工智能产业发展及应用落地提供了强有力的政策支撑。

（3）行业背景。IT产业不断向前发展，万物互联的人工智能时代已经到来，人工智能作为新一轮产业变革的核心动力，正在加大其普及力度。这也使科大讯飞面临强大的发展机遇，不论是在当下还是在未来的经济社会中，人工智能都将迎来更大的发展空间。

（4）竞争环境。随着人工智能产业的崛起和迅速发展，各大企业为了把握机遇，适应高速发展的技术需要，纷纷加大研发投入，致力于核心技术的研发，形成独有的技术竞争优势，促进企业发展，这也为科大讯飞的发展带来一定的压力。

## （二）企业战略

科大讯飞根据其所处环境及内部发展、内部经营管理状况，坚持以"让机器能听会说，能理解会思考；用人工智能建设美好世界"为使命，设立了近期、中期、长期不同阶段的发展愿景及目标。在近期，科大讯飞致力于成为语音产业领导者和人工智能产业先行者，实现百亿收入、千亿市值。在中期，科大讯飞致力于成为中国人工智能产业领导者和产业生态构建者，连接十亿用户，实现千亿收入。在长期，科大讯飞致力于成为全球人工智能产业领导者，用人工智能建设美好世界的伟大企业。目前，科大讯飞正在持续向着中期目标不断前进，向着长期远景目标坚定迈进。

科大讯飞注重技术开发与创新，并始终将研发置于战略高度，提出"技术顶天，应用落地"的技术战略。科大讯飞坚持技术创新，持续加大研发投入，造就其科技领先地位，同时不断拓展应用场景，实现技术成果向实际应用落地转化。

### （三）人力资源规划

科大讯飞坚持以企业整体战略为导向，结合外部环境趋势、企业实际业务及经营状况，制定其人力资源战略规划。对于人才，科大讯飞以"人才是公司最大的资产，人才的增值是公司最重要的增值"为指导思想，始终将人才定位为最重要的资源，其中，科技人才更是重中之重。

科大讯飞遵循其对人才的重要定位，建立科学的人才管理体系，提倡合法、平等的用工原则，严格遵守各项法律法规及规章制度，以 AI 等新技术手段融入人力资源管理工作中，建立公平公正的绩效考核体系，不断完善激励机制、福利体系，为员工提供激励的多元化路径和福利的多样化选择，开展有助于人才发展、企业进步的内部培养计划，完善人才管理及发展体系。

2021 年，科大讯飞秉持这样的人力资源管理理念及规划，对其各项人才发展具体战略进行了优化，响应企业整体战略目标，致力于实现企业经营发展目标及计划，提高企业竞争力和内部管理能力。

2021 年，科大讯飞在职员工总人数共 14 307 人，其中研发人员数量为 8 367 人，占全体员工比例为 58.48%，核心技术人员占全体员工的 10.92%。科大讯飞拥有强大的科技研发团队，拥有语音及语言信息处理国家工程实验室、认知智能国家重点实验室，具有高水平的自主创新能力和技术开发能力。

## 三、战略实施

科大讯飞在其人力资源管理中，遵循企业发展整体战略方向和人力资源战略规划，对企业内部科技人员进行科学规划及合理管理，具体战略实施包含以下五方面的内容，即 AI 赋能人力资源管理、公平公正的绩效考核、多元化的激励机制、科技人员的福利体系和基于人才发展的培养计划。

### （一）AI 赋能人力资源管理

科大讯飞基于其强大的人工智能技术优势，以 AI 赋能，创新企业内部科技人力资源管理方式，使企业内部管理实现技术参与的常态化、体系化，推动形成人力资源管理的规范化运作。具体来说，科大讯飞利用讯飞听见进行线上会议及沟通，保存会前、会中、会后的全流程记录，打破会议固定空间的局限，为科研人员提供长期有效的参考，提高工作效率；也能够运用人工智能技术，高效收集来自企业内部不同部门的信息数据，科学分析企业业务需求及运行情况，制订合理的招聘计划等各项战略措施。

### （二）公平公正的绩效考核

科大讯飞关注科技人才的绩效考核，建立并完善其绩效考核机制，形成了双方评价、公平透明的绩效考核制度。

（1）双方评价。科大讯飞定期对科技人员进行绩效评估，制定了组织评价和员工评价相结合的一套绩效评价制度。一方面，科大讯飞的组织评价由组织绩效来体现，将组织绩效与科技人员绩效工资联系起来，保障组织绩效目标完成，激励科技人才促成其科技研究成果；另一方面，科大讯飞建立上下级沟通反馈、员工相互评价的绩效考核机制，将上下级、员工的评价作为一种绩效考核指标。

（2）公平透明。科大讯飞将组织评价与员工评价相结合，建立完整的绩效考核评价体系，实现绩效考核的公平性。同时，科大讯飞对绩效考核指标、过程、结果等信息进行公示，并采用内部审计的方式，实现绩效考核全流程的公开性、透明性，确保人力资源战略目标和组织绩效目标。

### （三）多元化的激励机制

科大讯飞深知激励对于科技人员积极性、主动性的重要作用，所以，致力于完善激励措施，建立多元化的激励机制，针对不同类型、不同性格的科技人员，寻找最为有效的激励方式。

（1）薪酬激励。科大讯飞根据企业科技人员的具体状况，建立了完善的薪酬激励机制。科大讯飞制定了清晰的薪酬结构，遵循差异化原则，针对不同职级的科技人员，制定不同的薪酬等级，让每位科技人员感受到个人付出与薪资水平之间的关系，具有共创共享的特点。同时，科大讯飞为其薪酬机制赋予高度公平性：在外部公平性上，根据市场薪酬调研结果来适度调整企业的薪资水平；在内部公平性上，使职级的高低与薪酬高低相匹配。

（2）股权激励。股权激励是企业常用的一种长期激励手段。科大讯飞为进一步提高科技人员的积极性、忠诚度，完善企业的激励机制，实现科技人员与企业的共同发展。2021年度，科大讯飞股票期权与限制性股票激励计划之限制性股票授予完成并上市，授予的限制性股票数量为2 424.92万股，实现的激励对象共2240人次，其中核心技术人员的股权激励费用共7 135.02万元，占当期股权激励总费用的52.90%。科大讯飞股权激励计划的实施，稳定了核心技术团队，降低了技术骨干的离职率，为企业技术战略的稳定实施提供了基础性保障。

### （四）科技人员的福利体系

科大讯飞为员工建立了以人为本的福利体系，以科技人员的长远发展、个性特点为依据，进行福利体系的设计。积极、及时、足额地为员工缴纳社保是其福利体系的基本内容，维护了员工的切身利益。同时，科大讯飞关注员工的身体、心理健康管理，为员工提供专业化的体检项目，开设中医理疗、健康知识讲座，并且加强与员工之间的沟通交流，及时了解员工的意见及动态，疏解员工工作压力，为员工的健康提供全面保障。此外，科大讯飞还组织了多项活动，如公司司庆爬山活动、家庭日活动、展翼活动等，不仅加强了员工之间的相互交流，而且体现着对员工的人文关怀。

### （五）基于人才发展的培养计划

科大讯飞秉持着其核心价值理念和人力资源规划，将科技人才的培养作为人力资源管理的核心工作，从职业发展路径、学习培训体系两方面，完善其培养计划，实现科技人才的发展。

（1）职业发展路径。科大讯飞建立了纵向和横向的员工发展通道，优化任职资格体系。科技人员不仅可以不断优化提升其本领域内的专业能力，实现纵向不断向上的发展升级，也可以进行轮岗或项目历练，培养个人全方位、多领域的综合能力，成为复合型人才。

（2）学习培训体系。科大讯飞按不同角色构建人才培训模式，开展领导力、专业力、通用力等不同内容的人才培训项目。针对科技人才，主要涉及专业力培训和通用力培训。专业力培训根据业务发展需要，为科技人员提供相关技术经验；通用力培训是为科技人员灌输组织文化，输入工作效率的提升方法。此外，科大讯飞还会从外部引入优质学习资源，供科技人员考核学习。

### 四、成功经验

科大讯飞基于企业战略，全面制定其科技人才发展及管理的具体实施策略。参考科大讯飞成功的管理成效，可以得到如下几点经验。

#### （一）新技术的应用

新技术在人力资源管理中的应用对人才管理的各方面工作带来优势与便利。新技术的应用提高了人力资源管理部门的工作效率，简化了工作流程，为管理者带来高效、便捷；同时，新技术的实施凸显人力资源管理制度及测评结果的公平性，提高了员工的满意度，也更加符合科技人员的工作性质，整体提高员工的接受程度，减少了纠纷。

#### （二）坚持企业战略与人力资源规划的一致性

人力资源管理的成功并非源自其高效、独立运行，而是源自人力资源战略规划与企业战略的一致性。企业应当根据自身发展情况及科技人力资源现状，将人力资源战略规划与企业战略连接起来。一切人力资源规划都是为了企业战略的实施，为企业战略目标的发展与实现提供基本保障；而企业战略则是为人力资源规划提供行动指南和方向指引。

#### （三）提前并持续布局科技人才储备

当前人工智能相关人才在市场上呈现出供小于求的现象，在未来的长远发展中，更是会出现近 500 万人的缺口。对此，科大讯飞不仅关注企业内部人才的培养及发展，而且采取措施，提前、持续布局科技人才的储备。例如，科大讯飞积极开展产学研深度融合合作，与工业和信息化部人才交流中心、特斯联等达成合作，培育人工智能等复合型人才，壮大企业人才储备队伍；也与重庆邮电大学、重庆工商大学建立合作关系，通过校企合作培育科技人才；科大讯飞还创立了 AI 大学堂（一个由讯飞开放平台打造的线上学习平台），提供丰富的专业学习资源，丰富其潜在人才队伍。

## 五、发展与总结

当前不确定、不稳定的市场环境特征越发凸显，科技人才对于高科技企业的重要作用不言而喻，正确分析企业内、外部环境，合理制定人力资源相关规划，将企业战略融入人力资源的战略规划中，在科大讯飞的发展过程中就显得尤为重要，即始终坚持技术创新，始终坚持科技人才的重要地位。基于企业整体战略，科大讯飞以 AI 技术赋能人力资源管理，不断健全完善公平公开的绩效考核体系、多元化的激励机制、科学的薪酬福利机制。对此，可以看出，新技术的应用、企业战略与人力资源规划一致以及布局科技人才储备的重要性，保障了科大讯飞的整体战略不偏航，助力企业的经营发展，塑造核心竞争力。

## 本章小结

本章主要介绍了科技人力资源规划与胜任力。首先提出战略性科技人力资源管理的内涵，对其发展过程及所发挥的作用进行简要阐述，进而具体解释科技人力资源战略规划的意义、发展历程、制定实施过程及存在的风险，最后通过对科技企业的组织结构、职位设计、人才招聘，以及科技人才胜任所需要的素质、战略科学家意义的阐述，完善补充科技人力资源战略规划的具体实施，从战略角度为企业科技人力资源管理指明发展方向。

## 讨论题

1. 详细阐述战略性人力资源管理的概念及其发展历程。
2. 举例说明战略性人力资源管理在实际应用中发挥的作用。
3. 简单阐述科技人力资源战略与企业战略匹配的重要性。
4. 结合具体案例，解释说明科技人力资源战略规划存在的风险。
5. 解释说明科技企业中人才配置的具体举措。

# 第三章　科技人力资源培训开发能力与知识管理

　　为了适应百年未有之大变局，实现中国科学技术创新能力的自立自强，科学技术和创造能力建设在实现中华民族伟大复兴的中国梦中起着关键作用，在培养科技人才时应该尊重人才、尊重知识，建构牢固的科技创新人才库。就当今科技企业管理与企业科技人才管理而言，只有在实践中不断地革新知识和管理思想，才能迅速跟上如今这个不断变化的知识时代的步伐。在企业知识创新管理实践的理论指导之下，企业管理者可以从提高企业竞争力、管理创新机制、知识资本与知识结构等维度进行科技人力资源的开发。企业可以使用分析／设计／发展／执行／评估、教学系统设计、持续性逼近开发模型、敏捷开发模型和高效开发模型等进行科技人力资源的开发，在培训方式上可以选择线上线下相结合、教师讲授、情境交流等方式，进行多层次差异化的培训。

　　因为有些专业知识，无论怎么补课，就是到不了那个级别。指望你的提高来迎合公司发展的风险太大，所以一定要请人来替换你的功能。

—— 腾讯公司董事会主席兼首席执行官　马化腾

【学习要点】

☆理解 STEM 的内涵以及与科技的关系
☆掌握培训开发模型与种类
☆了解知识管理的内涵及应用

【开篇案例】

# 商汤科技公司科技人才培训体系建设

## 一、公司简介

商汤集团有限公司（以下简称"商汤科技"）在 2014 年创设。作为中国人工智能行业的独角兽企业，商汤科技主要进行深度学习与机器视觉领域的原创技术研究，是这两个领域的算法提供商。商汤科技以底层的技术创新为基础，长期进行原创性技术研究，具有全局发展的思维模式。

目前，商汤科技已与国内外 3500 多家世界知名的企业和机构建立合作，推出了人脸识别、视频编辑、自动驾驶等智能视觉技术分析，在金融、智能手机、机器人等行业中被广泛应用。商汤科技的主要业务包括智慧城市、智慧商业、智慧汽车和智慧生活。2015 年，商汤科技成为第一个获得"计算机视觉奥林匹克"奖项的中国企业。2017 年，商汤科技在全球的顶级视觉学术会议上发表的论文量为亚洲第一。2018 年，商汤科技与美国麻省理工学院建立了人工智能的合作关系。同年，中华人民共和国科学技术部宣布依托商汤科技建立智能视觉国家新一代人工智能开放创新平台。2019 年，在清华大学、麻省理工学院等知名高校和商汤科技的共同倡导下全球高校人工智能学术联盟正式成立。同年，商汤科技在马来西亚、日本等国家进行了相关业务的建设，并和中国上海市黄浦区教育局签订了协议，共同建造人工智能标杆学校，联合知名教育专家共同推出 AI 教材——《人工智能入门》，同时与香港中文大学签署协议推动其人工智能未来教育的发展。

## 二、科技人才培训体系建设

我国现在越来越重视科技人才的培养，新的科技变革主要围绕人工智能展开，人工智能在其中占有很大的比重，也是我国创新的主要据点。人工智能被视为极有发展前景的一种新兴产业，在增加新的技术应用的同时也催生了新的发展模式，成为未来新的独角兽。在国际竞争中，人工智能起的作用越来越大，为此我国开始了全民化的智能教育项目，自小学课程开始加入相关课程，进行人工智能学科的建设。知识科技时代逐渐来临，越来越多的行业需要 AI 技术人才，可以说提高学生的 AI 素养迫在眉睫，但提高学生素养的前提是教师自身技能的提升。为此，商汤科技在教育事业的发展上推出了"燎原计划"等方案，为教师提供更多的学习交流机会。

商汤科技坚定认为，人工智能不是一个独立的行业。所存在的只是人工智能＋传统行业，只有两者充分融合才可以得到长久的发展。这种融合是指在传统产业的基础之上进行赋能，而不是颠覆传统产业。商汤科技致力于实体经济和数字经济的融合，这也是它目前所面临的挑战。传统产业通过与AI 的结合可以促进其升级，商汤科技的智慧工厂可以优化工厂的流水线生产运营，及时提醒各环节出现的错误并进行纠正，因此生产出产品的质量大幅提升。

## 三、管理实施

商汤科技从 2014 年开始就非常重视面部识别技术的创新，将香港作为发明的基地，研究出第一项以深度学习为基础的超分辨率的技术。商汤科技的面部识别通过深度学习获得了非常高的准确率，在此类市场上优于其他竞争对手；除此之外，在无人驾驶等领域中也充分地运用了此项技术。由于在面部识别方面缺少差异化的竞争优势，因此商汤科技需要开发新技术来应对该威胁。可以说，商汤科技是一所顶尖的 AI 人才"研究院"，它有着一种特殊的招纳人才的方法，除了在市场中招聘人才之外，还有着独属于自己的创造人才机制，也就是吸纳在学术上有联系的师兄弟，从而形成了以导师为核心的纽带，在导师的示范作用之下吸引其他优秀人才。商汤科技和许多高校有紧密合作，以"原创"的核心思想进行技术开发与应用。

为了落实人工智能教育的方案，同时满足教育所需要的可扩展性、个性化和丰富性等需求，商汤科技发布了 AI 教育的"元生态"与"元资源"。也就是，标准闭环的产品变为更加小的颗粒度的课程元、体验元、硬件元、实验元、师培元和创作元六个"元资源"，使各个领域、各个阶段的教师与学生、合作伙伴都可以在其中找到自己需要的资源，然后进行任意组合，随着时间的推移逐渐形成定制化产品，达到 AI 教育可延展性的要求。用户可以在商汤教育平台上进行实践成果的分享，共同构建多层次的"元生态"社区，从而加速未来教育的发展速度，扩大生态的边界。商汤科技一直认为教育平台就是生态，再加上优秀的原创科学技术，在商汤科技的基础之上，将优秀的可实践案例及技术作为相关学科建设的养分，将它们输入商汤科技的平台上，在平台的逐渐生长过程中也会产生最小颗粒度，从而可以更好连接到其他领域的合作伙伴，一起建设领先的教育体系。

## 四、成功经验

商汤科技使用最新的产品、技术和一些成功的案例，帮助企业和学校培养出优秀的产业型、应用型人工智能人才，从而解决科技人才缺乏的现状，制定出实践性强的人才培养方案及实训的过程，从而培养出优秀的人才，给企业及产业提供人才支撑。例如，商汤科技于 2019 年在青岛建立全球第一所人工智能教育研究院，力争打造人才培育基地和人工智能赋能中心、新业态培育平台等，与青岛职业技术学院合作开设 AI 课程，利用产业优势开展智慧城市行业实训，从而给学校提供紧跟时代变化的课程建设方案，使学生学习到 AI 与不同行业相结合的相关技能与专业知识。

商汤科技在发展过程中体现出快成长、高价值的特性，在成立之初就把知识产权看作企业最重要的财富。商汤科技一两天的训练模型，如果放在其他企业则需要一两个月，这种高效的结果主要是它有着独特的技术优势。商汤科技成立之后短时间之内便占据了大多数市场，涵盖的业务范围也很广，这些成长的经验也是值得借鉴的。不同于大多数科技企业的"狼性文化"，商汤科技更加看重"羊性文化"，而这只羊是"黑羊"：寓意商汤科技的 AI 技术要敢于创新，员工之间和平相处，从而实现互利共赢。商汤科技所生产出的大多数高端产品被应用于底层，如购物、拍照等常见的活动，这也与其 CEO 徐立所言一致：从长远来看，底层技术会有更好的发展前景。

## 五、发展与总结

总而言之，人工智能教育的全面发展需要各领域共同合作，商汤科技极其重视而且善于发现与培养精通教育和 AI 的双重人才，并且深刻相信他们将会是 AI 教育坚实的后备军。在这种理念的影响之下，商汤科技与多所师范类院校进行合作，为大众普及人工智能与信息技术等相关课程，有助于培养更多的 AI 教育人才，同时为相关技术人才提供教育产品的培训，以便于提升其自身的技能。

# 第一节　STEM 与科技的关系

## 一、STEM 的概念与内涵

美国是 STEM 教育的起源地，所以 STEM 也被称为美国的"素质教育"。目前，关于 STEM 素养要素的研究是从整合论和还原论两个角度开展的，课程的重点是强化对学生科学、技术、工程和数学的教育，在此基础之上发展学生的跨学科素养。科学素养，是指通过使用科学知识理解自然界和参与到影响自然界的过程；技术素养，是指学生理解、评价、管理、使用技术的能力；工程素养也可以被理解为对技术工程的设计和开发过程的理解能力；数学素养，是指学生发现、解释、表达和解决多种情境之下数学问题的能力，如图 3-1 所示。

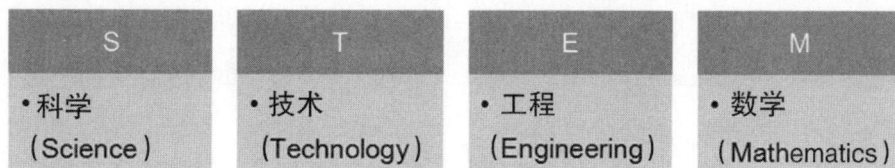

| S | T | E | M |
|---|---|---|---|
| ·科学<br>（Science） | ·技术<br>（Technology） | ·工程<br>（Engineering） | ·数学<br>（Mathematics） |

图 3-1　STEM 的内涵

STEM 教育最初是针对理工科复合型人才的培养，主要强调科学工程等相关领域的内部融合，侧重于对知识的应用、思维逻辑和对现实问题的解决。一般来说，S、T、E、M 中任意两者或者多者的结合就可以形成 STEM。通过把跨学科的知识和能力运用到一定的问题情景和生活场景中，从而帮助学生更加深刻理解和运用不同学科知识，在理论学习的同时增强他们的实践能力，从而在培养问题解决能力的同时也可以增加创新思维。目前的 STEM 有两种形态：第一种形态是和当代科技紧密结合，在目前数字化、"互联网+"时代下通过智能化的手段，形成新一代数字化原住民的生活方式，以及与未来发展需要契合的智能化 STEM，主要代表是少儿编程和机器人教育；第二种形态则是在真实的物理世界之中进行解决问题的过程和进一步创造。STEM 与传统的教育方式不同，相比于学习的结果，它更加注重学习的过程，让学生听到不同的观点并且敢于试错。

随着时代的变迁，家长所认同的教育模式也进行着相应的转变，STEM 逐渐成为广大家长认同且采取的教育方式。STEM 主要有以下几种特点。

（1）学科知识的整合与融合。STEM 体现了跨学科教育的理念，它的核心是不同学科之间的整合，几大领域融会贯通，而不仅仅是相关学科的简单拼凑，更不是领域或学科的分割与分门别类。它把学生面临的复杂而又真实、综合的问题作为自己的研究线索，而这些问题需要的不只是单一的学科知识和能力，而是整合知识的思维方式，通过跨领域、跨学科的能力与知识经验，找到对应的解决问题的方法和途径，从而培养综合能力以便于掌握受益终身的学习方法。

（2）学习方法的实践性与探究性。STEM 在教学过程中强调学生的自主实践与探索，通过引导学生进行动脑思考、动手实践，在此过程中互相交流分享，从而发挥创造性，自主解决相关问题。在完成各自任务的过程中，每个孩子都要和其他人进行交流与沟通，共同搜索和分析资料、提出问题、分析问题、解决问题、评价学习成果，在群体活动中互相启发、帮助，构建群体性知识架构。

（3）学习的情景化。STEM 教育的特点是强调学生获取到将知识情境化应用的能力，也就是学习者通过学习环境的互动建构而获得知识，并不是简单的外部灌输。为学习者搭建合适的情境，在这些情境中有着待于解决的核心问题，所创设的情境在引出相关问题之后，还需要贯穿于解决问题的全过程，从而使学习者全程沉浸于情境之中，积极地使用已学相关知识和方法解决所面临的问题。即在特定问题情境之下，学生开展探索式学习，从而深刻地理解知识内涵，获得学习的动力与知识。学生不仅获得了结果性知识，还拥有了过程性知识，在情境之下自学或者通过老师引导学习抽象的知识概念，同时也锻炼了学生的动手能力。在此过程中获得了动手的学习体验，应用所学的科学知识，结合数学等基础学科知识解决遇到的各种问题，培养设计、建构、合作、发现、重构并解决特定问题的能力。

专栏 3-1

# Makeblock的STEAM教育模式

## 一、公司简介

Makeblock 于 2013 年成立，是深圳市创客工场科技有限公司旗下品牌，它面向全球提供 STEAM 教育方案，主要是针对教育机构、学校和家庭等少儿编程场景，为他们提供完善的编程软件、机器人硬件。在 2019 年，全球有一百多个国家和地区都有 Makeblock 生产的产品，并且 Makeblock 进驻了两万多所合作院校。现在，Makeblock 拥有神经元智能电子积木平台、高创作自由度的自己动手制作（do it yourself, DIY）平台、思维启蒙机器人童小点等硬件产品，同时还生产了神经元软件、STEAM 教育软件。Makeblock 一直将在世界中创造、培育新的创新土壤作为自己的品牌文化，致力于为教育奉献自己的一份力量。

## 二、Makeblock STEAM 教育体系

Makeblock 把教育和科技进行了很好的融合，并且建立了相关基础

设施平台，如电子、机械及软件，将传统教育高门槛性质逐渐转为低的创造门槛，从而增加创新实现的可能性。Makeblock认为在基础教育阶段，学生所了解知识广度的重要性高于深度的重要性，对于创新能力培养也优先于传授知识，也就是"授人以鱼，不如授人以渔"。Makeblock通过把硬件与软件进行结合，完善学生的思维方式，增强学生的实践能力，从而促进其成为有社会责任感、有能力的公民。

Makeblock旗下的慧编程面向STEAM教育中的代码编程和积木式编程软件，可以与Python等编程语言进行一键转换，并且在其中还加入了物联网、人工智能等时代前沿技术，达到了由入门到高级、更懂老师和功能强大的发展目标。慧编程分别从机器人、游戏设计和编程基础三方面进行整体课程设计，并且在内容上包含序列、事件、变量、条件、循环、函数六个重要知识点，在教学过程中还穿插了趣味游戏、生活案例、任务卡挑战、自我报告、项目评估等环节，在增加学生学习兴趣的基础上进行编程的后续学习。总的来说，教学可以分为引入、编程、测试与创作和总结四个步骤，如图3-2所示。

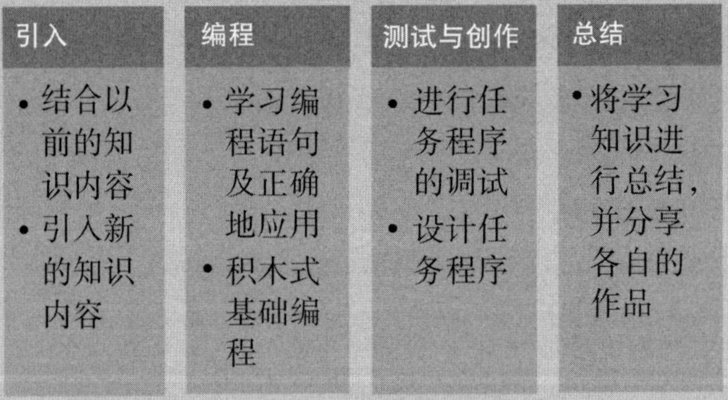

| 引入 | 编程 | 测试与创作 | 总结 |
| --- | --- | --- | --- |
| • 结合以前的知识内容<br>• 引入新的知识内容 | • 学习编程语句及正确地应用<br>• 积木式基础编程 | • 进行任务程序的调试<br>• 设计任务程序 | • 将学习知识进行总结，并分享各自的作品 |

图 3-2 教学步骤

借用游戏设计的环节增加学生的学习热情，同时激发创新创作潜力，教师通常会在课程的最初向学生传授游戏的构成：故事、机制、技术和美感，然后根据上述的教学特性等进行步骤设计等头脑风暴、制作软件与实物、测试游戏及最后的游戏完善等，为学生定制开发出一个积木式的编程游戏。

## 三、发展与总结

随着中、高考改革的不断深入，STEAM 教育将是素质教育的一个重要体现，受到越来越多的家长及教育机构的青睐。STEAM 教育把艺术与数学、科学、工程与技术相结合，突破了传统的教育方式，实现了教育模式的进一步创新。目前，STEAM 教育还面临各种各样的问题，如课程内容设计的参考较少、没有整套教学工具、对于课程系统的设置比较难等，所以发展比较缓慢。

Makeblock 面对这种问题建立了教育课堂，将编程、手工、搭建、实验等活动完美融合，进而使 STEAM 课堂更加丰富多彩。Makeblock 通过其自有的软件使用 Python 和 Scratch 编程语言，并与优秀的案例结合，使学生沉浸于编程的世界中；将教学和生活中常见的物品结合起来，给学生提供更大的想象与创作空间；同时组织一些赛事活动的交流会等，增强学生的荣誉感。Makeblock 在教育行业有着良好的发展前景。

## 二、各国的 STEM 教育政策和措施

目前，STEM 中四门"元科学"在科技竞争中起着重要的作用。随着科技的发展，越来越多的国家重视 STEM 教育，并且将其作为实施人才战略的重要途径，从而提升本国在国际上的竞争力。同时，STEM 教育也符合时代对复合型人才的需求。虽然各国实施 STEM 教育的原因、重点不同，但其最终目标趋于一致。

### （一）美国

美国是 STEM 教育的起源国，美国国家科学委员会于 1986 年第一次提出"科学、数学、工程和技术教育集成"的纲领，这也是 STEM 的开端；在20 世纪 90 年代后期所使用的是"SMET"专业术语，但是它没有包括各学科知识的整合；2005 年美国国家科学委员会通过了以下三个法案，这在一定程度上促进了 STEM 教学的创新：《赤字削减法案》《国家航空航天局授权法》《国防授权法》；2007 年美国国家科学委员会、美国国会依次颁布了相关法律，将其更改为"STEM"。美国关于 STEM 教育的政策和措施相

对于世界其他各国更加成熟和清晰，它在发展过程中尤其重视科技人才资源，通过提高本国的科技创新能力和技术来提高国际竞争力。陈强（2017）指出美国分别从社会参与、职业发展和力量整合等方面给予STEM教育支持。

（1）社会参与。PTC-MIT联合体是美国最具有代表性的组织，它在学科的继承过程中起着重要的作用，内部成员包括美国所有的专业协会、公司、高等学校等。PTC-MIT联合体通过和联邦的合作，助力于美国建构有效的STEM人力资源渠道。

（2）职业发展。2013年《美国联邦政府STEM教育五年战略计划》中明确提出2020年美国优秀教师数量。随着它的颁布，对于教师的重视程度也逐渐增加。美国的人才培养方案主要是挑选出最好的科学及数学教师，始终将优秀的STEM教师作为人才培养的核心；政府也认可并且奖励相关成员，使其在职业发展上更加具有竞争力。

（3）力量整合。由于STEM的花费巨大，联邦政府需要在基础投资基础之上再增加对于教育基础设施的财政投入。2010年美国总统科学顾问委员会发布了《培养与激励：为美国的未来实施K-12 STEM教育》，通过多方资源的整合制订了"为创新而教计划"，这个计划在引入联邦力量的同时也加入了一些民间力量，见表3-1。

表3-1　美国STEM政策

| 时间 | 政策 | 内容 |
| --- | --- | --- |
| 1986年 | 本科的科学、数学与工程教育 | 第一次确切地提出了"科学、数学、工程与技术教育进行集成"的纲领建议，成为STEM的开端 |
| 1996年 | 创造未来 | 面对新的形势，对各方面提出了针对性的可行性建议 |
| 2007年 | 国家竞争力法 | 批准了相关的联邦资金，并且增加了美国的国家科学资金，增设奖学金 |
| 2007年 | 国家行动计划：应对STEM的紧急需要 | （1）加强本科阶段的主导作用；<br>（2）吸收优秀教师，增强教师的能力，并投入更多的资金 |
| 2009年 | 创新战略 | 进行"创新教育运动" |
| 2013年 | 制定教育规划 | （1）大多数工作与STEM相关；<br>（2）提高美国在国际教育中的排名 |
| 2016年 | STEM 2026：创新愿景 | 针对活动设计、实践社区、学习空间、教育经验、学习测量 |

## （二）英国

由于 STEM 教育在世界各国中关注度逐渐增强，为了保持国家的科学与技术研究处于世界领先地位，英国政府采取了一系列政策和措施来增强 STEM 教育水平，以保证下一代热爱科学、技术、工程和数学学科。英国的 STEM 教育对于人力资源管理起着一定的借鉴作用。2002 年在《为了成功的科学工程技术》的报告中第一次出现 STE（science, technology; and engineering; 科学，技术和工程）的概念；2004 年在《科学与创新投资框架》的报告中第一次出现 STEM，并且指出了相关人才缺乏的现状；2005 年，英国政府确定 STEM 是英国脆弱且重要的科目；2006 年英国教育与科技部发布了《STEM 项目报告》；2017 年 1 月，英国政府颁布了《建立我们的工业战略绿皮书》，从此建立起教师网络板块，英国认为缺乏 STEM 技能的人才是制约经济发展的重要原因。英国分别从以下两方面给予 STEM 教育支持。

（1）政策支持。2006 年发布关于创新的 A level 考试中要增加数学、化学及物理的考生人数；2012 年英国商业、创新和技能部也鼓励学校要加强关于科技创新的课程，并且对 STEM 教育提供了财政支持。

（2）人才培养支持。相比于其他国家，英国的人才培养方案更加丰富多彩，"国家科学与工程竞赛"主要针对的是 11～18 岁的学生，奖励表现突出的学生。这个竞赛同时和 "The Big Bang Fair" 结合起来，从而为相应年龄段的学生展示对 STEM 感兴趣所带来的好处。而 "STEMNET" 的主要目标是提高青年人对科学、技术、工程以及数学的兴趣，加强对问题的解决和应对能力。英国教育部及商业、创新和技能部为它提供财政支持，同时对 STEM 学校和优秀教师提供一定的资源，从而促进 STEM 教育的开展和发展。

## （三）澳大利亚

澳大利亚的 STEM 教育在世界上位于中上水平。澳大利亚政府认为通过 STEM 教育人们可以丰富自身的跨学科知识和实践能力，从而增强创造力，以及培养对问题分析的批判性思维。2013 年发布的《国家利益中的 STEM 战略》第一次提出发展 STEM 教育，并制定了 2013—2025 年的战略发展目标；2014 年国家首席科学家办公室在《STEM 澳大利亚的未来》报告中进一步制定了相关发展规划；澳大利亚联邦及各州和地区教育部部长签署了

《STEM 学校教育国家战略（2016—2026）》，以便满足国家的发展需求；澳大利亚 STEM 教育的核心力量是产业调研能力，并且经济的不平衡发展也阻碍了其 STEM 的教育公平性，所以它从社会参与、国家政策、教师培养和资源整合四方面进行 STEM 教育。

（1）社会参与。产业和大学通过与政府合作，开发培养一些具有示范性的模块，从而建立一些交流平台增加小学和中学教师的能力，同时提高大学生毕业之后进入 STEM 教学的效率。

（2）国家政策。2015 年颁发的国家创新方面的政策鼓励与支持学生积极参与到科学、技术、工程和数学的学习中，增强他们在此方面的兴趣。

（3）教师培养。学生关于 STEM 课程的学习效果以及表现一定程度上取决于教师的教学质量。它们之间存在正相关关系，也就是说，如果教师缺乏一些专业知识的能力，那么学生在此方面也会自信度低。

（4）资源整合。澳大利亚政府通过建立相关的合作平台，整合产业、学校等资源，从而促进各部门之间的高效合作，进而增强学生和教师的相关能力。

## 三、我国的 STEM 教育现状和对策

在中国创新为驱动力量的人才培养战略的引导影响之下，社会生产力对高端人才技术的潜在需求正在不断提高，我国必须实施创新型人才战略以推动全民大众自主创新，如此才能增加推动经济发展增长的源动力。我国创新型 STEM 本科教育起步较晚。姜峰（2009）在关于《美国竞争法》评述中首次提到 STEM，2016 年中华人民共和国教育部发布了本科生教育发展指导目录意见，文件中明确指出，要"利用众创空间建议探索 STEAM 教育，培养学习者的创新意识和信息意识"；在 2017 年中国教育科学研究院发布《中国 STEM 教育白皮书》之后，才有大量学者陆续研究 STEM 教育；王宏等（2020）从深度学习的角度进一步拓展了 STEM 的内涵。国内关于 STEM 教育的人才相当缺乏，且即使是从事这些教育的培训人员及教师也是借鉴国外的教材，大多数没有和国内的实际情况相结合，教育方式也偏向传统教育，并没有全面地将科学、数学、工程、艺术整合在一起进行知识的传授。

陈凯等（2019）指出 STEM 教育在我国发展缓慢主要有以下两方面原因：

一方面，由于传统教育的影响，为了确保人才选拔的公平性而采用标准化的考试，但是对学生的创新能力和意识却有一定的阻碍作用，学习者通常为了考试只学习能提高成绩的科目与方法，很少进行创新性思考；另一方面，我国目前的教育是针对不同的教育阶段安排不同的师资队伍，且教师只负责自己的学科知识，在 STEM 教育下教师应该给予学生更多的自主权，所以在基础教育时期很难将各学科的知识进行整合传授给学生，学校也缺乏拥有多学科知识的教师。Justin Robert（2015）针对九位教师对 STEM 教学过程中融合问题进行分析，提出创新的重要性。《中国 STEM 教育白皮书》指出，我国 STEM 教育的最大障碍为教师缺乏，需要增加对跨学科背景的师资力量培养力度。Krista A.H.（2013）指出教师对学生情绪产生一定的影响，教师课程的偏离会造成学生的负面情绪。

针对以上问题，我国采取了相应的措施。教育部在 2018 年印发的《普通高中课程方案和语文等学科课程标准（2017 年版）》中明确提出人工智能、开源硬件、三维设计都需要成为优秀高中毕业生的公共必修核心课程；同时在《2018 年教育信息化和网络安全工作要点》中指出要注意使用一些现代先进的电子信息技术，以建立一种新型高效的组织管理教学新模式；在教学课程中也加入了信息化的学习，使课程充分与智能化时代接轨，各地也纷纷将信息技术作为考核课程的一部分。比如，浙江省将包括编程的信息技术纳入高中的必修课程之中；江苏省在 STEM 教学的试点学校中将历史与艺术等加入日常课程之中，融合各学科的知识以培养学生的创新能力。

陈强（2017）认为完善人才的培养模式在创新资源的充分发挥上起着主要的作用。在我国创新型国家的建设进程中，STEM 人才是必不可少的一部分，需要创新日常的教育模式，增加专业教师的数量；为了保障 STEM 教育可以顺利地按照计划开展，政府也要给予相应的政策保护措施，立足我国的具体国情选择合适的发展战略，给予相应的财政支持、人才引进等保障；在社会上也要宣传 STEM 教育文化，形成全社会参与的局面，营造良好的学习氛围；借鉴国外的成功经验，政府积极地对产业、学校等资源进行整合，提供资金或者物质支持，动员全社会参与到 STEM 教育中。

# 第二节  培训与开发

## 一、科技人才培训与开发概述

我国于2020年正式加入创新型国家行列。随着第三次科技革命的兴起，科技与创新逐渐结合，美国经济学家华尔特·惠特曼·罗斯托于20世纪60年代提出了六阶段的创新理论。20世纪80年代以来，我国大多数学者开始陆续研究科技创新。赵永乐（2006）认为培养一批具有活力的科技人才是时代大势所趋，也是完成科教兴国战略的重要保障；杨颖（2018）指出环境、制度、个体因素都会影响科技创新人才的开发与培养，所以在完善管理制度的同时也要完善教育机制，进行全方位多层面的培养；练星硕等（2019）结合我国的国情指出所存在的问题，并认为协同创新的环境下企业、学校与政府要进行合作才能最大化地发挥出科技人才的潜能；吴俊策（2022）为完善我国科技创新人才培训体系提出了一系列的可行性建议；廖扬眉（2022）指出新时代的科技创新人才的开发与培育需要结合我国的实际国情，人才是根本，人才的精神特征更是重中之重。《国家中长期科技人才发展规划》第一次从国家的角度对科技人才进行阐述，科技人才开发可以分为人才的选拔、培养、使用、调剂、管理和测评六个方面。培养，是指对所选拔的人才进行相应的教育与培训，以提高他们的专业能力，选拔出来的人才只有经过一系列的培训才可以胜任相应的岗位。对人才的培训不仅可以在高校中进行，还可以通过业余的教育培训班等。在培养之后，将科技人才安排到不同的岗位，充分实现自我价值，从而提高我国的科学技术创新水平。科技人才开发的必要条件是人才管理，需要建立完善的管理档案和规章制度等，从政策上保障科技人才的开发。通过测评的方式深入了解人才能力开发的潜力及性格等方面的特征，从这个角度上可以将科技人才测评分为人才测量及人才评价两方面。

目前，我国有着良好的科技人才培训环境，在培训过程中要紧跟科学变化的步伐，不断拓宽科技方面的格局，才能长久、有效地快速实现科学进步与技术进步。在科技人才培训中只有将理论和实践完美结合才可以从实质上增强科技能力、培养出更多优秀的科技人才，做到现实生活中可以灵活运用所学科学理论知识，从而推动科技创新、创新发展。建设科技人才队伍的基础是高素质科技人才的培养与开发，优秀的科技人才主要来源于队伍本身的培养，只有全方位地完善科技人才培训机制，才可以培育出适应科技创新快速变化的人才。在学习理论知识的同时也要注重实践能力的提高，针对科技人才的不同专业特点和发展方向进行锻炼。

科技人才培训与开发要及时抓住科技发展的新机遇，全方位、多角度地看待问题、思考问题，在大发展趋势之下争取实现在科技领域的突破。我国虽然在不断更新科技人才的培训模式，但目前也存在一些问题。比如对于科技人才培训与开发的政策缺乏全局性，目前并没有专门关于科技人才培训的规划，而仅仅是分布在各种人才政策中。科技人才的培养需要一定的稳定平台与资金支持，但我国在此方面的政策还比较缺乏，政策的制定也是以成功完成国家重点项目作为自己的目标，忽略了科技人才培训的过程和方法，即人才培养为辅；某些关于科技人才的培训并没有关注他们所擅长的、可以实现自我价值的前瞻性领域，对于关键技术的突破等优势没有充分发挥出来，以至于科技人才关于科技创新的积极性不高。为了更好地进行科技人才培训与开发，可以在培训上进行一定的创新，比如在培训开发上可以使用互动式、体验式等教学手段。创新管理理念，完善管理机制以便切实增强指导性和提升管理水平，对创新人才的工作提供充足的保证，并且可以提高科技人才的待遇，加快培训出高水平的专业科技人才队伍。

## 二、培训与培训管理概述

培训管理由培训需求调查、分析和诊断三部分构成。美国古典管理学家弗雷德里克·温斯洛·泰勒首先强调了培训的重要意义，提出了科学管理的理论。随着这种理论的发展，工人逐渐被视为机器，引起了工人的不满。美国管理学家乔治·埃尔顿·梅奥在 20 世纪 30 年代通过霍桑实验，提出了行为科学理论。该理论认为员工的满足感在一定程度上也影响着生产率。美国管理学家道格拉斯·麦格雷戈在行为科学理论的基础上于 20 世纪 50 年代指出，当人的自我价值可以得到实现时，生产率也不断提高，在此阶段培训的范围及内容不断增加。美国经济学家西奥多·舒尔茨详细分析了人力资源等内容，他指出人力资本的主要来源便是教育。美国学者弗农·汉弗莱首次提出进行员工培训的理论。王鹏、时勘（1998）分析总结了国内外的组织培训理论及方法，并将其不同点进行对比。刘宝发、杨庆芳（2004）分析了9种主要的员工培训模式，并且与西方进行对比。乔志林、万迪昉（2004）总结了培训中常用的方法，如博弈、模拟等。陆惠文等（2004）从角色扮演的角度指出培训管理中需要重视的步骤。

一个企业的长远发展不仅需要引入科技创新人才，还需要从宏观的视角提高内部人力资源管理的质量与效率，优化所拥有的人力资源。在竞争越来越激烈的市场中，产品质量上的竞争优势已经不能成为企业的首选，因为各企业都会保证自己的产品与服务质量满足消费者需求，此时企业内部的人才质量便在长期有效发展的过程中占据重要地位。企业的培训管理重要性逐渐增加，企业内部应该结合人力资源的现状选择合适的培训方式，积极开展培训管理工作，从而合理化地运用人力资源。目前，企业培训管理存在以下问题。

1. 培训流于表面

在培训管理中并没有制订合理的方案，不能充分调动员工自愿参加培训的积极性。有些企业没有意识到员工培训管理的重要性，在其内部绩效管理机制是不完善的，进而导致企业发展不能很好地符合市场经济的发展；有些企业虽然进行了培训管理，但由于考评机制的不完善、缺乏一定的公平性，导致许多员工并未积极参加培训学习。

2. 培训缺乏实效

随着科学技术水平的整体性提高，人力资源的有效利用和培训管理精确落实的重要性越来越大，但是大多数企业仅仅是流于表面，并没有很好地做到这一点。企业出于利益最大化的目标，通常所采取的培训只是针对某一种业务而进行的。临时性的培训并不能真正提高员工的技能水平，从而导致工作水平及效率提高缓慢，反映到市场上便是消费者认为企业员工业务不熟练，从而降低对企业的满意度。对于真正想提高自己业务水平的员工而言，对临时性培训管理的满意度也会较低。当企业没有完善的培训管理制度时，员工参与培训与否和工资水平的相关度就会降低。参与临时培训管理的员工在工资奖励上可能并不会多于那些没有参加培训的，这会导致员工的积极性下降，也会造成培训管理资源的浪费。随着培训成本的增加，企业利润会降低，进而对企业长期发展产生不利的影响。某些企业对于培训管理课程的选择通常只看热度，而不结合企业发展的实际情况与需求进行，造成了资源的浪费，对于企业发展没有很大的好处。

### 3. 企业缺乏必要的自我认知

在国内外企业的双重压力之下，企业想长远发展就要从宏观角度出发，切实了解企业发展的必要因素。只有在充分了解同行竞争状况之下，提高人力资源培训管理的质量，在扩大员工自身职业发展空间的同时也会促成企业的可持续发展。但是，有些企业只是以利益最大化为目标，忽略了员工整体实力的提升，若员工认为不能充分展现自身价值，对于企业的归属感和认同感就会下降，参与培训和工作的积极性不高，员工自身职业规划与企业发展目标有一定脱离，不利于企业提高市场竞争力。

针对以上存在的问题，提供以下几种解决措施：

### 1. 更加重视培训管理

人才队伍的管理已经成为企业长远发展的基础，对于高层管理人员来说，需要不断更新培训管理的思想，增加对培训管理的重视程度，提供充分的资金等支持；人力资源部门也需要建立完整的培训管理体系，在培训之前要针对员工不同的特质进行差异化判断，培训完成之后进行考核等，以便于员工可以将所学的知识最大限度地运用到日常工作中。培训人员也可以对每一次培训进行总结，提高每一次培训的质量，使得资源最大程度地发挥作用。

### 2. 制定合理的培训目标

培训教育要符合企业的发展目标，要根据员工的实际情况针对不同阶段的员工进行不同的培训。随着企业的发展，企业的业务范围会进一步扩大，在不同岗位的员工所需要掌握的职业技能差异较人，但业务之间的关联性也会增强，所以要培养员工完成业务的能力，并且为员工提供充分的职业发展前景。

### 3. 客观评价培训效果

企业进行的培训最终会落实到员工的绩效与工资上。在参与培训之后，管理人员要从长远发展的角度出发，对本次培训的结果与效果进行客观评价，定期与员工进行交流沟通，给予表现优秀的员工一定的奖励，积累到一定程度可以对其岗位做出适当调整。这样会使员工认为个人价值得以实现，从而提升对公司的归属感，在之后的工作中积极发挥主观能动性，此时员工的技能水平相比之前也有所提高，这就实现了员工与企业的双赢。

专栏 3-2

# 京东："京东人"优秀培养模式

## 一、公司简介

京东是一家综合网络零售商，是电子商务行业中最受消费者欢迎的企业之一，在我国的电子商务行业中极具影响力。目前，全国大部分地区处于京东的物流配送之下。京东在增强公司运营实力的同时，也进行物流配送过程、售后服务及市场推广等设施的完善。京东在数码通信、家电、家居百货和在线旅游行业都有大量的优质商品，在全国已经建立了六大物流中心，将成为全球最值得信赖的企业作为自己的发展愿景。

京东的发展本质上是公司内部"人"的发展，人才是京东的核心，带动其在激烈的市场竞争中脱颖而出。京东认为人具有无限的潜力，也是企业发展的源动力，所以对人才进行深入挖掘和关怀。创新的发展理念贯穿京东上下，而人才又是实现创新的重要推动力，所以京东认为只有京东人追求创新、发展，才可以持续为消费者创造价值。

## 二、"京东人"培训优势

京东的人才战略一直都是先人后企，在梳理出企业的价值观、愿景和使命的基础之上建立人才观，在培训上选择京东 talk、京东 TV 等方式，促使京东人高效成长。京东只会招聘符合其价值观的员工，坚持团队、诚信、激情和创新的精神，高管需要共同讨论才可以决定是否真正具备所需要的技能，京东在内部推行 4S 理念（见表 3-2）。

表 3-2　京东 4S 理念

| 理念 | 内容 |
|---|---|
| JD Style | 寻找 JD 范 |
| JD Stage | 只要优秀就可以在京东充分地施展才能 |
| JD Speed | 按照京东的速度成长 |
| JD Success | 即使所做的工作非常平凡，也可以拥有不同的人生 |

　　京东以惊人的速度发展，故其员工的成长时间是极其有限的，与领导力相关的项目也都是为了满足其需求，然后以最短的时间将管理者培训成具有一定技能的人，从上而下逐渐推动。京东在总监培训班的基础之上建立轮训班，使用视频教学、面授、小组讨论和角色扮演等方式对员工进行模拟考试。员工刚进入培训班就要一直进行情景模拟考试，以便在提升其沟通倾听能力的同时增加软技能，还可以避免学员不懂装懂的情况发生，从而最大程度地将理论与实践结合起来。京东也会将人才集中进行训练，这种模式借鉴了中欧商学院的管理形式，学员有权利在组织的各个部门之间自由地进行分班组合，然后每个班有一个班主任，班主任在负责日常管理工作的同时还需要维持成员之间的伙伴关系。京东自身的电商经验便是其培训的完美资源，所以专业课的培训一般由业务部门进行课程的开发与讲解。在行业发展日新月异的时代，学习在职业生涯中是必不可少的。京东会从外界引进人才，将其作为培训的智力储备，同时设有培训周，进而把总部的培训项目在各区域进行推广。京东大学设置了 KM 的 E 化学习平台，比如 know how、e-learning 等，京东认为仅仅依靠演讲，员工不会吸收全部的知识，所以将其剪辑为具有吸引力的视频；也鼓励大家自己拍摄工作的技巧和经验上传到平台上共同学习，在线下邀请行业精英分享知识和经验，京东 TV 也逐渐成为一个具有活力的知识体系。

## 三、发展与总结

　　京东的人员结构为二元结构，公司 70% 的员工为物流配送、仓储和客服等蓝领，另外 30% 为互联网性质的白领，蓝领更加具有执行力。京东根据这两类员工的发展规划与需求特征，重视专业力、领导力和通用力三项技能。同时，京东在培训的基础之上还关注员工的家庭，并为其提供相应的生活保障。京东通过各种培训方式为员工提供了更大的发展平台，同时也促进了京东的可持续发展。

### 三、培训管理的核心竞争力

从经济学角度来看，经济与培训是相互促进、相辅相成的关系，经济的发展可以促进培训管理的完善与发展，培训管理的发展可以给经济带来强有力的扶持和支撑，越来越多的企业开始重视自身培训管理。目前，学术界通常是从自我价值与企业内外环境方面研究企业竞争力，企业竞争力是比同行业的竞争者更有发展、更有市场价值的能力，而培训管理在自我价值中又占有较大的比重。企业越快建立完善的培训管理体系，在激烈的市场竞争中就越有可能获得更强的竞争力，所以培训管理的核心竞争力对企业而言尤为重要，可以把培训管理看作一种高效和有效的企业投资。

培训管理核心竞争力的本质便是培训管理的投入产出比、节本增效。优秀的教师资源、培训计划及需求诊断等都是为了使培训在最大程度上发挥作用，拥有一个良好的培训结果。培训管理不仅包括管理机制，还包括具体的操作方法和内容等。大多数企业在培训管理时忽略了学员的实际需求，盲目地跟随其他企业制订相应的培训计划，而没有明确了解学员真正的长处与兴趣点，导致即使培训的课程量有所增加但培训质量却一直没有提高。培训内容和方法目标规划不合理也是常见的成本增加的原因。当缺少必要的内容设计及必要的培训时长时，培训的目标不仅没有完美实现，而且还会造成人力资源和时间成本等的浪费，对企业而言，此次培训并没有起到太大的作用。在培训管理中，远期的前瞻性与近期的时效性重要程度是相同的。根据公司所存在的问题和发展目标的需要提供有针对性、系统性的培训计划，但是事后对培训效果没有进行科学、准确的评估，而将关注点放在学员的满意程度上。

总而言之，在目前大多数企业越来越重视培训管理的情况下，完善培训内容、培训计划的前瞻性等措施都是为了提高单次培训管理的投入产出比，以最大程度地发挥单次培训的作用。越来越多的培训管理部门、企业领导者开始重视培训，公司内部也形成了良好的培训文化。提高培训管理的投入产出比可以从制度、方法和内容三方面入手：为"培训管理"建立合适的规章制度保障、管理责任的具体划分、对费用支出和预算做出比较明确的规定、讲师的考核内容与奖励、培训的纪律等方面都建立明确的规章制度；培训管理的方法已经相对成熟，ISO 10015 是目前国际上比较公认的针对人力资源培训的指南性标准，它用于规范拥有培训人力资源职能的组织标准，可以使培训管理更加高效；培训管理的内容是最终的落脚点，是培训工作能否实现预期效果的关键，可以从基本的技能、岗位和管理三方面进行设计。

## 四、培训开发内容与模型

人力资源管理中的一个重要职能便是培训开发，进行培训开发可以确保成员在所制定战略需要之下获得绩效提升的机会，促进企业近期绩效的提升，长期来看也可以提高总的战略绩效。在增加员工知识技能的同时，也可以改善日常的工作态度，从而更有动力进行工作上的创新，所以培训开发也能定义为在整体考虑组织发展目标以及员工个人发展目标的基础之上，对员工所进行的一系列有组织、有计划的学习活动。国内外有关的理论研究的大多数学者也一致认为培训体系要由培训前需求分析评估、培训规划、实施培训规划和培训效果评估组成。

培训前需求分析评估通常指主管或者人员代表等如何在正式培训和活动即将开始之前通过采取一种适当合理的培训方法来对所培训企业成员自身的职业技能、知识背景、储备能力和培训指定阶段的预期目标能力进行全面的分析，进而快速、准确地判断该员工当前是否确实需要再次参加正式培训活动，以及在参加正式培训活动之后重新对其培训和内容做出安排准备等过程。通常采用个人面谈、问卷调查和观察法等对培训所需的信息进行收集整理。

培训规划，即关于企业内部培训的全方位战略规划。一般来说，企业的培训规划要和经营生产战略相符合，然后从人力资源开发和规划战略的角度出发，在保证符合员工素质基础和企业的资源条件下，确定进行培训开发的目标，同时也要考虑到培训的前瞻性以及培训效果可能出现的偏差，制定完善的培训方式。

在制定好完善可行的培训规划之后，就要实施培训。国内外学者主要关注的是应该采取何种方式进行培训，比较公认的结论是多样化培训方式会优于传统的讲授方式，在此过程中要关注领导的重视程度、培训经费和奖惩措施等。

培训效果评估，是指考察所制订的培训规划是否可以达到最初的培训目标，进而评估此培训规划是否有价值，计算出它可以给企业带来的社会效益与经济效益。

## （一）ADDIE 开发流程模型

ADDIE 开发流程模型是国内目前应用得最为广泛、最具学术代表力的一个理论模型，开发的课程内容需要严格根据产品开发流程顺序依次进行，但事实上它需要的项目整体流程开发周期长，并且其对教师专业性方面的培养要求相对较高。其中，A 为分析（analysis），D 为设计（design），第二个 D 为开发（develop），I 为实施（implement），E 为评估（evaluation）。进行分析时，要依次按照分析工作、选择任务功能、构建绩效评估方法、分析现有课程和选择教学背景的流程进行；设计流程为开发目标、开发测试、描述入门活动和确定顺序与结构；开发流程为制定学习活动、制订教学管理计划、选择现有材料、开发教学方法和验证教学方法；实施流程为实施教学管理计划、管理教学方法；最后一个阶段为评估，即评估培训效果。

## （二）ISD 模型

ISD 模型也称为教学系统设计（instructional system design），在学习理论、传播理论与教学理论的基础之上，对问题的分析常采用系统性的理论知识和观点，从而得出符合实际的最佳答案。ISD 模型的主要应用范围为课程开发，在技能类培训课程和知识类课程开发中最常见（见图 3-3）。

图 3-3　ISD 模型

## （三）SAM 敏捷开发模型

SAM（Successive Approximation Model）由课程迭代前准备工作阶段、迭代内容设计准备阶段和课程迭代后开发设计阶段三阶段内容组成，主要适用于简单快速迭代的课程内容设计，以优中选优、不断重复进行快速迭代为开发理念，是一种灵活、高效、开放的流程模型，适用于所有技能类课程和所有知识类课程的开发设计。

### （四）FAST高效开发模型

FAST（Focus Aggregate Select Transfigure）模型为ADDIE模型的进一步深化，在长久的企业课程开发实践经验和人力绩效改进技术经验基础之上逐渐形成的以问题解决为基础的开发流程（见图3-4）。

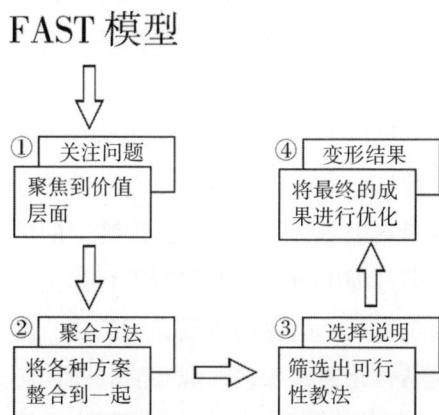

图 3-4　FAST 模型

# 第三节　培训管理的路径

## 一、科技人才培训需求

科学技术是第一生产力，它会促进生产的进一步发展，从而提高人们的生活质量。在当今知识经济时代，人才已经逐渐成为市场竞争力的核心，同时也是科技企业的核心所在。科技人才从某种角度可以看作企业所拥有的一种经济资源，科技人才在本身具有价值的同时也可以创造出相应的价值。随着时间的推移，人才自身的价值会有一定的损耗，此时企业便要通过培训等方式进行人才投资，从而保证其价值或者实现增值，所以对科技人才进行培训是有现实意义的。通过培训增加科技人才获取新技能的能力，提高员工的各项综合素质，从而更加符合岗位的要求，实现更好的绩效。企业可以将员工和业务战略放在中心位置，结合市场的需求提供相应的技能管理培训，从而促使员工增加自身的知识储备。通过培训可以使员工了解到企业的发展目标、核心价值观等，也可以学习到自己岗位所需的相关技能，使其拥有乐观积极的心态，增强团队合作的能力和企业认同感。

科技人才教育培训市场需求往往主要由学员个人需求和相关组织人才需求构成。学员个人需求，是指科技人才想要提升自身产品的产品竞争力，组织人才需求往往是属于自上而下型的，主要为了帮助解决企业工作实践中经常出现的实际应用问题，并且结合员工自身的能力进行有针对性的培训。在竞争激烈的当今社会，科技人才培训需求还要结合企业的发展战略，紧跟时代潮流做好预测。进行培训需求分析时首先需要精准收集相关信息，然后运用科学的分析方法对信息进行分析处理，采取特定的措施进一步确认分析得到的结果，最后对培训过程中所存在的问题进行修正。收集到正确的信息是关键，常用的方法为观察法、问卷调查法、讨论法、面谈法等，可以采取其中一种或者多种方式结合，通常来说，观察法、面谈法、讨论法对精度的要求较低，而业绩考核法、关键事件法、问卷调查法对精度要求较高。

培训机构需求的分析研究模式也可以大致分为组织功能—组织任务—目标人员分析研究模式、绩效评估分析研究模式和员工胜任力模式三种研究类型。组织功能—组织任务—目标人员分析研究模式主要是从系统性的角度出发，在组织目标、工作任务、人员管理三个层次上进行分析。组织目标指研究的主题是一种面向学习型组织建设的企业未来三年的发展总体战略，主要特点是通过针对这些目标、政策、结构框架和组织计划来进行实证分析，识别判断出其可能将要面对的新管理挑战问题和重大机遇挑战；工作任务是围绕某一个员工岗位设置的一系列特定岗位工作性质、职责和学习任务安排等，明确每位员工可能在工作培训发展过程中最需要被培训的主要能力、知识领域和岗位技能要求等，弥补其他员工存在的技能不足；人员管理是通过对高级科技人才个人以及其业务技能、工作行为态度方式等诸方面进行量化评估，制定有差异化特色的人员培训计划、内容结构和考核方法。绩效评估分析研究模式一般是指员工确认工作绩效可能存在很大的内在不足，并且对于这种潜在不足还希望通过教育培训考核或者采取其他一些方式进行解决，可以简单分为工作学习态度和调查、各类人员之间的工作绩效评估总结、工作日志记录和个人工作技能的考查记录等一些方法，通过这些绩效的分析结果可以进一步得到工作现实绩效与预期理想的绩效之间的差距。员工胜任力模式通过分析关键岗位胜任特征、组织核心能力等来找到科技人才的个体优势和劣势，弥补了前两种方式的消极过程，自此人力资源从之前的被动接受转变为主动地影响企业的发展战略。

绩效评估分析研究模式比较简洁，易于操作，但是缺乏全面性分析；员工胜任力模式理论上优于绩效评估分析研究模式和组织功能—组织任务—目标人员分析研究模式，但是它对具体的操作和后期处理有较高的技术要求，对人员的管理素质等要求较高。组织功能—组织任务—目标人员分析研究模式更贴合实际情况，只需要从三个层面进行分析就可以客观、准确、系统地分析出企业的科技人才培训需求，故应用比较广泛。

## 二、科技人才培训种类

科技人才的培训类型大致可以分为科技管理者的培训、科技决策者的培训、科技创新者的培训、科技创业者的培训、科技工作者的培训和社会科技服务者的培训等，对企业科技人才的培训通常包括企业新聘员工入职上岗培训、业务技能培训、企业文化培训、心态激励培训等。

新员工通过进行入职知识培训可以比较快速、直观地接触了解到企业文化，掌握公司工作人员的工作行为规范标准与相关的各项工作规章制度，并以此进一步明确其自身所在岗位需要拥有的基本技能、要求及相应的职责。通常的培训包括员工守则、企业概况、入职培训须知、人事培训等内容，且通常这些内容会同时进行讲授。通过企业文化培训可以提升员工对企业的认同感，这是一个企业长期行为积累并且得到了共同认可的价值整合，培训之后可以使新入职者快速融入企业。培训的内容也要针对不同职能和层级的人进行设计，将员工的成熟度和工作内容予以划分，然后在文化和思维上不断深化。行为学研究认为态度—行为过程—行动结果—行动环境是一个动态循环渐进的行为过程。心态的培训有利于积极乐观的心情状态的自然产生，从而最有利于人实现其发展的目标。心态培训是技能培训的基础，而且可以促进企业文化的种子在员工心里生根发芽。长期来看，精神激励和物质激励的效果在逐渐下降，主要是员工对能达到目标的期望值很小时，虽然这时目标效应很大，但是被激发出来的潜能是有限的。通过心态激励培训可以提高员工的期望值，最大程度发挥其潜能，根据不同层次的员工进行心态培训，穿插在日常工作中，以保证其长效性。

在科技人才培训过程中，为了提升培训的质量，可以丰富培训种类与内容，通过丰富的内容保证整个培训体系的多层次性，根据时代的发展变化扩充自身培训内容，避免太多枯燥的内容，以保障培训的生动性。通过此方式可以提高员工参与的积极性，培养对培训的兴趣和热情。不同岗位所需要的科技人才种类也不同，相应的技能也不同，所以对不同岗位的员工进行培训时选择的培训内容和种类也不能固定不变，而应根据员工的发展目标进行差异化的培训内容设计，从而培养出符合岗位需求和员工自身发展规划的人才。首先，可以设计出不同岗位的胜任力模型，将不同岗位人才所需必备的能力逐一列举出来，提供科学的参考依据；其次，进行不同岗位人才的培训需求开发，合理规划培训内容；最后，调查统计员工的职业发展规划，据此制订不同阶段的培训内容。

## 三、科技人才培训方法

企业多采取外部机构培训和公司内部培训两种方式，仅有少数培训采用出国考察、替补等方式。企业可以创新人才培训的方法，引进新的培训手段和形式，从而提升科技企业的人才培训质量，满足内部各个岗位对不同人才的需求，构建一个完善的人才网络；也可以规定员工在工作之余进行碎片化学习，根据自身的发展目标或者企业的需要，使用科技企业内部的教育网络平台或者其他教育机构课程进行学习，提升自身的能力，从而更有效率地从事相关工作和实现自我价值。碎片化学习的方式不需要企业规定统一的培训时间，员工只需要根据自己的时间进行合理的安排，可以节约一定的时间成本，并根据自身需要选择学习的课程，所以其学习效率和效果也会大大提高。但在培训的过程中各个部门之间缺乏协调配合，极易出现相互影响的情况，所以在培训方法上也要加强对各部门监管，可以对表现优秀的科技人才进行相应奖励，而对较差员工则进行经济或者行政上的处罚，制定一整套完善的培训制度。

在信息化时代，科技企业也可以采取合适有效的互联网技术进行培训，比如在企业精神讲解等方面使用科技手段进行培训以及考核，从而使科技企业的人才在更加高效的条件下提升自身能力，取得核心竞争力，在实现自我价值的同时也使企业在激烈的市场竞争中赢得优先权。科技企业可以使用大数据对人才的构成和基本资料进行分析，充分了解员工实际情况，然后以最低的成本制订差异化且合理的方案，从而更加精确高效地进行相关能力的培训，获得相对较好的效果。一种更优秀、更好的教育培训工作方式，不仅要控制协调好公司每一次教育和培训工作过程，同时还需要进一步加强对整个管理周期计划和管理过程细节的质量监督及控制，进行及时修订、总结提高和及时准确地反馈工作，从而逐步形成一个优质高效的闭环管理，确保企业未来的整体战略与发展计划目标能够与每位员工未来的学习培训发展目标相一致。可以使用 PDCA 循环管理方式，也就是质量循环，这个管理方式是比较公认的科学过程，按照计划、执行和检查以及行动的方式循环进行，对培训的全过程以及事后的反馈进行控制，以便及时了解是否达到预期效果，同时进行错误纠正。

随着技术进步日新月异，企业的业务范围也越来越广，为了更好地适应形势变化，科技人才的技能也要逐渐扩大，企业的核心竞争力就是智力资源。领导者在培训过程中发挥控制全局的作用，领导者不一定要有专业的相关知识，但是需要有优异的领导知识，精通识人用人的方式，通过有效的激励方式将员工个人的利益与企业的发展目标相结合，从而充分发挥员工的主观能动性。每一种培训方法都要有系统性的计划、有目的地进行。人力资源消耗企业成本的同时也会带来相应的收益，新员工可以通过培训了解到实践的经验，老员工通过培训可以提升理论知识，更好地适应科技知识变化。当今社会知识更新越来越快，所以各种科技人才的培训方式也要不断进步，根据目前最先进的知识进行设计。根据企业的发展需要以及科技人才的差异化需求，精准地设计培训目标，制定多层次、内容丰富的培训，从而在根本上解决培训目标缺乏针对性的问题，最大限度地发挥出培训的效果，也可以在具体的培训过程中采用提问的方式来增强科技人才的随机应变及逻辑思考的能力，进一步提高创新能力，从而真正实现培训目标。企业所采取的培训方式不能太过于固化，应该不断地进行探索、解放思想。培训方式要能调动科技人才参与的积极性，优化其研发创新等工作的状态，尽最大可能降低对培训的不满意度。有效的培训方式可以提高企业工作的效率，所以企业在激烈的市场竞争中要不断更新培训方式，找到一种适合企业发展和科技人才职业发展的高效方式，从而及时补充与更新科技人才的技术，站在宏观发展的角度组织多元化差异性的培训，实现企业的可持续发展。

## 四、科技人才培训评估

培训评估，是指企业在培训之后选择合适的指标进行定量或者定性的分析，从而直观表现出培训的效果。培训评估是上一次培训活动的总结，也是下一次培训活动的开始。大多数企业只关注过程控制，而忽略事后的效果评估。因为科技人才培训的投资是有限的，所以即使完全按照计划进行，最后的效果也不会完全符合企业发展战略的要求，存在培训体系及时更新但培训效果的评估体系不完善的现象。也有少部分的企业没有建立科学的评估体系，对于效果的评估只是简单考核，考核之后没有进一步的追踪调查，所以没有办法对培训的效果进行评估，在结果记录上也会出现内容、方法等的缺失，相应地，企业也收不到投资的回报。

培训评估过程要考虑以下几个方面。

连续性。评估应该是全面、连续的，它是培训工作不可或缺的一部分，如果企业断断续续地进行评估或者仅是进行"一次"评估，长期以来员工会产生不信任感。

实用性。进行一项评估需要花费时间和资金，所以要考虑到成本收益，选取易于操作的评估方法。

定量定性结合。如果单纯进行客观定量评估分析，则会导致研究结果分析过于机械，而采取主观定性结果评估时，主观性倾向又普遍较前者强，所以二者取长补短，采取客观定量和主观定性评价相结合的方法。

客观性。进行评估的人员要根据客观事实进行分析，真实、直观反映出效果，只有这样培训评估的结果才有参考性。

目前，使用较为广泛的评估模型为以下三种。

柯克帕特里克四层次评估模型（见图3-5）。第一级为反应层，即对学员在学习过程中的反应进行相应评估；第二级是学习层，主要对学习的最终结果进行评估；第三级是行为层，对学员培训前后的工作表现进行分析；第四级是结果层，对培训之后公司绩效进行评估。

反应层 ➡ 学习层 ➡ 行为层 ➡ 结果层

图 3-5　柯克帕特里克四层次评估模型

杰克·菲利普斯的五级投资回报率模型主要评估的是成本和利润之间的关系（见表 3-3），通过投资回报率的计算和结果分析，对培训的改善提出可行性建议。首先进行数据的收集，在此可以将数据分为软数据和硬数据两大类，接下来将培训的效果进行分解。由于科技人才自身的特点，通常使用主观评估和参与者评估两种方法，然后把数据变成货币价值，计算投资回报率，主要内容如表 3-3 所示。

表 3-3　菲利普斯五级投资回报率模型

| 级别 | 项目 | 评估内容 |
|---|---|---|
| 1 | 既定的活动评估 | 学员对此次培训的看法和整体感受 |
| 2 | 学习评估 | 学员的能力、知识和思想上的变化 |
| 3 | 工作过程中评估 | 学员是否可以成功地将理论知识运用到实践中 |
| 4 | 业务结果评估 | 培训的内容对业务所产生的影响 |
| 5 | 投资回报率 | 计算出培训的经济效益和成本，从而进行成本收益分析 |

考大曼的五级评估模型在柯克帕特里克反应层的评估中加入了相应的可能性评估，对培训过程中所需要的条件和资源基础进行了更深一步的分析，并且加入了社会效益评估分析对企业周边环境变化的影响。第一级别的评估包括可能性评估和反应评估，接下来依次是掌握评估、应该评估、组织效益评估和社会效益评估。这三种模型均以柯克帕特里克四层次评估模型为基础，从不同层次进行评估分析。

只有构建完善的科技人才培训评估体系，才可以使员工对自己的能力和发展规划有更深层次的理解，那么培训评估机制的优化便显得尤为重要。培训评估机制的优化不应该局限于技能和知识的考核，还要关注员工的思想感情和行为。

可以灵活使用多种风险评估指标方法，将风险定量分析指标与风险定性因素分析模型相结合，也就是说对成绩、排名、基本信息、老师评价等进行综合性考虑，以此精准了解员工特性，从而最大程度地发挥出其潜力。但是在实践中评估的使用往往不连贯，主要有以下两方面的原因：一是可能在评估系统设计时本身便没有考虑完全，所以对结果的分析存在偏差；二是受到一些主观因素的影响，比如科技人才在填写信息或者评价时刻意隐瞒，所以系统不能输入正确的信息，从而导致最终的评估结果不准确。因此，企业的培训评估机制要及时地进行更新，然后再对员工进行培训评估。在评估过程中也会出现评估效果高于实际情况的现象，此时领导层可以采取统一录入信息的方式避免这种情况的发生，以保证输入值的客观性。

专栏 3-3

# 小米：扁平化管理

## 一、公司简介

小米科技有限责任公司（以下简称"小米"）于 2010 年在北京成立，是一家以智能手机、智能硬件和 IoT 平台为核心的消费电子及智能制造公司。小米产品的概念是"为发烧而生"，而且是第一个发布基于安卓 MIUI 的第三方操作系统的企业。2011 年小米使用在线销售的方式发布了第一款手机；2012 年发布了小米电视、小米盒子等产品；2014 年入股美的，将业务拓展到印度尼西亚和印度市场，并且在国内智能手机的销售量排名第一；2017 年在美国发布新品，逐渐成为全球最大的消费级平台，和长江基金进行合作；2018 年向港交所提交上市申请并在香港上市，同时推出了互联网空调，与宜家达成合作，将服务部和销售部改为中国区，并且将业务拓展到了英国等地区；2019 年实施了 Redmi 和小米的双品牌经营战略，开始进军日本市场，在印度市场的占有率第一；2020 年进入全球百强名单，在西欧的市场总排名为前三名；2021 年在欧洲市场的销售量排名第二，超过了苹果公司，并且进军电动汽车行业。

## 二、小米人才培训之道

小米的成功不仅是商业模式上的成功，更多的是科技人才培养与企业管理的成功。雷军认为一家优秀的企业既要获得利润，也要赢得人心，小米一直拥有充足的人才储备。在人才管理上推行扁平化方式，也就是去关键绩效指标（key performance indicator，KPI）、无KPI，在小米的发展历程中将这种管理方式的优势发挥到了极致，高管与工程师的直接交流使其可以及时了解设计产品的优劣，并且这种模式也可以在最短的时间内做出尽可能正确的决策。小米内部除了创始人之外，员工全部都是工程师，强调员工的主人翁意识，把企业的权力不断下放，再加上清晰透明的利益分享制度，在成立之初就形成了全员持股投资的模式。

小米在经营的过程中坚持营造一种中高端人才的环境，也就是把引进与培养结合起来，重视内部人才的技能提升。雷军认为科技人才的培养需要充足的资金支持，如果没有足够的预算，人力资源部门就很难将培训工作落实，所以设定了专门的人力部门与人力资源预算编制管理部门，从而保证了执行力与创新能力。由于扁平化管理模式的实施，员工负责的业务范围也逐渐扩大，这样对员工的专业技能和素养要求也进一步提高，所以在给人才传授专业知识的同时也要培养他们的团队合作精神，进行全方位、多方面的培训，以便其在轮岗换岗中可以充分地实现自我价值。招聘在人力资源管理过程中是重中之重，拥有优秀的人才才可以减少日后的管理成本。小米在人才招聘方面投入了大量的时间与精力，这在一定程度上降低了员工的离职率。

小米通过招聘和培训等一系列步骤，培养出与小米发展方向、价值观高度契合的人才，也为内部的科技人才管理规划提供了一定的便利，不同组织部门之间的责任也更加清晰。小米认为公司需要围绕个人贡献、个人和个人尊严建立，欢迎那些富有创新能力、个性的人才加入，并对员工的贡献和成果积极地进行激励等。它一直看重内因发展，公司内部的管理者非常关心科技人才的正确发展，为他们提供具有挑战性的机会和长期的职业规划，为他们提供教育项目和培训以便于提高他们自身的技能，进而使员工的个人贡献充分地发挥出来，通过一些顶级项目的建设逐渐扩大公司的人才库，进而提升了总体的竞争实力。

小米推出"青年学者"计划，目前已经和电子科技大学、西安交通大学、清华大学等14所高校合作；围绕科研、教育等领域投入了公益基金；通过产教结合、招商引智等方式进行人才培养。

### 三、发展与总结

综上所述，小米通过扁平化的管理方式，对招聘与培训进行严格把关，制定相关的政策，将企业的利益与员工价值实现紧密联系起来，实现了内部人才价值的最大化，调动了员工工作的积极性。

# 第四节 科技人才研发能力与知识管理

## 一、概述

吴俊策（2022）指出，科技创新研发人才战略资源管理是一个企业人力资源开发管理能力的一项重要战略组成，实现企业现代化战略的战略人才管理培训可以帮助企业更好、更快地发展和稳定企业科技创新研发人才队伍，提高企业核心市场竞争力。吴少勤（2016）指出，科技人才的管理模式目前可以分为美国模式和日本模式两大类，但其并不是一成不变的，随着跨文化、经济一体化的发展，美日模式也只是相对而言，这两个趋势日后会逐渐交融。美国高奖励、高提拔、高刺激的管理方式虽然有利于技术急剧变化的行业，但是科技人才的忠诚度往往不足，不利于对科技研发人才的长期发展进行合理的规划，从而对企业的创新能力有负面的影响。结合运用的培养方式既可以有效地避免美国培养模式产生的社会两极分化弊端和企业短期用人行为弊病，同时也可以减少日本培养模式的人浮于事，两种方式的融合会成为一种必然趋势。

目前对知识管理没有一个明确的定义，可以认为知识管理是获取、利用并且创新知识，提高创造价值和组织创新的能力，进而保证组织可以进行正常生存发展的一种活动。它主要由获取知识、整理、应用、测评、更新、传递和传播等环节组成，通过知识交流、应用管理等作用于组织的各个领域，从而将知识产品化和资本化。吴敏（2019）认为在当今知识经济时代下，企业的人才培训过程需要不断地进行创新，以便丰富人力资源的培训制度，增强培训效果；程强等（2021）从可视化的角度分析了创新绩效带来知识管理的进步作用；刘明岳（2019）就知识经济时代人力资源的培训开发变化提出了相应可行性的建议；马雅洁（2020）提出将科技创新研发人才管理和知识管理充分结合可以促进企业的发展的观点；商海涛（2017）在知识管理基础之上从开发与管理两个角度分析了科技人才培养过程中的难点，认为应该科学宏观地进行人才管理。

目前，我国科技创新研发人才管理存在以下几个问题。

1. 分布失衡

人才配置在地区之间分布不平衡，科技人才结构不合理，存在一定的结构性短缺现象。科技创新研发人才大多分布在发达地区，而在层次不高、人才供给不足的地区分布较少；科技创新研发人才的供需不均衡；高学历的科技人才缺乏；新兴产业的科学创新研发人才比重较小；等等。

2. 流失严重

科技创新研发人才流失比较严重，且流动的量和质之间不平衡。我国的用人机制并不完善，很多科技创新研发人才岗位并不能实现其个人价值，个人的优势也不能充分发挥出来，存在资源浪费现象，且我国部分人才流向发达国家。

3. 缺乏创新动力

大多数的企业缺少进行创新的动力，并没有正确地认识到管理活动的规律性，对于科技创新研发人才的未来发展规划和相关技术没有充分进行分析，比如对于人才的考核激励制度并不能起到激励科技人才的作用。由于组织体系缺乏系统性进而导致科技创新研发人才管理缺乏一定的科学性，总而言之就是缺乏科学性、系统性。

为了缓解以上问题，企业可以创新人才管理的理念，发挥科技创新研发人才的主导作用，重视其生活的质量，在岗位上最大限度地实现他们的价值，进而促进科技人才的全面发展；企业可以采取自主管理的方法，因为科技人才的素养与思维方式具有一定的独立性，通过这种方式可发挥其主观能动性。科技人才是一种无形资产，充分开发利用可以提高社会的经济效益；科技人才流失会导致国家利益长期受损。基于此，必须不断健全科技创新研发人才管理机制，提高青年人才的信息技术应用、专业等能力，支持人才进行探索性的研究。科技创新研发人才管理的核心是科技人才战略，即工作需要围绕组织的整体战略目标展开，企业需要制定更为科学的战略规划，以便对科技人力资源进行系统、有效管理。

专栏 3-4

# 携程的人才价值管理

## 一、公司简介

上海携程商务有限公司（以下简称携程）于 2000 年在上海成立，是一家以从事商务服务业为主的公司，它拥有我国 60 多万家酒店的预订业务，成为我国领先的酒店预订服务中心。目前，携程在武汉、成都、广州、南京、北京等 17 个城市设立了分公司。它将传统的旅游业务与高科技产业完美整合到一起，拥有 9000 多万名会员，会员可以通过携程预订机票、高铁票、酒店，以及查询和预订旅游信息等。携程于 2003 年在美国纳斯达克上市，2015 年与去哪儿合并，2018 年实现平台上的国内供应商 100% 都具备旅行社、出境游"双资质"，2019 年携程进行更名。海豚形象的标志（Logo）意味着互联网的灵活便捷、创新与智能。携程始终将"取之社会，用之社会"作为自身的经营理念，坚持以客户为中心的原则。携程内部团队之间紧密合作，并且有着强烈的敬业精神，从而实现了多方共赢的局面。

## 二、"程里人"特色人才

携程的核心优势之一便是资源的规模化，它和全球 130 多个国家建立起稳定长期的合作关系，并且机票和高铁票的预订几乎可以实现国内全覆盖，这种经营模式使会员拥有多样化的旅游选择，而且标准化的服务也有一定的保障，从而运营成本有一定的降低。

技术一直被携程看作企业发展的活力之源，所以携程在研发能力的提升上面不遗余力，同时非常重视科技研发人才。此外，携程建立起了一套完整的现代化服务体系，从机票预订、客户管理等方面向客户提供更加高效的服务。

携程建立了属于自己的大学，把多种多样的成长晋升机会分配给内部的员工，加快员工的成长速度，从而企业可以获得良性的发展。

1. 培训对象

进入携程大学学习的学员主要分两种：一种是管理者，另一种是表现优良的普通员工。携程的管理者会自动纳入携程大学的培训体系中，主要是技术的管理者、中高层管理者。但如果普通员工在工作岗位上表现良好并且十分专业，也会进入携程大学进行学习。

2. 导师

携程对于管理人员的基本要求是可以讲课、带人并且能够指导他人学习，这是胜任力模型的关键，也是对携程大学中的导师进行评估的方法之一；除此之外，还会采取平衡计分卡的模式进行导师评估。携程内部有着浓厚的学习氛围，绝大多数的管理者会参与到讲课中，互相分享一些新的研究发现和想法，所以自上而下的学习氛围在携程是非常浓厚的。

3. 创造人才价值

携程建设大学不仅是为了解决一些所面临的实际问题，在大方面上则是发现和挖掘企业内部的优秀人才，给有潜力和发展前景的员工提供成长的平台，以便于更好地给企业储备相应的人才。携程员工在携程可以得到很好的发展，从而实现自我价值。对于员工的培养也是跟随着业务发展，将晋升的渠道和员工薪酬相结合，职位和职级分离，采取轮岗的方式使得企业留住优秀的科技人才。

## 三、发展与总结

携程身为我国综合性的旅游公司代表，对于人才的需求也逐年增长。携程的目标是成为世界上有价值的企业，故科技人才对其极其重要。携程拥有一套包含技术、专业、管理能力和职业市场技能等各方面技能的长期培训制度，鼓励人才持续进行创新等研发工作。

## 二、研发能力创新人才管理源点与难点

随着全球竞争越来越激烈,各相关企业之间的竞争也由之前单一的产品、价格等竞争逐渐转变为研发人才的竞争。一个企业的研发能力创新人才决定着其在市场中的生存发展。获得高质量人才通常使用引进人才与自身培养两种方式,好的人才管理方式可以调动人才工作的积极性,从而提升效率,可以以最低成本生产出高质量的产品。

吸引优秀的研发能力创新人才可以被称为人才管理的源点,保证合适的人从事合适的工作,持续保障企业优秀人才的供应。从人才管理的角度来看人力是一种资本,招聘到合适且优秀的创新人才对企业的长期发展尤为重要,可以为企业带来巨大的经济效益。研发能力创新人才管理的难点大致包括以下几点:成本高、员工对薪酬满意度不高、好的人才招聘不进来、留不住人才、员工工作积极性不高等。成功的研发能力创新人才管理是一套完整的体系,需要投入资金、人力和时间等成本,所以如果人才管理的效果和预期偏差较大,就会在一定程度上会加大企业的损失,从而削弱市场竞争力。

研发能力创新人才的招聘需要满足企业内部人才的合理配置,但由于国内关于科技人才招聘方面的规划比较缺乏,因此在人才招聘过程中会出现较大的随意性和盲目性。受我国传统的用人观念影响,大多数民营企业只重用亲友,即使从外面重金引进人才,但在晋升时在人才和亲属之间常选择亲属,所以最终会降低研发能力创新人才对企业的认同感,导致人才流失。招聘过程中采取的方式也较不合理,我国录用科技人才的方法大多数为笔试加面试,但是面试时间往往较短,而科技人才本身的高素质、高能力并不能只通过这较短的面试时间而判定。所以招聘时可以引进测评技术,但这些测评技术会因为企业本身设计缺乏合理性导致客观性较弱,无法取得预期的效果。

企业不完善的绩效评估或导致与之紧密联系的薪酬也缺乏一定的科学性,从而导致大多数员工对薪酬不满,影响研发能力创新人才的工作与创新积极性。据统计,我国大约75%的大型企业选择采用薪酬绩效分类来管理,但其对于具备研发管理能力及创新管理人才能力的工作薪酬,可能只与其他普通职位的研发员工薪资相同,员工之间的岗位工资差距普遍较小,所以这种薪酬方法并不能真实体现企业工作管理的创新性。一般来说,高级的研发能力创新人才的薪酬待遇都会很高,普通技术人才的待遇则和普通员工差不多,而普通技术人员对企业的长期发展所起的作用是不容小觑的,部分企业

对普通技术人员的薪酬随意发放，缺乏个性化；知识型人才尤其重视企业对自己成果的重视，但考核机制的缺失会造成他们觉得自我价值难以实现。

企业对于研发能力创新人才的激励方式比较单一，通常选择物质上的奖励而忽略了他们精神上的追求。创新人才获得激励的前提便是要做出成果，整体而言过程性激励性不足，大多数分布于结束阶段，但是研发创新是一个长期的过程，获得成功之前可能要经历许多次失败，日常创新过程的激励不足则很难调动员工长期的积极性，长期来看也会减少创新产出。企业在增加认同感选择激励时，忽略了个体之间的差异，所以可能出现采取的激励手段对一部分人不适用的情况。在日常工作中也要重视研发人员的身体健康，据统计，研发能力创新人才的整体健康状况弱于同龄人，主要原因是他们从事脑力工作，缺乏一定的身体锻炼，需要建立相应的保障体系，确保给予一定的社会保险、医疗等方面的福利，以便增强研发人才对企业的认同感。

## 三、科技企业知识管理与人才价值共创

我国经济逐渐步入高质量发展阶段，科技企业成为培养新动能的中坚力量，知识也逐渐变为科技企业越来越重要的资源。科技企业怎么做到收集、整理与知识创新，如何通过现有的知识整合获取新知识，也成为科技企业重要的竞争优势。加强科技企业的知识管理等能力可以促进企业未来的创新发展，从而在激烈的市场竞争过程中脱颖而出。因此，知识管理对科技企业可持续发展起着非常重要的作用。对于科技企业而言，知识管理存在于企业经营管理的全过程。科技企业坚持知识是企业核心力量的理念，高效地进行知识开发。

科技型企业是知识密集型企业，此时管理者的作用便尤为重要。管理层和知识管理紧密联系，为了更好地进行知识管理，科技企业需要对管理层的选拔聘用等建立一套完整的机制，并对管理者进行相关的业务培训，增强其个人能力。科技企业的知识管理还需要一定的制度保障，为员工提供相应的发展创新平台。虽然越来越多的科技企业意识到知识管理在市场竞争中的重要性，但通常只是依据相关理论进行，并没有结合企业的实际情况。科技企业的内、外部环境都会影响知识管理的效果，科技企业需要划分合理的部门，

最大限度地保证信息的正确传递，提高部门之间的沟通效率。

培训是知识管理的重要组成部分，可以在已知信息基础之上创新，实现隐性知识向显性知识的转变。科技企业可以聘请专家培训企业员工，这是引进先进知识的最佳方法，但是引进的知识可能不符合企业的实际，所以要切实考虑成本；也可以针对性地送员工到专业性机构学习，或者督促员工参加自己所需要的社会培训，从而提高整体的素质水平和创新学习能力。企业所选择的主要方式是自己进行员工培训，这种方式能够以较少的投入获得良好的培训效果。

价值共创，即以个体发展为中心，然后企业和消费者一起创造出所需要的价值。传统的价值创造理论认为，企业可以参与到价值共创过程中，然后将这些价值传递给消费者，消费者只是担任产品（服务）消费或者使用的角色。随着时代的发展，消费者不再只是接受产品的一方，也可以积极参与到企业产品的设计、研发和生产等环节，而且消费者自身也可以通过自己的技能产生更好的体验。也就是说，价值是由生产者和消费者共同创造出来的，而且所生产出来的价值多少也是由消费者进行评判的。

推进科技企业的人才价值共创是科技企业发展的立足点，在多元的价值共创视角下分别从创新链、人才链、教育链等角度考虑科技企业的人才价值共创。这种方式在满足生产者和消费者的同时，也可以满足其他利益相关者的需求。价值共创可以促进人才和多边的利益相关者协同，不仅是传统的关系，还可以将企业、人才、学校和产业等创新性有效结合，从而推动人才的全方位培养，使双方都可以参与到个人价值的实现中。

## 四、科技企业知识管理与人才价值共享

价值共享可以理解为组织成员在组织经营目标、宗旨和意义中所起的作用，员工可以通过价值共享产生正确的价值观点与目标，然后根据这个目标努力进行创新研发等工作。人才可以通过付出相应劳动、提供服务和从事创造性的活动而获得补偿，通常包括物质和精神两方面。人才价值共享在某一方面指的是行业或者各个地区之间建立有序且合理的人才流动，减少人才流动的壁垒，从而在各个行业之间实现科技人才的共享发展。科技企业的人才价值共享可以理解为企业之间的资源共享，通过人才价值共享的方式使科技

人才增强自身认同感，同时事业心和工作热情也会进一步激发，对创新方面的主观能动性发挥也有一定的促进作用，从而提供更大的发展平台和晋升渠道，而且对社会的经济发展也有明显的积极意义。

通过人才价值共享可以增加科技企业员工对企业的归属感、工作热情。因为通过这种方式可以让科技人才对自身未来的发展前景和空间更加有信心，从而对工作有更强烈的热情。人才价值共享会增大科技企业对人才和研发创新的重视程度，设计合理的人才管理方案留住人才。知识型人才不仅重视物质需求，而且更加重视精神上的满足感。当可以获得更好的锻炼机会与发展平台时，知识型人才的潜力会被有效激发，使其自我价值得以实现，进而增强对科技企业的认同感。价值共享可以为科技人才提供更好的发展平台，使其最大限度地发挥出自己的特长，从而进行更多的研发创新；反之，大多数科技人才仅仅在自己的领域中工作，知识能力的学习也局限于某一特定领域，对其他领域知之甚少，不利于全能型人才的培养，从长期来看会造成他们思想固化，从而容易产生消极的态度。

科技企业通过人才的价值共享在一定程度上也促进了社会的建设，因为通过价值共享可以给各地区的财富创造产生积极影响。价值共享可减小各个行业之间人才流动的壁垒，提高科研创新人才的能力素养和思想觉悟，提高整个社会的经济思想等，从而推动社会的变革与发展。

【章末案例】

# 腾讯公司知识管理

## 一、公司简介

腾讯自成立以来，一直把通过互联网服务提升生活品质作为经营的使命，它关注不同的群体和地域，对不同的消费者提供差异化针对性的产品和服务，从而把产品和服务与大众的日常生活完美融合，和合作伙伴一起构建健康和谐的互联网环境。腾讯公司主要提供了丰富实用的基于腾讯平台多元化社交网络产品平台功能及专业技术服务。腾讯未来的发展战略目标定位为连接一切，为亿万消费者提供包括数字内容生产和数字社交平台运营两项较为核心的全方位服务。它把继续坚持企业自主创新、面向科技未来及树立自主民族品牌等作为公司企业文化发展目标的最长久发展规划，公司的内部职工有 50% 以上是专业研发人员，有着相对完善的科技自主与研发转化机制，在数据挖掘、分布式网络和存储等方面拥有非常大的专利数量。腾讯公司长远的发展经营目标是建设成为全世界最受华人尊敬的互联网企业。同时，腾讯积极参与到各种公益事业之中，通过把公益事业融入产品中的方式回馈社会。腾讯在不断了解和满足用户需求的基础之上超越用户的基本需求，不断提升品牌的形象。腾讯始终将保持用户的价值作为自己的经营理念，不会因为商业利益的需求而损害用户的价值，看重用户的使用感受，将正直进取、协作创新作为企业价值观。腾讯公司非常关注每个员工对自身职业的发展成长，给年轻员工提供一套良好、完善的培训晋升培养机制，完善了职业能力发展体系规划标准和技能培养体系，在工作中不断鼓励和引导员工实现自身价值。

## 二、知识管理体系建设

腾讯公司的知识管理框架体系大致上被分为了战略层、技术层和应用层等三个基本层次。战略层中主要关注到的内容是腾讯知识战略管理体系的核心战略理念，通俗一点来说也就是知识创新理念；技术层可以从应用硬件和技术软件两个方面加以考虑，硬件通常是指应用各种企业信息的管理自动化技术、网络技术基础设施和通信软硬件设施系统等，技术软件则包括应用知识技术型人才、企业文化管理和学习型组织结构建设；而应用层通常包括知识要素聚集、知识资源发现、知识内容创造应用和知识应用。

在腾讯以创新为导向的知识管理体系中，知识保护是不可或缺的一部分，创新创造作为价值理念，技术和文化又在技术层面保证知识管理可以有效实施，主要有为保障安全管理制度的安全体系、保障知识管理的运营体系和知识管理的网络平台系统等。通过运用知识资源进一步总结相关经验，对不足进行改进，优化管理的技术与方法，从而在保证知识创新的同时推动企业的技术创新。明确的知识管理体系建设需要重视知识管理在技术创新方面的影响，充分使用企业内外知识资源从而推动创新，进一步增强企业竞争力。

## 三、管理实施

### 1. 创新创造价值

腾讯集团一直都非常看重管理创新，认为管理创新其实对员工个人未来和一个公司将来的整体发展而言都是十分重要的。腾讯集团的管理创新经历了学习型、整合发展和企业战略再创新三个阶段，管理的创新理念逐渐清晰，并逐渐融入企业文化。

模仿创新是创新学习的基础过程，虽然大多数企业意识到模仿的重要性，但是如果不能有效地将其与企业自身的发展融合，最终将导致创新失败。腾讯的QQ是模仿成功的典型，它是根据ICQ进行模仿创新。当这种模式创新成功之后，腾讯的许多产品就依据这种模式被相继设计出来，比如拍拍网、门户网站等。腾讯除了在产品生产上模仿创新，在管理机制上也逐渐开始模仿，比如模仿微软和谷歌建立研究院以便于吸引更多的科技人才进入企业，以及建立实验室了解消费者的需求等。腾讯始终认为，学习模仿和创新学习其实是一个相互促进、相辅相成的有机结合关系，二者之间相辅相成又缺一不可。没有学习模仿与创新学习，学习到的新知识也是相对固化的，而没有学习的创新又会出现凭空想象、不切实际的结果。QQ、炫铃、QQ群等都进行了学习理念的渗透，腾讯强调在引进的基础之上不断进行突破性创新，在引进的同时要判断出这种技术的优缺点以及设计的经验。腾讯非常鼓励员工在工作的同时继续学习增强自身的技能，并且为其提供丰富的学习渠道和创新机遇，所以通过一系列完善的机制安排使企业的工作与员工个人的能力培养和学习紧密联系起来，从而实现了企业创新和员工职业发展的双赢。

随着时间的推移，腾讯的企业文化中也逐渐融入了自主创新机制，在平时尽力为每一位员工提供创新的机会，以保证即使处在繁忙的工作中也会有着活跃的思维，从而持续激发员工的工作热情。

## 2. 知识发现

腾讯公司另一重要突出技术特征即是可以有效、便捷、快速地收集分析和综合利用国内外知识信息。互联网企业尤其需要时时跟踪了解最新国际信息技术应用的科技前沿资料，以便快速了解世界未来信息产业的主要发展方向，并根据发展目标聘用合适的各类人才。腾讯发现知识最常用到的学习方法主要可以粗略分为以下四种：第一种是通过学习模仿和创新去了解新知识。第二种为能及时准确跟踪了解到国际的技术前沿最新发展。腾讯于 2006 年在韩国设立办事处，其主要职能为代理韩国的网络游戏并且安排一定的员工到韩国进行观摩学习。第三种是广泛地进行创意的收集。腾讯公司拥有的发现性知识网几乎覆盖到了公司和所有竞争对手、知识员工、合作企业伙伴，以及和消费者等有利益相关者产生直接联系和影响的业务领域，也就是说腾讯已建成一种无形的和有形的相结合的知识网络。第四种是使用搜索引擎进行知识的发现与收集，将企业的产品与服务进行充分的整合，这种方法也被广泛应用。

## 3. 知识聚集

腾讯使用特殊的方式进行知识的收集和整理，比如，成立"腾讯创新中心"部门，它是腾讯公司首个专门负责企业创新业务的部门，最高管理团队为管理委员会。创新中心主要负责收集与整理内部每个部门和用户提供的创新创意，然后进行筛选与可行性评估等，项目在创新中心会由一个创意转变为可行性的产品，逐渐发展至成熟会转移到其他的业务平台。腾讯公司"腾讯创新创业中心"可以被称为知识仓库，为企业创新提供了一定的保障。腾讯的另外一个优势是将新知识与旧知识进行整合，把最初的想法和最终的业务保持一致是很难做到的，但是腾讯却可以把各种初始想法巧妙地融入企业中，然后和其他现有的业务进行有机融合。其中最主要的原因是它从了解掌握用户需求出发，充分强调用户的体验，然后建立一个"一站式"的社区，用户自己可以通过登录这个社区而找到满足自己欲望需求的业务，这个也逐渐成为腾讯整合各种各样知识的平台。

## 4. 知识创造

腾讯企业文化的核心为创新精神，它将创新能力视为企业竞争力的核心，创新也深深地融入了企业价值观之中。为了知识创造，腾讯会积极收集员工的好想法、好建议和产品，然后进行筛选。腾讯将公司内部知识创造和公司外部知识创造和谐发展作为自己的发展战略。目前腾讯已经拥有了几百项技术专利，而且形成了网络安全数据挖掘、P2P和中文处理的网络分布。2007年成立的腾讯研究院研究重点为存储技术、视频多媒体和P2P网络等，通过腾讯研究院、创新中心和产品业务部门构建出一整套完善的架构，并使用自主创新成功进入互联网核心的技术领域。

5. 知识应用

当越来越多的用户享受着服务创新，公司追求的商业价值才会真正被创造出来。目前，IT正在逐渐向应用模式多样化的方向转变，并且用户的需求也在不断地发生变化。在之前用户往往是一个固定的模式够用就可以，但是现在则希望获得越来越多的应用模式，所以企业的创新成果想要占领市场就需要及时满足用户的需求，企业面临着怎么快速精确实现知识创新成果的价值问题。

腾讯通过举办全国性创新大赛，更好地达到了知识应用的目标。腾讯的第一届创新大赛以自身产品为基础，大力鼓励和互联网相关或者不相关的创新，从而挖掘和培养出创新型人才，进而将创新的成果转变成产品，满足用户的需求。知识应用还需要一定的知识产权保护，从而维护企业的商业利益。腾讯非常看重自身的知识产权保护并将其归纳到战略层面，通过创新和知识产权保护来增强企业的竞争实力。腾讯使用"版权、专业保护、商标权、商业秘密保护"等知识产权保护策略来维护自身的合法权益，利用组织内部的保护机制给予充分的保护，比如法务部主要负责公司的知识产权全面管理，研发部的专利组进行发明创造和保护，专利管理人员负责专利挖掘。腾讯公司通过一系列完善的版权、专利等知识产权保护方法，以及专门用于专利管理的电子平台，目前已经从专利申请、专利查询到专利维护管理全面实现了电子化。腾讯的专利申请数量高于目前国内互联网企业的总和，且在2008年获得了中国专利优秀奖。

知识共享要穿插到知识应用的全过程中，因为一个团队或者个人在工作时会有一定的知识技能局限性，所以腾讯在公司内部倡导全公司的知识共享。腾讯的这种知识共享不是每位员工将自己所学习的知识通过纸质化或者口头传授给其他员工，而是在面对具体项目时大家可以发表自己的建议，聚集群体的智慧，在应用知识的过程中分享知识，在项目初始时其他相关部门也参与到评审过程中提供各自的见解。通常认为创新的源动力为个人学习和组织学习，但是从知识管理的角度来看，个人学习和组织学习是有一定差别的。组织学习是比个人学习更高层次的学习，是个人学习的开始与结果。腾讯鼓励员工个人参与到团队共同学习，在工作的过程中学习，在促进个人知识技能增加的同时也在组织技能中加入个人技能，它们之间和谐的关系持续成为腾讯知识创新的动力。

目前，最受欢迎的知识管理方式是构建信息技术平台和组织的知识仓库。腾讯本身就是 IT 企业，它可以高效地将各项信息技术运用到日常管理中，腾讯一直探索如何利用这些平台促进创新效率和提高学习的效果。腾讯将人才看作公司最宝贵的资源，始终保持让人才"工作并快乐"的理念从而进行技术信息平台的建设。因此，即使员工离职，企业的核心技术也不会受到很大的影响，并且这些经营理念吸引越来越多的人才加入腾讯。

## 四、成功经验

腾讯的战略管理非常成功，在正确了解自身实际能力的同时，也可以针对市场环境的变化及时做出相应正确的决策，比如初期模仿创造出的 QQ、后期的"在线生活"。腾讯通过一系列正确的战略措施成功完成了各项创新活动，并且创造出产品的实际价值，从而使创新成果的商业价值得以充分实现。腾讯持续成功的源泉是知识管理的成功，它将知识管理渗透到战略设计和实施的全过程中，从战略到创新、从创新到知识管理这种理念都体现得淋漓尽致，从而最终实现了战略和知识管理之间的协调发展。

腾讯没有强迫员工将自己的知识全部贡献给企业，而是提供所有可以提供的平台鼓励员工进行自主创新，然后构建一套完善的知识管理体系形成和谐的氛围，帮助他们提升自己的技能，以促进职业发展。腾讯积极鼓励社会人才加入企业的创新中，收集有价值的创意，充分利用企业内外部资源。

## 五、发展与总结

知识经济时代优秀的知识管理成为企业竞争力提高的核心，知识型企业与传统型企业都认识到知识的重要性。腾讯的实际经营管理中虽然没有"知识管理"名称的活动，但是却利用了所有可以使用的知识进行技术创新和知识创新，构建了科学的管理体系，它的这种管理模式更加实在有效，也体现了古代"和谐"的管理思想。

## 本章小结

本章为科技人力资源培训开发能力与知识管理部分，介绍了 STEM 在世界主要国家的发展历程及我国所面临的现状，对科技人才培训管理的核心竞争力、相关培训模型进行了简要阐述，从需求、种类、方法及评估措施四方面对科技人才培训进行分析，进而分析研发创新人才管理的源点和痛点，形成了科技人力资源培训开发的一个完整体系。

### 讨论题

1. 解释各国 STEM 教育政策中的异同点。
2. 阐述培训开发的基本模型。
3. 举例说明如何应用培训管理的核心竞争力。
4. 说明人才价值共创与人才价值共享之间的关系。
5. 针对研发创新人才管理的难点给出相应的建议。

# 第四章　科技人力资源的绩效与伦理

　　科技人力资源管理不断深入发展，科技人力资源的绩效管理在整个人力资源管理体系中发挥着至关重要的作用。不论是对科技人才的各种激励措施、激励管理模式，还是通过设定目标及计划、建立评价反馈、畅通员工沟通、强化考核机制等措施健全科技人才绩效路径和体系，都是为了能够更好地优化企业科技人力资源绩效管理，进而可以延伸至企业员工之间的伦理管理。

　　一定要坚定不移地走自主创新之路，自主创新之路最终实现，还需要人才支撑。

—— 格力电器董事长兼总裁　董明珠

【学习要点】

☆人才激励
☆人力资本效能模型
☆绩效和伦理

【开篇案例】

# 京东方的卓越绩效管理

## 一、公司简介

京东方科技集团股份有限公司（以下简称"京东方"）成立于1993年，其对自身的定位以及追求是成为全球创新型物联网企业。事实上，京东方也正在向这个方向前进，如今是一家为信息交互和人类健康提供智慧产品和专业化服务的物联网企业，其产品覆盖手机、显示器、新零售、交通、数字化医院等领域。

## 二、公司绩效管理

京东方的绩效管理采用美国的卓越绩效管理模式，是根据美国国家质量奖评定规则形成的一套完整的组织综合绩效管理体系，目的在于为顾客、员工及其他相关者带来更多的价值，从而提升组织的业绩和竞争力，推动组织的持续发展。从2016年开始，京东方一直将卓越绩效管理作为公司的战略规划，通过"管理效益年""质量月"等各项工作不断深入开展，并根据"先行试点、全面展开、整合提升"的总思想，制订卓越绩效管理全面实施和逐步实施的推进方案，取得了不错的成绩。

京东方秉持"化繁为简"的服务原则，在绩效管理中坚持"目标导向、客户导向、问题导向、人本导向"，积极推行卓越绩效管理模式，其思路主要分为四个阶段，如图4-1所示。

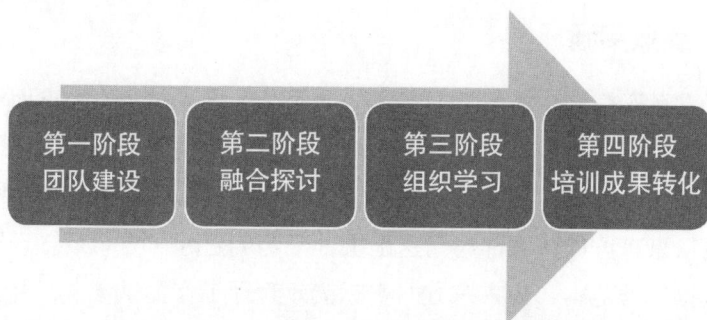

图4-1 京东方卓越绩效管理的四个阶段

1. 第一阶段

京东方推行卓越绩效管理在第一阶段要做的就是进行团队建设。具体来说，京东方早年间就设立了绩效管理推进委员会，由总经理和各部门负责人层层递进，担任其中各项职务。绩效管理推进委员会的建立，目的就在于能够及时更新管理者的绩效管理思路及理念，强化各级管理者对卓越绩效管理的正确认知。

2. 第二阶段

京东方推行卓越绩效管理在第二阶段是要进行实施方案的融合探讨，具体包括绩效管理方式措施与企业整体管理体系之间的融合、绩效标准及参考案例的研讨、绩效管理相关培训等内容。绩效管理制定实施的融合探讨，不仅加深了管理者及领导层对绩效管理新内容的理解，而且使其绩效机制更加规范化。

3. 第三阶段

京东方推行卓越绩效管理在第三阶段是进行组织学习。在具体落实中，主要是通过举办各种专题活动来宣传卓越绩效管理理念，教育企业员工正确认识绩效管理，促使卓越绩效管理的涉及范围更加广泛，覆盖到全体员工，让更多的员工了解企业的卓越绩效管理。

4. 第四阶段

京东方推行卓越绩效管理在第四阶段是要实现培训成果的转化。好的绩效管理机制还需切实落实才能发挥其真正的效果，所以，京东方不仅关注其卓越绩效管理培训的质量，还关注其后续的实施效果，将培训与员工的实际工作有机结合，真正发挥其作用。

## 三、绩效实施

京东方在实施卓越绩效管理模式的同时，重点采取了五个方面的措施：一是建立健全的京东方卓越绩效管理培训体系，并发布京东方卓越绩效管理实施准则和具体规定；二是打造卓越绩效管理团队，将优秀的卓越绩效管理培训人员从京东方的各大部门输送出去；三是创建起优秀绩效管理案例的范本库，根据优秀范本，为京东方的实际绩效管理工作提供参考，并且按一定周期开展优秀实践交流工作；四是将企业内部的竞赛、QCC 等项目结合开展，调动企业内部员工的兴趣和热情,进而有助于企业的绩效管理模式向外推广;五是运用多种企业内部分析方法,对京东方自身实力、所处环境等方面进行全方位的分析,以便于制定后续的改进措施。

对于卓越绩效管理,京东方的具体实施步骤如下。

1. 成立卓越绩效管理工作小组

卓越绩效管理是京东方在企业级人员绩效方面管理调节的主要模式。京东方成立了卓越绩效管理工作小组,建立起层层管理的严密管控机制,由总经理、总监、部长担任各级角色,对企业绩效管理的整体运行状况负责。同时,由于主体不可避免的主观性,京东方还对工作小组内部的管理层进行定期培训,将卓越绩效管理的具体内容以及更新趋势,详细而清晰地传达给各层管理者,强化并更新工作小组管理者对绩效管理的正确认识和思想理念,最大限度地避免主观性带来的劣势。

2. 进行全方位、多层次的绩效管理培训及考核

在成立绩效管理工作小组并加强其管理意识的同时,也要认识到,绩效管理不只是管理者的任务,而要让卓越绩效管理理念及模式覆盖到企业全体员工。自 2016 年起,京东方就开始对全体员工进行卓越绩效管理的培训,并且根据不同类型、不同职级的员工分批次开展,并在培训后进行相应的考核,以巩固员工的绩效管理知识和理解深度。

3. 以各类特色活动宣传卓越绩效管理

京东方主要通过组织竞赛、广泛宣传、漫画征集活动、收集优秀案例等方式组织各类活动,以推行卓越绩效管理模式,如图 4-2 所示。

图 4-2 卓越绩效管理模式的各类活动

（1）组织竞赛。为调动企业员工绩效管理学习的积极性，提高管理者绩效管理实施过程中的执行力，京东方组织开展优秀案例竞赛活动。京东方鼓励员工及管理者挑选在实际工作中绩效管理的优秀案例，分享成功经验，提炼绩效管理过程中的亮点与精髓，向全体员工展示，以供学习。

（2）广泛宣传。在当前信息共享普遍、流通速度加快的时代，京东方为了更好地实施其卓越绩效管理模式，采用微信平台、宣传画、宣传栏等方式，广泛宣传其卓越绩效管理模式，起到潜移默化的影响作用。

（3）漫画征集活动。京东方为了让企业员工对卓越绩效管理模式进行主动思考，开展了漫画征集活动，要求员工根据自己对绩效管理的理解而创作漫画并进行收集，通过投票选出优秀漫画进行展示。

（4）收集优秀案例。京东方推行卓越绩效管理模式，最突出的特点就是收集优秀绩效管理案例。京东方于每月固定时间收集各部门优秀案例，并且要求以"5要素15要点"的形式上交，使各部门的实际工作、经验与绩效管理理论知识结合起来，对各部门的不完善之处提供改进思路。

## 四、成功经验

### （一）组织管理的合理调整

京东方绩效管理的成功，离不开与其背后整个组织管理的大调整。为了服务"物联网转型"战略目标，优化整合资源，提高运行效率和绩效管理水平，2021年年末，京东方进行了新一轮组织架构调整，总体可以概括为"三纵三横"的组织管理体系（如图4-3所示）。

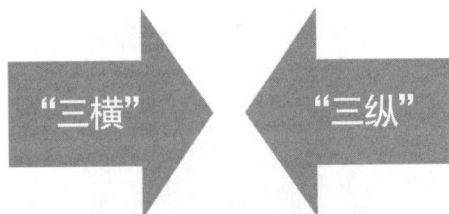

图4-3 京东方组织管理体系

"三横"，是指企业内部的敏捷前台、能力中台和保障后台，体现为三方面的横向管理体系。具体来说，京东方推动更多的科技人才走向前台，更加准确掌握客户需求，以企业优异的制造能力、服务能力等，制造、交付产品及服务，最终通过后台的财务、人力资源等支援型智能保障前台、中台的稳定运行。

"三纵"，是指一种垂直管理体系，贯穿了京东方的前台、中台和后台，包括战略、流程和绩效三方面。在战略方面，要求企业从始至终坚持一个方向，即企业整体战略方向及目标，全体员工团结协作为同一目标而奋斗；在流程方面，要求企业建立高效率、高效能的运营体制机制，为企业绩效管理及科技人才管理提供保障；在绩效方面，要求企业以卓越绩效管理模式为基础，以激励为手段，不断激发科技人才的活力，调动其积极性。

## （二）绩效管理措施

在京东方绩效管理具体实施的细节上，我们也可以总结不少值得借鉴的地方，如图 4-4 所示。

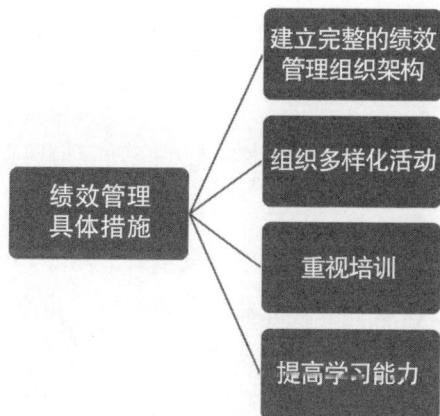

图 4-4　京东方绩效管理措施

（1）建立完整的绩效管理组织架构。京东方为提高组织绩效管理，持续完善其绩效管理的组织架构，将组织架构的横向管理和纵向管理结合起来考虑，建立绩效组织管理矩阵体系，最大化发挥组织架构的效用。

（2）组织多样化活动。为避免枯燥乏味的知识灌输和说教，京东方组织开展了多样化的活动，以帮助企业员工更多地参与到绩效管理活动中，掌握更多绩效管理相关知识，并在活动结束后进行相应的总结分析。

（3）重视培训。京东方对培训的教化培养作用十分重视，定期组织全国范围内知名专家、企业家，对企业员工和管理者进行绩效管理方面的培训指导。

（4）提高学习能力。面对当前技术更新迭代速度快、外部环境不稳定的情况，学习能力对于企业来说至关重要。京东方不仅致力于提高组织的学习能力，紧跟时代潮流，而且不断加强提升企业员工的学习能力，加快技术开发和研究成果转化。

## 五、发展与总结

京东方在推行卓越绩效管理模式后，不断进行创新，形成了一套健全的标准管理制度，并在不断地推动提升综合竞争力。京东方在实施卓越绩效管理模式的同时，也在不断地改进内部治理过程及业绩考核方法。相信在未来京东方对卓越绩效管理模式的推行会一直持续进行下去，以更加多样化的方式、方法加深对卓越绩效管理模式的理解，并进行更深层次的实施应用，促进企业管理观念和方式的变革，提高质量管理水平。

# 第一节　科技人才激励概述

随着当前社会科技的进步，全球化竞争日益激烈，各企业对科技人才的需求空前高涨。要想在竞争市场上赢得一席之地，抢夺高质量科技人才，企业在人力资源管理中还需注重科技人才的管理，关注其绩效分析与落实。科技人才的绩效离不开人才激励，企业还需深刻理解当今科技人才激励的内涵与方式，并采取行之有效的激励措施，抢夺科技人才，提高企业核心竞争力。

## 一、激励概述

激励是现代企业管理制度中一项重要的内容，对企业人才的招揽、培养、留存、提升等方面存在积极影响，对企业的发展起到促进作用。

1. 人才激励

激励在现代企业管理机制中的关注度日益提高，为人力资源管理的改进优化提供了重要参考方向（张洁，2022）。

激励理论最早源于美国著名社会心理学家亚伯拉罕·马斯洛（Abraham

H. Maslow）。1943 年，他提出著名的马斯洛需求层次理论，将需求划分为生理需要、安全需要、社交需要、尊重需要和自我实现需要五个层次。企业从人才的五个层次需要入手，进行激励。而后，激励理论不断发展，逐渐出现双因素理论、期望理论、目标设置理论等相关理论成果。

近现代以来，国内对于人才激励的研究不断深化发展，越来越多的企业认识到激励的重要作用，并采取各种手段优化完善其人才激励机制。人才激励是人力资源的重要管理方法，对企业整体战略目标实现和企业长期可持续发展有着重要作用。目前，现代企业越来越意识到员工工作能力的提高与企业的收益存在直接相关关系。所以，在管理工作中，企业以人才激励为重心（葛立佳，2020），通过人才激励来激发员工的积极性，这是实现其战略目标的重要保障（王祎 等，2021）。

2. 科技人才的激励

在当前互联网时代及创新驱动的背景下，科技人才的激励同样重要，企业激励措施是激发科技人才创新投入的重要保障（倪渊 等，2021），若要让科技人才在企业中充分发挥作用，其关键在于激励。

目前，大多数研究者认为多元化的因素影响着科技人才的激励措施及效果。李作学和马婧婧（2021）从整体角度探索科技人才激励因素，认为激励因素不是单一的，但是在多元化影响因素中，薪酬制度起到关键性作用。同时，倪渊和张健（2021）将科技人才的政策感知划分为资源配置感知、评价导向感知和经济回报感知三类，研究三种不同的感知对科技人才激励的不同效果。刘伟和高理翔（2022）将科技人才激励作为培养创新型、技能型人才吸纳及培养的关键举措，以多方面的激励措施来提升科技人才的积极性，进而提高企业生产效率，对企业贸易质量起到积极作用。但是，当前科技人才激励机制尚不健全，还存在人才流失率高、激励体系不完善、激励措施单一化等问题（文倩，2022）。

总而言之，科技人才激励机制能够有效调动科技人才的积极性，提高科技人才的积极性和主动性，创建高效率、高创新力的科研团队，提高企业创新能力和实力。

3. 激励的概念

根据人才及科技人才激励的相关研究，激励也就是企业将其人才视为其内部重要的资源，通过采取各种激励措施，来改变、影响其人才的工作思维及行为，使员工更加积极主动地投身于工作之中，提高企业实力与竞争力，为企业整体战略目标的实现增添动力。对于科技人才的激励，则是更加注重以科技人才独有的个性来实施激励，旨在提高其科技创新能力以及研发的积极性，为企业创造强劲、独特的竞争优势。

专栏 4-1

# 格科微：多元化激励人才

## 一、公司简介

格科微电子（上海）有限公司（以下简称格科微）于 2003 年 12 月 26 日成立，2021 年 8 月 18 日上市。企业主营业务包含应用于消费电子和工业产品的图像传感器互补金属氧化物半导体（Complementary Metal-Oxide-Semiconductor，CMOS）和显示驱动芯片。格科微目前销售的图像传感器包含分辨率为 320×240 的 QVGA、分辨率为 120×160 的 QQVGA、分辨率最高可到 2560×1080 的 FHD 的 LCD 驱动芯片，以及 1300 万像素的 CMOS 图像传感器。

## 二、格科微的人才战略

科技人才对于格科微而言，是人才资源中最重要的一部分。激励人才，进而吸引人才、留住人才也就成为格科微当前的重要人才战略任务。总的来说，格科微主要从研发技术、培养模式、盈利能力三方面激励人才。

### （一）以研发技术激励科技人才

格科微拥有较为强劲的产品技术研发优势，研发投入持续增加，企业自主研发的高像素 CMOS 图像传感器封装工艺不仅可以降低生产成本，还可以保证其封装工艺与板上芯片封装工艺相接近。对此，格科微提出了以微米金线为引脚的办法，经过四年的研发终于研发出能媲美 COB 工艺的技术，这极大地提高了 CMOS 图像传感器电路以及像素工艺技术的市场竞争力。在工艺研发技术上，格科微精益求精，不断提升产品性价比。同时，格科微的创新设计紧跟当下时尚流行，在满足市场需求的前提下改善工艺难度，改进工艺研发及电路设计。这一系列的创新创意使格科微在激烈的市场竞争中占据一定的行业地位。

不论是在自主研发成果方面，还是在工艺研发技术的开发方面，格科微都拥有其研发优势。凭借着研发优势，格科微向广大科技人才，尤其是潜在的企业科技人才，展示了企业的研发实力，让科技人才看到企业内部人才的发展通道及研发空间，从个人发展和专业能力提升方面吸引人才、激励人才，提高企业人才激励吸引的竞争力。

### （二）以培养模式激励科技人才

格科微重视技术开发，更注重科技人才。人才的培养和引进是企业不断提升技术的前提，人才和技术双重发展是格科微向前发展的永动机。目前格科微拥有本科以上学历人才 376 人，并且拥有博士 15 人。为了打造出优秀的学习型团队，格科微不断完善研发人员的培训机制以及为研发人员制订系统且高效的学习方案。为了使团队更有效地学习，格科微经常聘请专家培训，并且内部研发人员也会定期进行学术交流分享工作经验，查缺补漏完善研究。格科微也设置了许多奖项获得标准，以及股权和薪酬的奖励，以保证团队积极高效的研究和发展。经历多年的研究，不断实践、不断学习、不断改进的辛苦研发下，格科微突破重重壁垒，终于在第 8 年做出了属于自己的产品，同时也获得了境内专利 329 项以及境外专利 14 项。在图像传感器和显示驱动芯片领域，格科微已然成为领先的企业。

格科微以完善的培养机制和薪酬体系，解决科技人才个人职业发展和生活保障两方面的问题，让科技人员无后顾之忧，激励其不断探索研究，提升自我，在提升个人能力的同时，为企业创造效率及利润。

### （三）以盈利能力激励科技人才

格科微拥有优秀的盈利能力，其 2021 年年报显示，企业的营业收入更是突破 70 亿元，CMOS 图像传感器营业收入 59.37 亿元，占比 84.83%，显示驱动芯片 10.62 亿元，占比 15.17%。其毛利率自 2017 年的 -0.66% 增长到 2018 年的 6.98%，2019 年毛利率为 11.25%，2020 年毛利率为 23.82%，2021 年毛利率为 20.51%。可见，企业的投资风险比较低，盈利能力优秀。

格科微优秀的盈利能力对科技人才的激励、留存起到重要的推动作用，正是由于其优异的盈利能力，能够使科技人才看到其广阔的发展前景，促使更多的优秀科技人才留在企业内部。同时，盈利能力也是企业薪酬福利待遇的基础和保障，优异的盈利能力为科技人才提供了充裕的研发资金和工资薪金，能够有效激励科技人才。

## 三、发展与总结

格科微二十年的发展与研究使其已然在全球市场中占有率达到第二，除此之外，索尼、三星、海力士等也都是 CMOS 图像传感器领域的巨头，企业要想更好地生存，与这些企业合作共赢是必不可少的，这样可以更好地帮助企业盈利。未来格科微不仅会积极扩展其研发优势，优化培养模式，提高盈利能力，还会开辟更多激励、留住人才的模式，实现科技人才的良好发展，为企业整体战略目标带来促进作用。

## 二、激励管理

科技人才激励对企业的长远发展具有重要意义，企业内部的人力资源管理工作也应当重视科技人才的激励管理。激励管理作用于人的内心活动，从内源性动力因素来激发、驱动人的行为，因此对于企业来说是一种高效的人才优化管理手段。

### （一）科技人才激励管理的内容

科技人才激励管理具有丰富多样的内容，企业可以通过绩效考核、薪酬福利、工作自主、组织支持、成就发展等多项内容采取措施，激发科技人才的创造力，以提高组织绩效（李作学 等，2021），或者是以信仰激励、情感激励、榜样激励、目标激励、实践激励、奖励激励等为指标，综合运用，实施全方位、多层次的科技人才激励，以期实现最佳的激励效果（钟风云，2022）。在企业整体战略环境下，企业整合招聘、薪酬、职业发展、绩效评价等激励管理模式，并根据人才市场环境和企业实际情况，设置有效的科技人才激励机制（王炜 等，2021）。

根据各学者的研究，可以将科技人才激励管理的内容概括为以下几方面。

### 1. 绩效考核激励管理

企业内部的绩效考核是通过考核标准、绩效评价指标来评判科技人才在其岗位上该有的行为及贡献，通过绩效考核的评价结果来激励科技人才的工作投入度和积极性，进而提高企业绩效，为企业创造更多的价值。同时，绩效考核往往与薪酬制度相结合，以个人绩效和薪资来激励科技人才。

### 2. 薪酬福利激励管理

薪酬福利激励管理包括薪酬体系和福利体系两方面。企业薪酬体系是科技人才激励最基本、最关键的一项内容，能够在一定程度上体现人才及劳动价值，在科技人才激励管理体系中起到不可或缺的作用，使科技人才的科研成果成功转化，进一步激发科技人才的积极性。企业福利体系则不仅包含货币激励形式，还包括非货币的满足。福利措施作为科技人才奖励的额外内容，往往会产生突出的效果。

### 3. 人才成长激励管理

科技人才具有创造性、主动学习等特征，具有较强的个人成长动机，希望获得更加优异的成果。所以，以科技人才的个人成长为激励的重要内容和举措，满足了科技人才对知识和个人进步的强烈渴求，切实提高了科技人才的科研能力和技术水平，满足了科技人才在专业领域内极高的成就感，具有更加明显的激励效果。

### 4. 组织环境激励管理

鉴于科技人才较高的自主性，企业的激励管理还包括为科技人才提供大力支持和良好的科研环境。科技人才的发展及进步离不开企业的支持，良好的科研环境以及较高的工作自主权是激励管理的重要内容。

## （二）科技人才激励管理的作用

科技人才激励管理丰富的内容，为企业发展提供了重要作用，包括保障企业战略发展、提高企业创新力、提高科技人才团队整体素质三方面（如图4-5所示）。

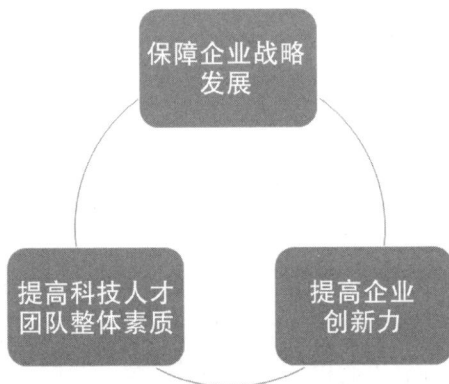

图 4-5　科技人才激励管理作用

1. 保障企业战略发展

科技人才的激励管理是企业整体战略发展过程中的重要组成内容，明确了科技人才在企业中的核心地位，将科技人才的个人发展与企业整体战略方向发展结合起来，实现科技人才与企业的共生共赢，强化二者之间的同步性，使科技人才的发展方向更加契合企业战略方向。

2. 提高企业创新力

科技高速发展的时代，创新能力成为当前企业争相追求的目标。通过科技人才激励管理机制的建立，能够使企业内部科技人才的价值得到最大化发挥，培育企业的创新能力，提高企业竞争力。

3. 提高科技人才团队整体素质

科技人才激励管理在企业内部人力资源管理工作的具体实施，最为直观的表现就是提高了科技人才的工作热情，提高科技人才团队的整体素质，塑造出高水平、高素质的科技人才团队。

## 三、激励实施

企业对科技人才进行激励管理，在理论、制度方面的深入了解并制定相应措施，只是其激励管理的首要步骤，而后，还需要将具体的科技人才激励管理机制进行落地实施，从科技人才激励实施的现状中寻找现存问题，并对此提出具体改进措施。

**（一）科技人才激励实施现状**

当前，企业对科技人才激励管理的实践尚不完善，实践效果存在偏差，对科技人才激励的认识尚不充分，这也就导致了企业普遍存在对科技人才激励方式单一、激励实施缺乏针对性、高质量科技人才流失现象严重、企业文化凝聚力效果不佳等问题，如图 4-6 所示。

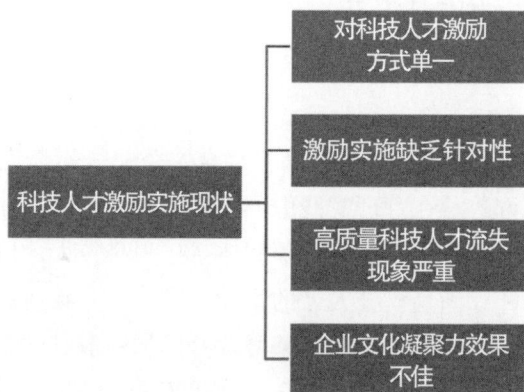

图 4-6　科技人才激励实施现状

（1）对科技人才激励方式单一。企业对科技人才的激励措施呈现出单一化的特征，主要存在两种现象：一是过于注重物质激励，缺乏人文精神关怀；二是物质激励不足。多数企业进行科技人才管理以及激励管理时，往往从企业自身角度出发，没有真正考虑到科技人才的需求，忽视科技人才的物质需求或人文关怀需求。

（2）激励实施缺乏针对性。过于平均主义的激励措施缺乏足够的特殊性和差异性，往往不能发挥其真正作用，也就是不能适应企业内部所有科技人才的个性，或是不能体现出不同科技人才的不同科研贡献，无法真正且充分地调动科技人才的积极性与创造力，激励效果不佳。

（3）高质量科技人才流失现象严重。高质量科技人才的严重流失对企业造成重大损失，这源于企业科技人才激励管理的缺失和不完善。短期激励是众多企业进行激励实施的重点，而大部分企业忽视了长期激励的作用。科技人才注重其自身的成长及长远发展，而长期激励的缺失使科技人才无法感受到长远的职业规划，进而导致企业高质量科技人才流失现象严重。

（4）企业文化凝聚力效果不佳。众多大型企业已在时代的发展中意识到企业文化对科技人才的激励引导作用，而占企业数量绝大多数的中小企业尚未完全认识到文化的作用，这就导致企业内部缺乏精神内核，文化的凝聚力效果没有被完全发挥出来，科技人才缺少创新动力。同时，这也导致企业缺乏对科技人才的工作指导，培训、讲座等培养模式不健全，激励效果难以达到预期。

### （二）激励实施具体措施

针对当前科技人才激励实施过程中的现存问题，企业还应不断完善自身激励管理工作，改进具体实施措施。

（1）将物质激励与非物质激励相结合。企业需不断完善其物质激励方式与非物质激励方式，在管理实践中，实现二者的结合。在物质激励方面，企业需健全完善薪酬管理制度以及福利体系，为科技人才付出的劳动给予恰当的薪酬福利分配，满足科技人才的物质需求。在非物质激励方面，企业可以通过提供良好的工作环境、颁发荣誉称号、加强节日的人文关怀、设定科技人才成长目标、设立符合实际的企业文化等方面的措施，完善非物质激励手段，与物质激励相辅相成。

（2）实施差异性、多元化激励措施。由于企业激励具有层次性、有效性，单一的激励机制无法满足企业的实际需求。所以，企业还应当设置具有层次性、有针对性的激励实施措施，使各项具体措施区别开来，呈现多元化特征，体现出对不同贡献科技人才成果的尊重，提高激励效果。

（3）建立完善的科技人才培养培训机制。高质量的科技人才培养机制对科技人才工作积极性提供动力。科技人才注重个人成长的特性，要求企业完善其科技人才培养培训机制。企业只有通过高质量的培养体系培养科技人才，才能让科技人才感受到自身被重视，在提高科技人才专业能力水平的同时，提高科技人才创新创造的主动性。

（4）完善优化绩效考核制度。企业科技人才激励实施中，对绩效考核的管理，体现在建立以绩效考核评价为基础的薪酬福利制度。通过对不同绩效考核评价结果，对每位科技人才的薪酬及福利水平进行自由组合，提高科技人才的积极性，形成良好的激励效能。

专栏 4-2

# 格力：多元激励吸引人才

## 一、公司简介

珠海格力电器股份有限公司（以下简称"格力"）成立于1991年，1996年11月在深圳证券交易所（简称"深交所"）挂牌上市。公司成立初期，依靠组装生产家用空调，现已发展成为多元化、科技型的全球工业制造集团，产业覆盖家用消费品和工业装备两大领域，产品远销180多个国家和地区。

## 二、人才薪酬激励

在整个中国制造行业中，能够通晓智能制造各环节的人才是相当有限的。因为从各个专业院校毕业的学生往往只会本专业的内容，例如，机械学院毕业的学生只会机械，电机学院毕业的学生只会电机。因此，智能制造的全方位人才需要依靠企业后期的培训和发展，经过培训和发展后的人才在行业内是非常抢手的。

为了更好地促进新的科技人才加入格力，同时保留企业内现有的骨干人才，格力重新评估了内部的岗位和人才，并依据未来目标进行了组织结构的调整、岗位设计与定义，以及重新拟订了智能制造领域研发人员的薪酬激励方案。

### （一）重新定义并分类现有人员

格力原本仅按照岗位分类，将人员分类为一般人员（如工程支持、制造、品管、物料等）、研发及应用人员与核心技术人员。为了更好地支持公司转型，格力在原分类的基础上，将现有人员进行了分类和重新定义，将需要重点保留的目标人才圈定出来，以便后期进行特殊性的薪酬调整，让他们在短时间内就能够有所感知。具体的分类如下：关注领域人员，即所有与智能制造相关的人员；重点人员，即智能制造领域的研发及应用人员；核心人员，即有能力设计智能制造内容的核心技术人员（如产线的规划设计、机台的设计、软件的开发设计等）。以上三类人才的分布为层层递进、前者包含后者的关系，因此，可以用"圈"的概念来划分人员，而非以传统的层级概念来划分。也就是说，关注领域人员为第一圈人员，包含重点人员和核心人员；重点人员为第二圈人员，包含核心人员；核心人员即第三圈人员。格力内部对不同圈层的人员有更加详细的定义，例如，其应当具备的能力，以及如何进行能力评级。

### （二）多元化薪酬结构

人员具备的能力与其技术应用及工作产出虽然具备关联性，但并非完全契合，因此，新的薪酬激励方案不能单纯以"给钱"收尾，而要与企业未来的智能制造转型目标进行连接，向下落地则意味着要与人员的KPI和部门的产出相互挂钩。因此，格力在原有的人员薪资结构中增加了相应的模块。这种调整从两个方面同时进行，即原有的人员分类的角度以及新的人员分类的角度。

（1）原有人员分类的角度。对于一般人员，薪资结构调整为本薪＋年度奖金＋组织利润分享＋个人绩效奖金；对于研发及应用人员，薪资结构调整为本薪＋研发津贴＋年度奖金＋个人绩效奖金。

（2）新的人员分类的角度。调整后的薪酬激励方案会进一步向位于第二圈和第三圈的人员倾斜，这部分人员还会获得额外的季度奖金。季度奖金仅针对负责格力在智能制造领域的项目核心人员（第二、第三圈），意在强化他们短期薪资的市场竞争力，该圈层人员达到对应的能力要求即可获得基本的奖金额度，浮动范围则由具体可量化的绩效标准决定。

### （三）薪资的监控与调整

格力会每半年度检视关注领域人员的薪资与市场水平，在年度调薪时有意识地向研发及应用人员与核心人员倾斜，并告知其市场的平均水平，使其立刻有所感知。除了更具倾斜性的年度调薪之外，公司会在发展和晋升上给予第二、第三圈的研发及应用人员更多的支持和更好的条件，例如，扩展快速的晋升通道，提供更多跨部门学习的机会和碎片化的学习资源，为其制订职业发展的个人计划并提供支持。换言之，除了提供相对有竞争力的薪资，格力会更加关注重点及核心人员的未来发展，针对他们现有的岗位，帮助他们看到并实现自己在未来智能制造组织中的地位。

### 三、发展与总结

经过上述的薪酬激励方案调整后，格力关注领域的人才离职率显著低于行业平均水平。更为关键的是，关键与核心人员的职业生涯发展较过去更为明确，格力也为其投入了更具倾斜力度的资源和支持，帮助他们更好地经历智能制造的转型，在碎片化的学习中习得如何快速地发现问题并采取动作。目前，格力的关键与核心人员均相对稳定，且关键领域人才的培育养成也更具成效。

# 第二节 科技人才绩效路径

科技人才的激励与其绩效密不可分，激励措施的差异化选择依托企业对科技人才的绩效分析及评估结果，绩效分析结果通过激励机制体现出来，二者相辅相成、互为表里。对于科技人才的绩效分析及管理，其绩效路径可以从其分析、过程以及方法三个方面来体现。

## 一、科技人才绩效分析

企业整体目标的实现依靠全体员工的共同努力，企业内部良好的人才管理是发挥员工最大化价值的重要途径。面对当前经济社会发展需要，科技人才的管理是企业人力资源管理的重中之重，将科技人才置于合适的位置，通过适当的手段激励科技人才，充分发挥科技人才的创新能力。在这个过程中，科技人才绩效分析起到关键性作用。

### （一）绩效分析一般原理

（1）绩效理论。绩效，也就是成绩与效果，是企业内部员工在一段时间内采用一定的方法、途径所产生的结果与客观影响，是组织期望的效果，包括组织绩效和个人绩效两个层面。为实现组织既定目标，企业的人力资源管理工作往往包含绩效管理这一内容。绩效管理以实现企业战略目标为导向，通过沟通、考核等手段，对企业员工的行为做出一系列管理活动，以保证每位员工所做的工作都能够为企业做出贡献，有效提高企业绩效。

绩效管理离不开绩效分析，绩效分析是绩效管理过程中最为重要的一部分。科技人才绩效分析也就是将明确下来的绩效目标与科技人才管理目标和人才能力作比较的过程。在这个过程中，企业重点对科技人才所从事的技术开发活动和科研项目取得的成果进行合理的综合评估，并分析得到该结果的原因。

绩效、绩效管理、绩效分析三者之间的关系密不可分。绩效分析是为了绩效管理而做，为绩效管理提供行动指南和行为依据，完善绩效管理相关工作和措施。企业内部良好的绩效管理，能够有效提高组织绩效和个人绩效，进而对企业发展产生积极影响。

（2）绩效分析的必要性。绩效分析的目的在于找出期望绩效目标与实际绩效目标之间的差距，通过差距分析寻找原因，进而建立起长效管理激励策略，强化企业人才培养能力。以绩效分析为基础的激励策略和培养体系，更加能够"对症下药"，促使科技人才不断进行自我反思、自我评价以及自我激励，采用更加高效的方式，提高科技人才能力，实现长期激励。

同时，绩效分析关注人才质量的提升，致力于提高企业自身的竞争力。近年来，全球化步伐加快，市场竞争愈发激烈，尤其是对科技人才的争夺，所以企业在科技人力资源管理实践中不断变革优化，在争夺市场上科技人才的同时，也着力于提高企业内部科技人员质量，以期提高企业创新水平和竞争力，其中，绩效分析是企业最常用的强劲手段。企业通过绩效分析，考查并激励科技人才的创新思维及工作效率，提高科研成果转化率。

### （二）绩效分析原则

绩效分析不是由某一企业或某些管理者的主观思维而定的，而应当遵循如下原则，如图4-7所示。

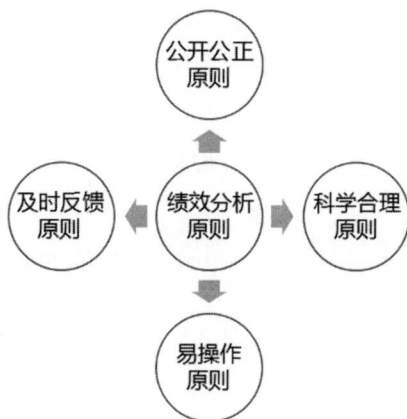

图 4-7 绩效分析原则

（1）公开公正原则。企业绩效分析的指标、方法、流程应当在企业内部公开展示，为科技人才的绩效分析提供客观公正的指标，切忌主观臆断、朝令夕改，应当有理有据，用事实说话。只有做到公开、公正地进行绩效分析，才能够让企业内部科技人才信服，提高企业科技人力资源管理工作的遵从度。

（2）科学合理原则。企业对科技人才进行绩效分析的指标、方法、流程等制度内容应做到科学合理、不偏不倚，进而才能得出贴合实际情况的绩效分析结果，采取合理的激励手段，最大限度地激发科技人才的积极性、创造力。

（3）易操作原则。绩效分析还应当考虑企业的实际情况和能力水平，切忌将绩效分析过度分层，否则不仅导致计算复杂，不易操作，同时也达不到企业预期的绩效分析效果。对此，企业应当遵循易操作的原则，以高效、准确的绩效分析方法，对科技人才的绩效做出评估。

（4）及时反馈原则。科技人才绩效分析不仅需要对分析结果进行总结反馈，听取企业内部科技人才的分析结果反馈，也要考虑到分析反馈需要及时，注重反馈的时效性。

## 二、科技人才绩效过程

在企业内部人力资源管理工作中，科技人才绩效分析有一定的流程，各企业根据自身实际情况进行调整，形成有效的科技人才绩效分析与评估过程。

一般来说，绩效分析与评估过程主要包括设定绩效目标与计划、进行绩效指导与沟通、开展绩效分析与评估和提出绩效反馈与改进四个环节，如图 4-8 所示。

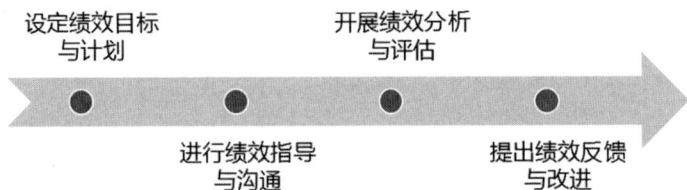

图 4-8　科技人才绩效分析过程

## （一）设定绩效目标与计划

设定绩效目标与计划是科技人才绩效分级过程的首要步骤，为企业绩效管理提供总体方向上的指引。

绩效目标是企业在一定时期内期望科技人才所达到的业绩及成果目标，为企业的绩效管理工作提供整体思路及方向。企业对科技人才的绩效进行管理、分析、评估、应用等一系列工作，都围绕着其最初设定的绩效目标。当然，绩效目标不是一成不变的，企业往往会采取长期绩效目标与短期绩效目标相结合的方式，以长期绩效目标来指导长期工作，不会轻易发生变动，以短期绩效目标来规定科技人才一段时间内所需达到的成果，可以根据科技人才的研发进展，随时进行合理的变动。

同时，绩效目标确定后，就需要进行绩效计划的设定。绩效计划通常由企业科技人才共同参与讨论并制订，这也有别于传统的管理活动。科技人才绩效计划的制订具有较为浓厚的协作性色彩，满足了企业与科技人才双方的诉求，有效提高了组织和个人效率。

## （二）进行绩效指导与沟通

绩效目标设定后，绩效计划开始实施，在实施的过程中，难免会出现与预期目标和计划不符的情况，此时还需要企业管理者或项目负责人与科技人才进行沟通或指导。企业可以在目标计划偏差或进度推进缓慢等情况出现时，及时给予科技人才以战略方向上的指导。科技人才作为被评估者，应当及时发现问题并予以解决；企业管理者作为评估者，应当根据实际情况对绩效短期目标与计划做出合理调整。

在绩效目标计划实施过程中，还需开展定时定量的监督工作，对科技人才的进展和效率保持高度的关注，双方及时进行问题的沟通，通过辅导、咨询、进度回顾等方式进行双方追踪，找出并化解绩效提高的障碍，提高企业绩效和效率。

### （三）开展绩效分析与评估

开展绩效分析与评估是企业绩效过程中最为重要的一部分，是绩效分析结果的直接来源。绩效分析与评估主要分为三个阶段，即组织分析、环境分析和差距原因分析（如图 4-9 所示）。

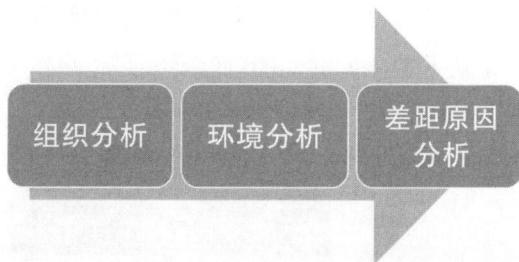

图 4-9　科技人才绩效分析与评估三阶段

第一阶段是组织分析。组织分析是通过对组织整体目标、愿景、使命、企业文化等方面的分析，结合绩效目标与计划，深入了解组织内部环境。

第二阶段是环境分析。环境分析是企业对其所处的现实环境进行评价，确定评价科技人才绩效的关键性指标和通用指标。

第三阶段是差距原因分析。差距原因分析是企业对科技人才的实际绩效进行统计汇总，再与绩效目标计划作比较，得出绩效差距的原因。

针对完善的绩效分析，企业在固定的时间间隔处对科技人才进行绩效评估，得出绩效分析与评估的结果。

### （四）提出绩效反馈与改进

企业得出绩效分析与评估结果后并不是结束，企业还需听取科技人才对绩效分析评估结果的反馈。企业可以通过面谈、匿名信箱等多种形式了解科技人才的心声，听取科技人才对绩效分析评估的反馈意见。这样不仅能够让企业管理者或项目负责人了解科技人才的真实需求，认识到当前绩效分析方法存在的不合理之处，而且能够让科技人才充分了解企业的期望绩效和自身的实际绩效，针对自身不足加以改进。

### 三、科技人才绩效方法

经过多年的研究发展，对于科技人才的绩效评估方法也有了较为丰富的补充。从整体上来看，可以从两个角度来划分现有的绩效分析评估方法，即绩效分析工具角度和绩效内容角度，具体方法如下所述。

#### （一）从绩效分析工具角度划分

从绩效分析工具角度划分，绩效分析评估方法主要包括专家加权法、文献计量法和兑换计量法三种（如图4-10所示）。

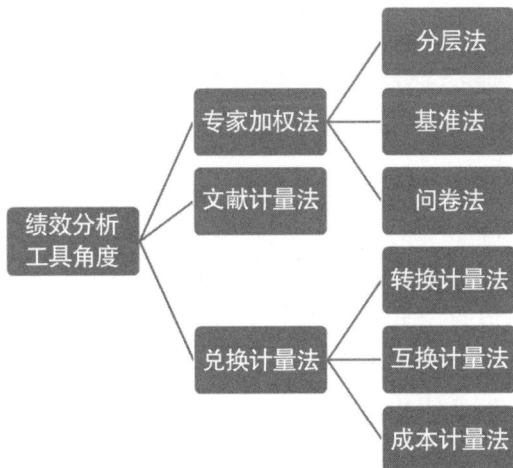

图4-10 从绩效分析工具角度划分的科技人才绩效评估方法

（1）专家加权法。专家加权法是将专家法与加权法相结合，由相关领域内的专家独立地对科技人才绩效分析指标进行加权，统计平均值作为权重系数。专家加权法依靠的是领域内专家的直觉思维，而不是客观逻辑思维，在实施过程中更加简便。但是如果各位专家的意见较为分散，则会对该方法的效果产生较大的消极影响。专家加权法是以定性为主、定量为辅，具体对科技人才的绩效评估，还存在三种变体，即分层法、基准法和问卷法。

分层法。分层法是将评价科技人才绩效的全部指标进行清晰合理的分层分类，设置高低不同的权重差异，以凸显不同指标不同程度的重要性。

基准法。基准法在本质上是进行质量比较，将某一个或某些出现较多、位置适中的指标确定为基准指标，以此为参照，来评判科技人才的绩效情况。

问卷法。问卷法也就是采用问卷发放的形式，对具有专家资格的人员发放问卷，并进行分析考核。

（2）文献计量法。文献计量法属于一种定量分析方法。这种方法以文献、专利等项目情况为评价标准，对科技人才的绩效成果进行分析评估。一般来说，文献计量法以论文、专著、专利的发表或申请状况为计量对象，科技企业内部对科技人才的计量评估最多的是以专利为标准，而后是论文和专著。

（3）兑换计量法。兑换计量法是以定量为基础的定性分析方法，这使科研绩效的评估更加科学化，满足了企业内部对科技人才科研绩效评估的实际需求。兑换计量法主要包括转换计量法、互换计量法和成本计量法三种。

转换计量法。科技人才的科研成果属于一种智力劳动成果，其表现形式不一，并且在传播过程中会历经各种不同的形式，再加上智力成果的传播时间长，影响久远，其绩效计量较为困难。因此，企业可以采用转换计量法对科技人才的智力成果进行评估，以不同的指标数据标准将科技人才的成果加以转化，提高计量的精确度。

互换计量法。互换计量法同样是建立在科研成果表达方式多样的基础上的，是基于多样化形式的交叉点，对计量指标进行互换，达成可以比较的标准。

成本计量法。成本计量法是以科研投入资金、资源的多寡来判定科技人才的绩效水平，这种方法通常用于企业内同一学科门类之间的比较计量。

### （二）从绩效内容角度划分

从绩效内容角度来划分，绩效分析评估方法可以分为现存数据分析法、需求分析法、知识工作分析法、程序工作分析法和系统工作分析法（如图4-11所示）。

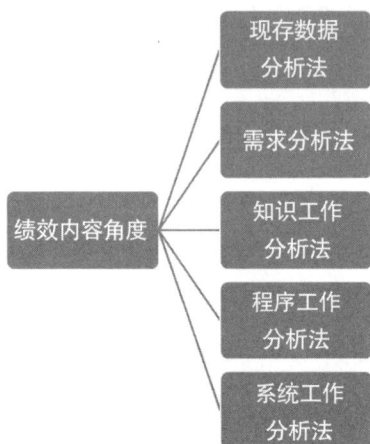

图 4-11 从绩效内容角度划分的科技人才绩效评估方法

（1）现存数据分析法。现存数据分析法是企业根据其内部现存的科技人才研究成果相关数据，进行推理分析，推测当前科技人才的绩效情况。

（2）需求分析法。需求分析法是面向各类人员，征集其对绩效工作及分析的相关意见，从多方意见角度探索出当前按科技人才绩效需求及问题所在，进而加以改进。

（3）知识工作分析法。知识工作分析法也就是以科技人才的相关科研信息为基础，整合多方面信息，全面地对科技人才绩效做出评价。

（4）程序工作分析法。程序工作分析法依靠的是科技人才创新创造的过程，通过科研过程来发现科技人才的贡献程度，体现其绩效水平。

（5）系统工作分析法。系统工作分析法能够为企业管理者提供科技人才总的绩效系统，解决疑难问题，在绩效评估方面更加有助于理解。

# 第三节　科技人才绩效体系

企业经过科技人才绩效分析，通过一定的流程和方法，形成了企业内部的科技人才绩效管理体系。科技人才绩效管理体系在企业的具体实践中发挥着重要作用，是一个完整、可循环的强大体系，主要包括绩效目标与计划、绩效沟通与考核、绩效评价与反馈三方面的内容，进而探究科技人力资本效能模型，分析企业家人力资本对科技企业绩效的影响。

## 一、绩效目标与计划

绩效目标与计划在科技人才绩效管理体系中是关键的第一环节，企业还须事先确定好绩效目标，制订好绩效计划，设置科学完善的绩效指标。

### （一）绩效目标与计划概述

绩效目标为企业科技人才管理工作提供思路指引和评价标准，为企业管理者和科技人才的绩效分析与考核提供参考目标，是企业有效进行绩效管理的重要基础。从内容构成上来看，企业的绩效目标包括时间、预算、产出与效果四个方面的内容。企业根据实际情况和行业环境，从这四个方面制定并完善其绩效目标。

绩效计划是以绩效目标为导向，根据目标来指导并指定企业的绩效管理计划。绩效计划的形式多种多样，按层级标准来划分，可以分为部门绩效计划和员工绩效计划；按时间标准来划分，可以分为年度绩效计划、季度绩效计划和月度绩效计划。

明确、合理的绩效计划与目标，能够为企业管理者和科技人才带来极大的便利，使企业管理者能够明确工作目标，为科技人才提供更加高质量的人才管理和绩效激励机制，使科技人才清晰地了解前进方向，明确职业发展前景，提高积极主动性。

### （二）绩效目标与计划的要求

制订完善的绩效目标与计划、明确的整体目标、科学合理的考核体系、合宜的绩效目标、目标达成率以及与人才发展的匹配度等内容，是企业需要考虑的重要内容。对此，企业的科技人才绩效目标与计划的制订还应当做到如下几点要求。

（1）清晰可测量。科技人才的目标与计划应当具备清晰可测量的特点。绩效计划为企业管理者及全体科技人员做出思想目标上的指引，结合科技人才高自主性的特点，绩效计划重点突出、标准清晰的特征，能够更好地为科技人才服务。对此，企业可以参考"二八"法则，也就是以20%的重点工作占据 80% 的篇幅，重点工作细化处理，非重点工作简化处理。同时，企业制订绩效目标与计划时，应当考虑到其可测量性，以便及时准确地测量评估科技人才的贡献。

（2）与战略规划对接。绩效目标与计划应当从整体着眼，具体制订实施时，应当与战略规划对接。企业管理者或人力资源管理部门制订科技人才的绩效目标与计划时，应当以企业整体战略规划为目标，在整体战略方向不变的情况下制订目标与计划。其中，管理者尤其要注意科技人才的绩效目标与计划应当与预算制度有效对接，并随着企业组织架构的变动而变动。

（3）注重科技人才的参与。在企业绩效管理中，通常存在管理者与科技人才双方参与的现象，同样，制订绩效目标与计划时，管理者也应加大科技人才的参与力度，考虑科技人才的现实需求，使绩效目标与计划和科技人才的职业发展规划相契合，进而实现企业绩效目标与计划在整体制订层面上全方位、多元化的结合。

### （三）绩效指标的设置

绩效指标与绩效目标不可分割，绩效指标是对绩效目标的细分，从微观上对目标的具体内容进行分解，用以衡量企业内部科技人才绩效目标的达成情况。具体来说，绩效指标主要包括产出指标、效率及效益指标和满意度指标三类（如图 4-12 所示）。

图 4-12　绩效指标

（1）产出指标。产出指标以科技人才所输出的成就成果为标准，从其质量和数量上来判断，如论文、专利数量、创新能力等。

（2）效率及效益指标。效率及效益指标包含两个层面：一是科技人才从开始投入研究到得到研究成果所花费的时间；二是企业对研发项目的各项投入与科技人才所得到的成果之间的比例状况。

（3）满意度指标。满意度指标是通过调查科技人才对绩效管理目标及计划的满意度，来判断绩效目标的科学性。

## 二、绩效沟通与考核

绩效沟通对管理者和科技人才双方都存在其必要性，沟通为考核做准备，考核在一定程度上体现着沟通的效果。当前，企业在科技人才绩效的沟通方面，应当遵循既定的原则，警示当前绩效沟通与考核中存在的问题，选择适合的绩效考核工具，完善企业绩效管理体系。

### （一）绩效沟通的原则

绩效沟通是企业对科技人才绩效极具灵活性的管理方式，主要是针对科技人才在一定时期内的绩效问题，通过谈话、讨论等沟通形式，使双方信息互换，从而提高企业绩效的一个过程。绩效沟通是企业适应不断变化的环境和不同科技人员的个体特性的需要，在与科技人才的双向沟通中，落实绩效目标与计划，明晰科技人员实际情况。没有绩效沟通，绩效管理的效果则会大打折扣。当前，企业开展科技人才的绩效沟通还需遵循以下两个原则。

（1）SMART 法则。科技人才的绩效沟通还需坚持 SMART 法则。其中，S 代表具体（Specific），指绩效考核要切中特定的工作指标，不能笼统；M 代表可度量（Measurable）；A 代表可实现（Attainable），指绩效指标在付出努力的情况下可以实现；R 代表相关性（Relevant），指绩效指标是与工作的其它目标是相关联的；T 代表有时限（Time-bound），注重完成绩效指标的特定期限（如图 4-13 所示）。与科技人才进行绩效沟通，最好的面谈方式就是直接而具体，让科技人才能够表达自己的想法，形成双向沟通机制，基于其具体工作，分析绩效优劣的原因。

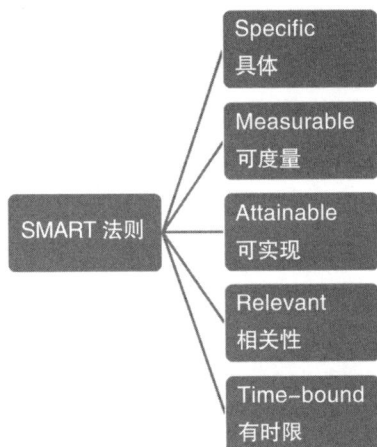

图 4-13 SMART 法则分解

（2）EARS 法则。EARS 法则是指 Explore（发掘问题）、Analyze（分析问题）、Response（回应问题）、Stick（坚持）。企业做到与科技人才的有效沟通很重要，尤其是面对一些容易情绪化的沟通对象，可以尝试使用 EARS 法则。

一是注重同理心。同理心是指换位思考，设身处地站在另一个人的角度思考，说话时不要以为对方解决问题为出发点，因为情绪低落的人不需要理性的建议和方案，只需要感性的了解与陪伴。

二是运用图像法。如果要说服对方，最好能够根据对方的实际情况和性格特点给对方一个很具体的画面来想象。企业根据不同类型科技人才的特点，基于不同的具体画面，增强科技人员与管理人员之间的绩效沟通，提高双方效率。

## （二）当前绩效沟通与考核存在的问题

当前，企业内部科技人才的绩效沟通与考核还存在较多的问题和不足，例如，企业管理者或人力资源管理部门对科技人才的绩效沟通不重视，缺乏绩效沟通的技巧，或绩效考评机制不健全。

（1）对绩效沟通不重视。企业对绩效沟通不重视，根源在于管理者或人力资源管理部门对绩效沟通的重要性认识尚不全面，缺乏沟通的意识。这种情况广泛出现在传统企业和中小型企业中，再加上科技人才的独立性、创新性特征，使得科技人才的价值不能有效发挥。同时，还存在多数企业在沟通过程中出现不规范、不彻底的现象，部门对于沟通信息传达不到位，或是在沟通时没有直击要点，未能充分发挥沟通的作用，也往往使得科技人才对目标迷茫，导致效率低下。

（2）缺乏绩效沟通技巧。当前企业对绩效沟通的技巧运用尚不成熟，经常出现单向命令式的传达或指示，例如，实行打压政策，严重挫伤科技人才的积极性；或是沟通渠道单一，频繁召开会议，单方面输出指令，管理者只谈自己的建议，而忽视科技人才的意见及需求。

（3）绩效考评机制不健全。企业对科技人才的绩效考核机制尚不健全，主要体现在其绩效指标不合理、不科学，出现不公正等现象；或是对科技人才的绩效考核形式单一，未能全面、切实地反映科技人才的真实绩效，缺乏权威性；抑或是绩效考核方法不科学，未能选择适合企业和科技人才实际情况的考核方法。

### （三）绩效考核及其工具

绩效考核是用科学的方法，对科技人才过去一段时间内所做出的成绩与贡献进行公正合理考评的过程，也是最具难度的一个环节。经过多年的发展，衍生出多种科学的绩效考核工具，最为典型也最为常见的工具有平衡计分卡（balanced score card，BSC）、KPI（key performance indicator，关键绩效指标）、OKR（objectives and key results，即目标与关键成果法）等（如图4-14所示）。

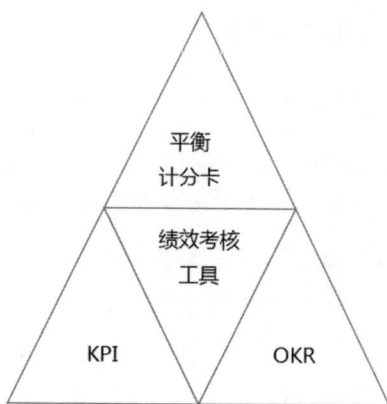

图4-14 绩效考核工具

（1）平衡计分卡。平衡计分卡始于20世纪90年代，是以组织整体战略规划及目标为基础的绩效考核体系，从财务、客户、内部业务流程、学习与成长四个维度进行评价。平衡计分卡在企业绩效考核中应用最为广泛，理论内容也最为丰富。

（2）KPI。KPI是一种以企业组织目标为导向的量化管理指标体系，也就是关键绩效指标。KPI将战略目标层层细化，经过了时间与实践的检验，被大多数的企业采用。KPI常被用于科技人才和技术人员的绩效考核。

（3）OKR。OKR也就是目标和关键成果。随着信息技术和数字经济的发展，OKR被越来越多的大型企业采用，不仅做到了对科技人才绩效的考核，而且能够分解目标，对目标进行管理，极大地提高企业效率，十分适合应用互联网技术的科技企业。

目前，很多公司存在KPI和OKR推行一段时间后因效果不佳而被迫停止，事实上，并不是因为这些绩效考核方法不好，而是企业没有根据自身组织的结构和文化定制合适的实施方案和流程，尤其是过分追求绩效的结果而忽视了绩效的沟通过程。这部分内容在后面会做相应展开，读者可以关注后面的内容。

## 三、绩效评价与反馈

绩效评价与反馈建立在绩效考核的基础上，绩效考核效果的优劣直接影响绩效评价与反馈的效果优劣。对于绩效评价，普遍存在一套维度体系以供参考，进而优化其绩效反馈机制及效果。

### （一）绩效评价及维度

（1）绩效评价。绩效评价是对企业得出的科技人才绩效考核结果做出整理、归纳、评估、对比等一系列工作，是绩效管理体系重要的一部分，显示着科技人才的能力水平和短期创造水平。绩效评价为企业管理者和科技人才输出绩效分析的结果，为绩效管理提供最为直接的参考和依据。

（2）绩效评价维度。正是由于绩效评价对管理者和科技人才双方的重要作用，所以需要建立科学合理的绩效评价维度，主要包括组织业绩表现、组织运行效率、人才思维观念、高质量科技人才的积极性、组织资源优化配置状况和先进的企业文化。以这六个维度为依据，对科技人才的绩效考核结果进行评价，能够全方位、多层次地对科技人才进行评价，找出存在的问题并加以解决。

（3）绩效评价应用。绩效评价不是一句空话，而要全面应用并落实到企业的科技人力资源管理中。具体而言，绩效评价主要应用于薪酬管理、培训培养、职业发展三方面。

在薪酬管理方面，绩效评价往往与科技人才的薪酬水平直接相关。对于高绩效评价的科技人才，给予高薪酬奖励；对于低绩效评价的科技人才，给予低薪酬奖励。

在培训培养方面，企业可以通过绩效评价，找出每位科技人才不同方面的不足，进而有针对性地提供培训。

在职业发展方面，绩效评价是企业为科技人才制定职业发展规划的重要依据，充分发掘科技人才的潜力，将科技人才安排到合适的岗位。

## （二）绩效反馈

绩效反馈是整个绩效考核、评价过程完成后的收尾工作，是绩效管理切实落地实施的过程。

（1）绩效反馈。绩效反馈是将绩效考核及绩效评价结果及时传达给科技人才，科技人才根据该结果了解自身的工作进展和成果，反思尚需改进之处，并向管理者及时反馈。管理者仍需与科技人才进行沟通，让科技人才更加清晰地认识到当前自身的绩效现状，更好地改进自身，并做好下一阶段的研发安排，提高工作效率的主动性。绩效反馈开展的目的就在于激励科技人才，让其认识到绩效目标是否完成，能够更好地发挥自身优势，扬长避短。

（2）反馈的技巧。在不同阶段有不同的重点供参考。在前期准备阶段，企业应尽可能全面地收集科技人才个人及他人所从事工作的相关材料，包括工作进展、解决问题的措施、改善方案等。此外，应让科技人才同时做好相应的准备，对自己的绩效表现进行比较中肯的自我评估，这样有利于双向沟通的有效开展。

在实施反馈阶段，企业要充分注意沟通的技巧。企业管理者或人力资源管理部门要以问题为导向，以找到问题的原因和解决问题的办法为目的，并且要善于倾听，引导科技人才多说，站在员工的立场思考问题，了解员工对绩效管理的期望。同时，当科技人才提出异议时要给予积极的回应，制订继续沟通的策略。

在反馈结束后的阶段，企业要持续观察员工的反应和绩效的改善情况，了解反馈的实际效果，以便及时地进行再次沟通。

专栏4-3

# TCL：绩效考核支撑研发体系

## 一、公司简介

TCL科技集团股份有限公司（以下简称"TCL"）成立于1982年，总部位于广东惠州，主营业务是半导体、电子产品及通信设备、新型光电、液晶显示器、货物或技术进出口。经过40年的发展，TCL集团现已形成了以王牌彩电为代表的家电、通信、信息、电工四大产品系列，并开始实施以王牌彩电为龙头的音视频产品和以手机为代表的移动通信终端产品的发展来拉动企业增长的战略，是世界知名的科技企业。

## 二、绩效管理

针对研发人员，TCL从以下四方面实施绩效考核。

### （一）考核研发进度

研发进度考核决定了TCL研发工作的及时性，是对研发过程管理的重要手段。由于研发工作时间跨度较长，TCL对于研发项目（包括研发产品和研发技术）的进度考核更聚焦于分阶段目标的达成情况，主要针对的是可行性分析阶段、设计阶段、试验（测试）阶段、产品发布。企业可根据实际考核周期灵活制定研发进度目标。除此之外，专利的研发也被TCL视作研发项目或项目中的一个关键节点进行结果考核。

### （二）考核研发成本

研发成本指的是为了完成某个研发目标而投入的人力、财力和物力。过高的研发成本会导致产品收益的降低，增加企业经营风险，因此，考核研发成本的目的一方面是确保好钢用在刀刃上，另一方面也是为企业经营的精细化管理提供支持。

### （三）考核研发质量

不论是对于客户定制类的研发目标，还是自研类的研发目标，TCL 都会考核研发成果是否达到甚至超出了研发项目提出者的技术要求；而对于公共模块类研发目标，是以使用者的满意度评价作为其考核指标。请注意，这里的研发质量既可以指产品质量和技术稳定性，也可以指研发项目本身的质量，如成本降低额等。

### （四）考核产品业绩

TCL 的大多数研发项目是以帮助企业向市场提供产品为目的的，因此，企业还会通过设置经营性业绩指标衡量研发项目成果的价值，刺激员工将研发精力聚焦在满足市场需求上，比如新产品在一段时期内的销量、销售额、利润等。

另外，TCL 研发项目的绩效考核大多会对多个维度进行综合评价。当然，维度和指标的设立对于不同企业各有差异，这时应结合不同项目特点和企业自身情况，对各个指标权重进行科学设置，确保考核结果的准确性，不能照搬。但对快消品属性的企业来说，一款产品从研发完成到上市取得稳定销售之前，还会经历调研分析、渠道分销、宣传推广等环节，最终产品销售结果取决于许多部门的工作质量。那么，在这种情况下就可以适当降低经营性指标在研发部门的考核指标权重，同时更多关注这款产品在研发完成前是否已经达到各个预先设定的标准。

## 三、发展与总结

对于科技企业而言，技术研发是重中之重。对企业科技人才的绩效考核，则是企业科技研发质量的有力保障。TCL 在其研发团队绩效考核的保障下，在半导体和快消家用电器两大领域两头开花，发展的步伐迅速而稳健，进入 20 世纪 90 年代后，连续十二年以年均 50% 的速度增长，是中国增长最快的工业制造企业之一，涉及的家电、通信、信息、电工几大主导产品都居中国同行前列，其绩效考核的路径值得所有制造型科技企业借鉴。

## 四、科技人力资本效能模型

科技人才绩效体系还需要科技人力资本效能模型的辅助完善。科技人力资本效能模型分析评价了企业内部的科技人力资本效能成果与效益，为企业实施绩效管理和绩效评价提供了参考依据和标准。

### （一）科技人力资本效能

人力资本的理论由来已久。早在 1960 年，美国著名经济学家西奥多·W. 舒尔茨就较为系统地论述了人力资本理论，认为人力资本可以由劳动者数量、质量及劳动时间来衡量。

随着经济社会的不断发展，人力资本效能受到越来越多管理者的重视，在企业管理中发挥着越来越重要的作用。当前，中国已经成为人力资本大国，进入了人力资本效能制胜的时代（陈葆华，2021）。随着经济社会环境的变革，企业要想维持并提升自身的竞争力，还需最大限度地挖掘并开发人力资本效能，提高劳动生产率，减轻劳动力成本上升对企业造成的冲击，为企业绩效考核提供依据。

如今，已有众多学者对人力资本效能展开研究，大多数学者认为人力资本效能可以从效率和能力两方面来定义。高艳等（2019）认为人力资本效能是人力资本所创造价值的能力或效率，体现在人力资本对企业效益所做出的贡献，以绩效评估、薪酬激励、能岗匹配、组织认同等因素帮助企业提升人力资本效能。陈葆华（2021）认为人力资本效能是人力资源与组织中其他各种资源及管理模式有机结合所得到的整体水平和效果，表现为劳动生产率和人力资本回报率与贡献率，张朋朋等（2017）则是回归到"人"本身，强调劳动生产率，认为人力资本效能是组织中核心人力资本的投入产出比。彭剑锋（2013）对人力资源效能则是从人力资源效率和人力资源价值创造能力两方面来考虑。

科技人力资本效能是科技人才的人力资本效能，科技人才在企业内部所发挥的效率和能力，是为企业创造价值的能力，进而实现企业的利润增长。唐家龙（2006）认为知识型团队人力资本具有突出的高生产率和内部的高协同性两个特征，这也表明了科技人力资本效能在企业中的重要作用。科技人力资本效能高低是人力资源管理水平、企业创新能力以及长久竞争力的重要标志。

**（二）科技人力资本效能模型**

对科技人力资本效能进行分析评估，是企业绩效管理和整体战略方向测定的重要依据。对此，企业可以根据战略、财务分析、内部经营、科技人才四个角度，建立起企业自身的科技人力资本效能模型（如图4-15所示）。

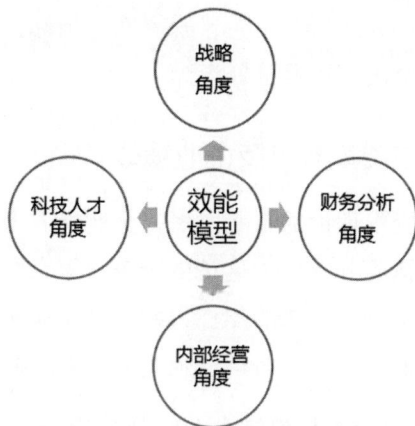

图 4-15 科技人力资本效能模型

（1）战略角度。科技人力资本效能的情况还应上升至战略层面，关注企业整体战略的匹配度和协调度。组织战略可以分为总体战略、职能战略和业务战略，科技人力资源战略从属于职能战略，为企业整体战略发展提供支撑，为科技人力资本效能提供方向指引。

（2）财务分析角度。科技人力资本效能的最直观体现也就是财务数据及分析。在财务分析角度，企业根据对科技人力资源的投入和产生的效益情况作对比，能够最为客观、直接地体现科技人力资源的效率和能力，以此来评价科技人才的绩效水平。财务分析角度建立的科技人力资本效能模型主要从人力资本投入、人力资本产出和人力资本产出效益三方面来衡量，具体来说包括人工成本、研发投入、劳动生产率、研发收入、资本回报率等指标。这一角度也存在不足，往往会忽视对人的关注，以及忽视人力资本的隐形价值。

（3）内部经营角度。从内部经营角度建立企业的科技人力资本效能模型，主要是从科技人力资源规划、招聘配置、薪酬福利、绩效管理、培训开发、员工管理六大模块考虑，并针对不同企业的不同科技人才的个体特点优化扩展，选取切实反映企业各业务运行情况的指标。例如，在招聘配置方面选取科技人才的招聘成本、招聘响应率、到岗率，在培训开发方面选择科技人才的培训适配度、参与率等。

（4）科技人才角度。从科技人才角度建立企业的科技人力资本效能模型，主要是从科技人才的学习成长情况来评判其人力资本效能的发挥程度。在科技人才发展方面，选择人才晋升率、晋升周期等指标；在培养方面，选择核心科技人才比例、高层次人才数量等指标。

## 五、企业家人力资本与科技企业绩效

随着近年来人力资本理论的不断发展，企业家人力资本与科技企业绩效之间的关系也被逐步提出并发展。这是由于企业家在企业发展过程中处于中流砥柱的地位，是整个企业坚实的支柱力量，而企业家人力资本具有的不可复制性、价值性等特征，也注定与科技企业的绩效存在密切关系。

### （一）企业家人力资本与科技企业绩效的内容

（1）企业家人力资本的维度划分。企业家人力资本也就是企业家在企业内部所拥有的、对企业整体运行有影响的各种特质和能力，是一种无形的资本，不能够具体形象地进行度量。要想探究企业家人力资本对科技企业绩效的影响，还需明确企业家人力资本的具体内容划分。

国内外学者对于企业家人力资本的内容划分已有较为成熟的研究，其中，Hambrick 和 Mason（1984）所提出的高层梯队理论是日后学者对企业家人力资本进行研究的理论基础。高层梯队理论论证了组织战略决策与企业绩效之间的关系，将管理团队的人力资本特征划分为年龄、职称、任期、教育背景等因素。朱焱等（2013）将企业家人力资本划分为传记性和非传记性人力资本，传记性人力资本包括年龄均值、任期均值、职称均值等内容，非传记性人力资本包括年龄异质、任期异质、职称异质等内容。王学义和何泰屹（2021）将人工智能企业绩效的显著正向作用因素归纳为研发投入、高管薪酬和研发人员规模，并且科技企业由于其行业特殊性，其企业家个性特征也对企业绩效存在明显的影响。同时，刘复兴和朱俊华（2017）将大学生人力资本的内容定位为个别特征、文化知识、技能水平和综合能力四个方面，海外背景、学历水平、专业能力、研发水平也影响着企业的创新绩效。此外，杨艳和刘子菁（2021）还提出健康作为人力资本的一部分，对企业决策和劳动供给起到关键性作用。综上，本小节将企业家人力资本划分为教育背景、管理经验及能力、个人特质和策略选择四个维度，以此来探索企业家人力资本对科技企业创新绩效的影响。

（2）科技企业绩效的内容。企业探索企业家人力资本对科技企业绩效的影响，应当明确在科技企业内部的绩效如何衡量。

陈敏灵等（2022）认为，创业企业绩效主要体现在生存性绩效和成长性绩效两方面。对于科技企业来说，其核心在于技术创新，而企业家人力资本是突破性创新的驱动器（欧雪银，2018），突出表现在对其创新绩效的作用上。高艳等（2019）也认为企业的创新能力对人力资本效能起到正向作用。所以，创新绩效最能够代表科技企业核心绩效水平，受到企业家人力资本的显著影响。

### （二）企业家人力资本对创新绩效的影响

企业所具有的人力资本水平与企业绩效之间存在正向相关关系（邓学芬等，2012），通过教育背景、管理经验及能力、个人特质和策略选择四个方面的企业家人力资本要素分析其对科技企业创新绩效的影响。

（1）教育背景。教育背景对科技企业的创新绩效产生正向的影响。优异的教育背景不仅能够使企业家拥有更为强劲的专业能力，对企业面临的风险和当下所处的环境做出快速反应和正确的分析，提高企业的抗风险能力和应变能力；而且企业家拥有更加独到的眼光，能为科技企业识别每一个有价值的商业机会，建立企业优势，为科技工作者保驾护航，提高企业内部创新绩效。此外，良好的教育背景有利于企业家建立整合资源的能力，将创新思维与科技人才的知识成果有机整合，对创新绩效的提高发挥强大的正向反馈作用。

（2）管理经验及能力。在科技企业中科技人才占据绝大多数，人力资源管理能力在一定程度上缺乏，但是企业家的管理经验及能力，对科技人才的绩效提升和企业整体创新绩效提高具有重要推动作用。企业家的管理经验为其提供敏锐的"嗅觉"，再加上突出的人力资本管理能力，如知识成果管理能力、创新态度管理能力等，这样不仅能够使企业家吸取先前的教训，而且能够更加娴熟地对人力资本及效能进行管理，创造出更多的创新价值，提高创新绩效。此外，拥有一定市场经验的企业家往往会对创新绩效的提升造成负面影响，这是由于丰富的市场经验往往会使企业家束手束脚，难以实现突破创新。

（3）个人特质。科技企业的企业家通常具有强烈事业心、冒险精神等特点，他们对科技创新及其业务存在高度的热情和积极性，并且愿意为之突破创造，这在很大程度上为科技企业的持续发展提供动力，有助于科技企业创新绩效的提高优化。

（4）策略选择。科技企业的企业家对其科技人才管理的正确策略选择，对企业创新绩效存在正向作用，主要包括薪酬激励、研发人员规模、研发投入三方面。在薪酬激励方面，合理的薪酬激励是科技企业创新绩效提升的物质保障，为科技人才提供创新创造的动力，提高创新绩效；在研发人员规模方面，研发人员的规模是科技企业创新绩效提高的人员保障和动力支撑，能够较好地反映科技企业的创新能力，进而体现在企业创新绩效上；在研发投入方面，充足的研发投入是科技企业创新绩效提升的基础保障，为科技人才解决研发过程中的物质问题，能够在长期内有效提升企业创新绩效，但在短期内由于其投入剧增，研发投入的成果转化还需要时间，这就会导致企业绩效下降。

# 第四节　伦理要素与伦理关系

一直以来，伦理问题在企业人力资源管理中的作用不容小觑。近年来，随着互联网技术和经济水平的不断深入发展与提高，企业之间的信息流通速度加快，信息传达速度提高，这也就更加强调了企业伦理要素与关系的关键作用。针对科技人才的伦理问题及管理，企业还需从职场伦理、伦理管理、不道德事件、伦理与绩效的关系及建设策略五个方面来详细分析。

## 一、职场伦理与绩效

职场伦理对于企业员工的日常工作来说是一项如影随形的内容。在科学创新引领发展的当代，科技人才的伦理问题及伦理管理显得尤为重要。从职场伦理出发，分析科技人才的伦理管理，进而以职场伦理与科技人才绩效之间的关系来为企业发展提供参考。

### （一）职场伦理及管理

职场伦理在分析员工行为、改善管理方式等方面具有重要意义。对于职场伦理，有众多学者对其进行过相关研究和定义。郭士纶和李玮皓（2017）论述了职场伦理的含义及其重要性，认为职场伦理是员工在职场工作时，对自身、他人、企业、社会等应当遵循的行为准则和伦理规范。优质的职场伦理能够提高员工的工作能力和积极性，加强企业的向心力。伦理关系是伦理属性的具体体现（蒋荔，2016），企业伦理决策要求企业在追求利润的过程中，不仅应对利益相关者和消费者负责，还应当注重职场伦理规范，追求更高层次的职场伦理（许建 等，2019），具体包括组织内部伦理规范和组织成员之间的伦理关系，是由组织和员工双方自觉建立起来的一种关系（丁志山，2019）。从治理层面来说，伦理治理的实施主体非常多，对于企业来说，其治理工作具有一定的开放性，还需要企业、员工等多个相关方积极参与进来（梁宏涛，2018）。

伦理管理包括外部伦理管理和内部伦理管理，是企业自觉地以伦理价值观来指导经营管理活动（龚天平，2010）。当前，国内企业的伦理管理以内隐模式为主，对员工伦理的管理并未有明确的规章制度，并且与企业内部战略、文化等方面联系尚不密切（尹珏林，2012）。

### （二）科技人才伦理管理

当前，科技伦理管理处于新兴科技加速发展、经济社会高质量发展、国际秩序深度调整的复杂环境中，对企业的科技伦理治理提出新要求、新挑战，加强科技伦理管理已是促进科技创新可持续发展的内在要求，重视并强化科技人才的伦理管理已经成为大势所趋。

科技人才伦理管理，是指企业对科技人员的各项工作中的伦理关系及科技人力资源的获取、开发、激励等方面的各项行为，采取一定的管理手段及措施进行调整优化，以使科技人才所从事的科技活动符合道德要求，优化科技人才与组织之间的关系。科技人才伦理管理的重点不仅在于将伦理人文精神与科技精神结合起来，而且在于伦理道德与创新效率的统一（黄丽芸，2017），在企业开展科技人力资源的规划、招聘、培训、激励、薪酬管理等方面，遵循道德规范及行为准则。

### （三）职场伦理与科技人才绩效的关系

研究表明，职场伦理与企业绩效之间存在密切关系，也就是存在正向关系。同样，企业伦理与科技人才之间存在正向的相互作用关系。

良好的职业伦理水平能够提升科技人才绩效。企业以优质的伦理管理来塑造科技人才良好的伦理水平，为科技人才提供舒适的创新科研环境，提高科技人才满意度，增强科研团队的满意度，进而提升科技人才绩效。与此同时，科技人才绩效的提高能够优化职业伦理及管理水平。科技人才绩效的提高为科技人才提供科研的动力，提高科技人才的责任感、胜任力，进而强化企业伦理管理。但是，企业过高的绩效目标在激励科技人才提高工作效率及积极性的同时，也会起到反作用，形成对科技人才的高压力，进而产生不利于企业伦理管理及绩效的行为。

## 二、伦理管理的难点与解决方法

科技人才伦理管理既影响科技人才创新能力的发挥及其全面成长，也影响企业绩效和竞争力的提升。目前，国内企业在伦理管理方面尚不成熟，还存在一定的困境及难点，针对当前企业所处环境及难点，分析归纳其解决办法。具体来说，企业伦理管理的重难点在于实现以下四个维度的兼顾。

## （一）实现价值理性与工具理性的兼顾

科技人才对于当今企业，尤其是科技企业来说尤为重要，是企业科技创新发展的核心资源。企业进行伦理管理的目的是要最大化地发挥科技人才的价值，也就是强调科技人才的价值理性；进行伦理管理所采取的手段需要管理者合理、客观地利用管理工具，也就是强调科技人才管理的工具理性。当前，企业进行科技人才伦理管理的难点是将其价值理性与工具理性结合起来。对此，企业不仅需要强化科技人才的伦理意识，还要加强并更新企业人才管理者在伦理管理方面的理念及手段，优化科技人才伦理管理的效果。

## （二）实现短期利益和长远目标的兼顾

科技人才伦理相关问题较为琐碎，但其伦理管理是一个长期的过程，贯穿企业管理活动的始终，并具有动态性，且随着时代的变化而不断改变。伦理管理既不能只关注短期利益及目标，也不能只实行短期爆发力的相关措施。当前国内企业还存在一定的问题，在伦理管理中难以将短期利益与长远目标相结合。对此，企业应采取措施弱化其伦理管理的内隐性，将伦理管理的相关目标及措施与企业整体战略相结合，兼顾企业的短期利益与长远目标。

## （三）实现科技创新和人才成长的兼顾

科技人才对于当今企业的重要性不言而喻，是企业科技创新的主体。但部分企业忽视科技人才伦理管理，只注重其科技创新成果，而没有注意到科技人才的个人成长发展，甚至对科技人才的态度十分恶劣，仅将其当作企业盈利的工具。对此，企业还需关注科技人才的个人成长，主动为其制订个人成长计划及职业规划，同时对科技人才进行必要的关怀，实现科技创新与人才成长的兼顾，优化企业绩效水平及效果。

## （四）实现经济效率和人文价值的统一

科技人才的高度密集地大多是各大科技企业，科技企业具有高风险、高回报的特点，这往往会使部分企业过度追求经济效率，并且由于高比例的科研人员，也导致其人力资源管理水平相对较弱。所以，科技企业在科技人才管理方面缺乏民主、公平，难以实现经济效率和人文价值的统一。对此，科技企业还需要完善其相关管理制度，加强其治理机制和治理能力，在追求经济效率的同时，也保有其人文价值的关怀。

专栏 4-4

# 禾迈股份：伦理管理的突破

## 一、公司简介

杭州禾迈电力电子股份有限公司（以下简称"禾迈股份"）在逆变器细分行业的发展和研究使其已成为行业中的龙头企业之一。禾迈股份于 2012 年 9 月 4 日成立，2021 年 12 月 7 日首次公开发行股票，于同年 12 月 20 日上市。禾迈股份的经营业务覆盖了光伏逆变器等电力变换设备、微型逆变器及监控设备、电气成套设备及其他电力变换设备、分布式光伏发电系统，以及电气成套设备的研发、制造与销售等。业务市场遍及全球众多地区，如北美洲、拉丁美洲、欧洲等。

## 二、短期利益与长远目标的结合

禾迈股份的长远眼光体现在两个方面，也就是其广阔的发展前景和自主研发（如图 4-16 所示），通过其重视前景发展和科技研发，为科技人才带来道德层面上的投资。经过实践与检验，"道德生产力"的方式使科技人才的价值得以更大程度的发挥。

图 4-16 禾迈股份短期利益与长远目标结合

## （一）企业发展前景广阔

分布式发电场景中的主要设备包含微型逆变器及监控设备。近几年，禾迈股份的营收结构发生了明显的调整，电气成套设备及元器件目前已不再是第一大主营业务来源，微型逆变器及监控设备成为营收主力。2021 年的营业收入为 7.95 亿元，相较于 2020 年的 4.95 亿元，其发展前景十分乐观。

禾迈股份没有局限于短期利益，而是着眼于长远，在发展过程中调整企业业务结构，使其更加适应时代和企业的发展方向。禾迈股份短期利益与长远目标的结合，为科技人才的工作指明了前进的方向，以道德层面激励人才，达到绩效目标，对其科技人才的伦理管理工作起到积极的推动作用。

### （二）自主研发，重视技术创新

禾迈股份研发费用逐年递增，这也表明了禾迈股份对自主研发的重视。禾迈股份不仅专业技术过硬，而且拥有从研发到销售等一系列的优秀团队，禾迈股份是一家十分注重自主创新的企业，在核心技术的研发方面具备了行业中先进的技术。禾迈股份自成立以来就致力于团队的培养与建设，其团队技术精湛，实战经验丰富，同时掌握了光伏新能源领域的核心技术，拓展了行业的先进技术。

研发工作在企业的整体进程内，属于长期投入行为，重视自主研发是禾迈股份响应长远目标的显著标志，这也为科技人才提供了更好的科研环境，有利于员工之间的友好相处，优化科技人才的伦理管理。

## 三、科技创新和人才成长的结合

禾迈股份坚持科技创新和人才成长相结合。禾迈股份十分重视团队精神，以及团队积极性的培养和激发。企业还制定了相关的优秀荣誉奖管理办法和知识产权创造奖励制度，用于激发研究人员的工作积极性和主动性。同时企业也积极鼓励研发人员进行深造学习，并且注重技术研发人员的培训力度。为了促进研发人员能在研发领域不断提升，禾迈股份还提供了研发人员的职位晋升通道。

禾迈股份坚持科技创新的同时，也持续关注科技人才的成长与培养情况，通过各种奖励制度、深造培训学习机制等措施，使科技人才实现个人的成长，而不是单纯地压榨科技人才，这更加有利于科技创新，解决科技企业在伦理管理中的难题，优化人员关系，完善科技人才的伦理管理。

## 四、发展与总结

现在，禾迈股份已然成为电子电力行业的龙头企业，不断地推陈出新，提升自主创新能力，扩大市场占有率，优化科技人才的伦理管理。并且，跟随时代的步伐，禾迈股份不断增加与全球客户的紧密合作关系，以保持其在市场的核心竞争力，以及品牌的社会影响力。

## 三、不道德事件及处理方法

伦理管理针对的是企业内部所发生的不道德事件。不道德事件在近年来成为一个热门议题，众多学者对不道德事件展开研究，将其定义为以下两方面：员工为了自身利益而做出的违反社会道德和规范的非伦理行为；企业为了自身利益和运营而做出的违反社会道德和规范的非伦理行为（Umphress et al., 2011；郭志文 等，2021；罗锦熙 等，2022），也就是亲组织非伦理行为。

鉴于科技人才所具有的高收入、高素质等一系列特性以及现代企业较为成熟的员工监督管理体系，科技人才出于个人利益或是由于工作中的失误、疏忽等行为进行不道德行为的概率小，不太可能参与到有损组织利益和违反组织规则的不道德行为中去。在这一类人群中更有可能发生的是亲组织不道德行为。

### （一）不道德事件的成因

发生科技人才不道德事件的原因主要如下。

（1）资源互换。科技人才不论是为了自身利益还是组织利益，其本质上都是通过资源互换，为自身谋取利益。例如，科技人才为了自身利益在工作中偷懒，产生了懈怠等行为，以不变的薪酬换取更多的闲暇；科技人才为了组织利益实行不道德行为，以此来换取组织更多的优待和重视。

（2）社会认同。一些科技人员往往会为了得到社会的认同，做出不道德的行为。过多地宣扬社会认同感，会使科技人才为了某些虚名而忽略道德标准，以牺牲某些公共利益的方式来提高个人或组织绩效，企图以此来增强其社会认同感。

（3）激励缺失。除资源互换和社会认同外，激励机制对科技人才的效果十分显著。奖励是企业对科技人才自身价值肯定的重要标志。奖励缺失，是指在科技人才取得成果后应当予以奖励时而未能获得奖励，其成果未能得到企业的认可也就导致科技人才产生了大量的负面情绪，降低了其内心的道德标准，也因此某些科技人才更易做出不道德行为。

### （二）不道德事件的具体内容及处理方法

不道德事件的具体内容广泛，可以从主体来划分。对于科技人才来说，其典型不道德事件包括夸大绩效、欺骗、以自我为中心、无责任感等；对于企业管理者来说，不道德事件主要包括招聘歧视、待遇不公、高压政策等。

不道德事件的影响巨大，不仅对企业绩效产生负面影响，还会在社会上传播。对此，企业应明确其相关的处理办法。

（1）制定并完善相关企业政策措施。针对企业内部所发生的不道德事件，还需利用制度手段对其进行强制性的管控。企业不仅需要完善企业内部对不道德事件的界定，而且要制定相关奖惩措施，尽力遏制不道德事件的发生。

（2）企业管理者应以身作则。不道德事件的主体包括企业管理者和科技人才。企业管理者作为伦理管理的主要管理者，应当以身作则，发挥榜样作用，为科技人才提供公平、民主的管理模式，对做出不道德行为的员工（包括管理层）进行严厉惩处。

（3）加强对科技人才的培训和管理。为减少科技人才不道德事件的发生，需要让科技人才意识到不道德事件的危害，所以企业还需加强日常的培训和管理，防止不道德事件发生。

## 四、伦理与企业绩效的四种状态

企业在科技人力资源伦理管理及建设中，要同时关注其经济效益和人才发展状况，重视伦理对企业绩效的重要作用，加强科技人才伦理管理，利用好企业伦理与绩效的关系，最终提升企业绩效与运转水平。

### （一）企业伦理管理的目标

企业进行科技人才伦理管理及建设，能够使企业科技人才管理更具公平性、合理性，优化企业科技人才伦理管理，提高伦理管理的水平，其最终目的是对企业绩效产生正向影响，进而提高企业绩效。

### （二）伦理与企业绩效的四种状态

企业科技人才伦理对企业绩效存在重要的影响作用，企业还应将科技人才的动机与企业绩效结合起来，力争好的动机促成好的绩效。好的动机出现较好的绩效，但同时也存在好的动机产生较差的绩效及坏的动机产生好的绩效两种反面效果。在企业科技人才伦理管理中，科技企业伦理与企业绩效之间的关系状态可以描述为"高绩效、高伦理""高绩效、低伦理""低绩效、高伦理""低绩效、低伦理"四类。

（1）高绩效、高伦理。"高绩效、高伦理"，是指企业以高水平的伦理管理实现了高水平的企业绩效效果。这一状态是企业科技人才伦理管理所追求的最终目标，其投入的资源全部得到合理利用。

（2）高绩效、低伦理。"高绩效、低伦理"，是指企业以较低水平的伦理管理实现了高水平的企业绩效效果。相比"高绩效、高伦理"，这一状态的伦理管理效果较弱，虽然实现了高绩效水平，但长期来看，绩效水平不会持续维持高水平状态，所以还需优化其伦理管理状态。

（3）低绩效、高伦理。"低绩效、高伦理"，是指企业以高水平的伦理管理却产生了低水平的企业绩效效果。这一状态表明企业的伦理管理不适应企业的实际发展状况，还需进行调整。

（4）低绩效、低伦理。"低绩效、低伦理"，是指企业以低水平的伦理管理产生了低水平的企业绩效效果。企业不仅需要加强其科技人才伦理管理水平，而且需要将伦理和绩效结合起来，切实提高企业绩效水平。

由此可见，在科技人力资源管理伦理建设中，企业既要加强科技人力资源管理伦理建设，做到以人为本，真正关心科技人员的切身利益与未来成长，又要积极关注企业科技人力资源管理绩效和企业绩效的提升，力争达到高伦理、高绩效的状态，使关心人和关心绩效二者有机地统一起来，既实现企业的目标，又维护科技人员的权益，以达到追求管理效率与实现价值公平的有机统一。

## 五、企业科技人力资源管理伦理建设策略

企业以科技人才伦理建设为核心，以"高绩效、高伦理"为目标，不断完善其科技人力资源管理的伦理建设，具体来说，可从伦理管理规范准则、企业文化及管理理念建设、伦理相关的宣传与培训，以及企业伦理管理制度规范四个维度给出切实可行的策略。

### （一）明晰并遵守伦理管理规范准则

企业在进行科技人力资源管理的伦理建设时，还需要明晰并且遵守伦理管理相关的规范准则，主要包括人本管理准则和公平公正准则两方面。

（1）人本管理准则。人本管理准则也就是企业在伦理管理中要以人为本，该准则早已被企业管理者在日常管理中所重视。同样，在科技人才伦理管理中，还需遵循人本管理准则。人本管理准则充分体现了人才是第一资源的价值，满足了科技人才的成就感，充分调动科技人才的积极性和创造性。

（2）公平公正准则。企业存在的低伦理水平往往存在着对科技人才的绩效考核不够清晰、职位晋升不够明确、薪酬福利分配不够合理等问题，归根结底，是企业存在不公平、不公正现象的缘故。所以，企业加强科技人才伦理建设，就要遵循公平公正的准则，确保科技人才的创新管理、薪酬管理、绩效考核、职位晋升等方面具有标准化、具体化的行为准则。

### （二）强化企业文化及管理理念建设

科技人才伦理管理是对企业科技人才及其管理者的不道德行为进行调整、控制的一系列活动，因此，也应在企业文化及理念方面加强建设，如强化科技人才伦理意识，建设以民主管理为核心的企业文化。

（1）强化科技人才伦理管理理念。科技人才伦理管理理念是科技人才伦理管理的重要内容。建设科技人力资源伦理管理，还需要加强科技人才的伦理意识，强化其伦理理念。加强科技人才伦理是一种自觉主动约束自身不道德行为的方式，让科技人才能够真正从内心深处去遵守伦理规范和道德准则。

（2）建设以民主管理为核心的企业文化。科技人才作为具有更高素质、更加成熟的人才资源，会更加重视企业文化。企业通过建设以民主管理为核心的企业文化，不仅能够充分保障科技人才的各项民主权利，使其能够更加顺畅地发表意见、参与企业管理，而且能够建立鼓励创新的良好科研氛围，有利于企业对科技伦理的管理，减少不道德、非伦理事件的发生。

### （三）加强伦理相关的宣传与培训

企业重点通过加强科技人才伦理方面的宣传与培训，优化其伦理管理水平，致力于为企业绩效提供正向影响，具体包括加强科技人才伦理教育与培训和加强伦理意识宣传两方面内容。

（1）加强科技人才伦理教育与培训。企业伦理教育与培训是在长期内效果极为明显的举措。企业可以根据不同特征的科技人才、不同的实际情况，开展全方位、多层次的伦理教育与培训。对于已经做出不道德事件的科技人才，根据事件的轻重程度，依次对科技人才展开相关伦理教育。再加上长期性、周期性的伦理培训，能够在长期以潜移默化的方式将伦理意识楔入科技人才的思维意识中。

（2）加强伦理意识宣传。当前不仅是大部分企业缺乏伦理意识，也存在大量科技人才缺少伦理意识，认为伦理问题并非极重要的一环。对此，企业还需开展大面积、高频率的伦理意识宣传活动。

### （四）完善企业伦理管理制度规范

企业伦理管理还需制度化、规范化，由专门的人员或部门负责，将抽象的伦理道德具体化，避免单纯的道德说教带来的反作用，同时能强化伦理管理制度的规范性，减轻不确定性。

（1）完善绩效薪酬考核机制。企业伦理管理的最终目标是"高绩效，高伦理"，所以，应当建立并完善以绩效考核为核心的薪酬激励机制，以科学合理的绩效考核指标为基础，对科技人才进行综合考量，通过层次不一的薪酬机制来正向激励科技人才。

（2）建立健全伦理管理监督机制。高效的伦理管理制度规范还需合理的监督机制来约束。伦理管理制度在主体、制定、实行等方面存在主观性，公开公正的监督机制对伦理管理制度规范的稳步实施具有助力作用，能够有效加强伦理管理力度，提高企业绩效。

**【章末案例】**

# 拼多多公司绩效管理

## 一、公司简介

拼多多是上海寻梦信息技术有限公司的一款移动互联网电子商务应用产品，于 2015 年在上海创办，是一家在上海成长起来的互联网企业。拼多多定位为社交新电商品牌，以农产品零售平台起家，至今已成为具有鲜明特色的全品类综合性电商平台，是国内新电商的开创者。拼多多致力于让更多的人，用更低的价格，买到更好的东西，形成了其独特的社交电商思维，如今，拼多多已成为国内用户数量及规模最大的电商平台。如此快速、"顶流"的发展速度，也让拼多多的商业模式、管理制度引起了业界的广泛关注，因此，从拼多多管理制度中的绩效管理对该企业进行深度的剖析具有重要意义。

## 二、公司绩效管理

在进入信息化时代后，企业开始雇佣越来越多的科技型人才，迈入现代化管理。传统的绩效考核应该怎么考，大部分公司仍在沿袭唯指标论：既然企业的经营活动是围绕目标展开的，那么绩效就是考核目标的达成率。那仅仅靠设定一个目标，年底再去看看完成情况，这样的绩效管理科学吗？答案显然是否定的。

拼多多的做事风格就是务实，本分也是拼多多最重要的企业文化，简单理解，就是每个人努力做好自己的本职工作。因此，拼多多的绩效考核也秉持着先把 KPI 用到极致。

举个简单的例子：拼多多目前用户量已经非常庞大，之后的拉新工作只会越来越难，如果拉新的速度逐渐下降，那么重点就是维护用户黏性。拼多多的直播，就是在维护用户黏性方面的一次尝试。对于拼多多的人力资源来说，基于业务上的这些变化，需要把原先考核内容关注的重点，从用户增长转变为用户的二次开发与多次开发，以及产品的上新率等指标上来。拼多多人力资源工作的重心也应快速响应公司业务上的变化。如果 HR 没有及时响应业务的变化，一次降级，两次离开。再举个例子：直播的核心 KPI 就是商家入驻数量。为了完成任务，拼多多内部员工都说："KPI 压力很大，做不到就是凉。" KPI 的背后，一定是配套了相关的激励措施。例如，在拼多多每人一年有两次涨薪机会，分别在每年 3 月和 9 月，涨薪的幅度基本是 20% 起步，具体要看 KPI 考核的结果。

## 三、绩效实施

绩效实施是绩效管理体系落地的过程，是对绩效管理理论及体系的具体运行和操作。拼多多的绩效管理体系使其绩效实施的举措呈现出多样化的特征，通过对研发人员的股权激励、以薪酬留住人才、人员培养模式等措施，完善其绩效管理方法，强化绩效管理考核精确度，优化科技人才绩效体系（如图 4-17）。

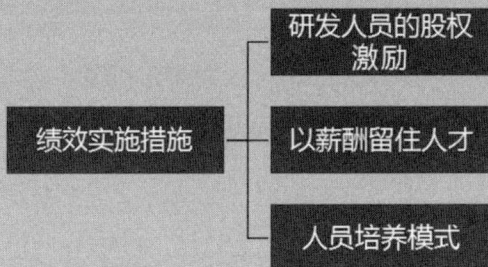

图 4-17 拼多多绩效实施措施示意图

### （一）研发人员的股权激励

一直以来，拼多多的股权激励机制都是长期激励企业内部人员强有力的举措，为企业员工绩效水平的提高增添动力。从整体上来看，自 2018 年拼多多于美国上市后，年计划用于股权激励的数额保持着逐年递增的态势，且拥有较高占比，同时拼多多还设立了长青条款，将不超过总股本 1% 的部分用来作为激励资源，整体上股权激励规模较大。从激励对象上来看，拼多多的股权激励计划对象有所变化，从原先的公司优秀员工、董事以及顾问的管理团队，逐渐向研发、销售人员等非管理性质的团队倾斜，其中更是以管理、研发团队为重，体现了拼多多自身技术导向特征和互联网时代深入发展的双重要求。

股权激励计划的实施给企业绩效带来了显著影响。股权激励提高了对人才的吸引力，增强了拼多多的核心竞争力。并且，拼多多近几年持续加大研发投入，科技人才数量持续上涨，技术实力水平显著提升，这不仅使科技人才拥有更大比例的研发资金，有助于个人在企业中绩效的提升，也有助于科技人员研发成果的成功转化，在企业绩效改善中得到突出表现。此外，股权激励还能够约束管理者的短期行为，以追求长期目标为导向，有助于科技人才长期研发管理及成果的实现，追求企业的稳定经营和绩效的稳定增长。

### （二）以薪酬留住人才

人才流失会给企业带来巨额的成本开支，对互联网企业来说，科技人才是重中之重。因此，拼多多在各方面致力于留住科技人才。近年来拼多多的快速发展也为个人提供了良好的发展机会。企业通过不断完善薪酬职级体系，为科技人才提供与之相匹配的薪酬待遇及福利，减少人才流失，尽快达成绩效目标。

在薪酬体系上，拼多多把员工分成四类，即市场销售、产品研发、平台运营和管理，其中，产品研发人员的薪酬水平长期居于领先位置。拼多多的薪酬结构具有多元化的特征，主要包括月薪、加班费、年终奖金、绩效和签字费，为科技人才提供丰厚的薪酬待遇，技术最高有16薪。同时，拼多多将科技人才划分为不同的职级，对不同职级的员工提供不同的薪资待遇，体现出差异化薪资结构。这是绩效考核的直接结果体现，同样也反过来影响企业的绩效水平，激励科技人才不断提升自身，做出成果。

在福利制度上，拼多多为科技人才提供充足、丰富多样的福利待遇，激励科技人才不断提升效率，达到绩效目标。拼多多不仅为科技人才提供生活、工作上的关怀，进行心理疏导、餐食供应、节日关怀等多项福利，而且为科技人才提供舒适的工作环境。

### （三）人员培养模式

拼多多秉持着追梦者、行动派、敢挑战、够踏实的人才理念，不断完善人才培养模式，通过培养出全方位、复合化的多元型人才，对企业整体绩效起到积极的推动作用。科技人才培养的最优解是从校招开始，对此，拼多多开展了校招"菁越计划"。

"菁越计划"是拼多多针对校招而开启的专门性的人才培养计划，致力于打造一批具有热情、积极性、主动性的人才团队。具体方式是通过轮岗制度、导师制等方法，提升新员工的专业能力，以最快的速度发现每位新员工的擅长领域，进而将合适的人置于合适的位置上，提升企业经营及管理的能力，提高企业绩效水平。"菁越计划"的目标，就是帮助员工提高自学能力，打好扎实的基本功，激发自身潜力，并成长为拼多多未来的骨干人才。"菁越计划"为拼多多提供了大量的复合型科技人才，使拼多多在互联网大潮来临之际，始终能够紧跟时代步伐。

同时，拼多多的绩效考核具有频繁性，一年进行两次大考核，每月进行日常小考核，考核结果影响每一位科技人才的升职和加薪，这使拼多多培养出来的人才拥有更高的素质和更强的专业能力，并且拥有足够的干劲，对企业绩效产生积极影响。

## 四、成功经验

### （一）保障核心骨干的利益

拼多多绩效管理的另一个成功秘诀在于用合伙人制度保障核心骨干的利益。比如拼多多创始人黄峥，目前已经退休。他持有拼多多28.9%的股份，同时拥有28.9%的投票权，是拼多多目前最大股东，拥有最多投票权。并且拼多多只有黄峥持有超级投票权股份。股权和投票权排在黄峥后面的依次是：腾讯，股权16.0%，投票权4.4%；高榕资本，股权7.6%，投票权2.1%；拼多多合伙人实体，股权7.6%，投票权2.1%；红杉资本，股权6.9%，投票权1.9%；沈南鹏，股权3.9%，投票权1.1%。拼多多一直在研究并完善包括合伙人机制在内的公司治理结构，努力从制度层面推进拼多多再上台阶。这样做的目的，也是希望通过合伙人制度来保证公司核心骨干和自己的利益。当然，拼多多在股权激励方面，有一项内容做得比较不错，就是员工需在公司任职满7年，才可以拿到全部的股权激励，这个时长基本是其他公司的2~3倍。如此设计股权激励模式，也是在透露一种信息：在拼多多工作时间越长，收获就会越多，从根本上保障核心骨干的利益，能够让核心科技成员更加投入地工作。

### （二）绩效管理宗旨

拼多多的绩效管理宗旨：当我们做不到在制度或时间上来补偿大家的时候，我们只有在金钱上补偿大家。这在管理学领域内属于一类管理流派，拼多多将该理论发挥到极致。一般而言，人类厌恶工作而喜好闲暇，只有通过高经济保持的激励办法，才能够让人们以工作来代替闲暇。拼多多深谙此道，以高报酬来吸引、招聘、留住科技人才，发挥科技人才的最大价值。

## 五、发展与总结

拼多多的绩效管理，充分体现了拼多多这家企业的战略格局与进取心。在绩效实施层面，我们见识了拼多多在战术执行上的高度务实。战略上的进取与战术上的务实，是拼多多作为一家年轻企业，在短短几年时间内实现如此巨大成就的根源，也是其被行业专家与投资者长期看好的重要原因。其绩效管理模式值得所有企业学习、借鉴。

# 本章小结

本章主要介绍了科技人力资源的绩效与伦理方面的管理，先对科技人才的激励管理及实施进行阐述，进而对科技人才绩效的过程、方法进行分析，不断完善科技人才绩效体系，建立起科技人力资本效能模型；同时对科技企业内部伦理要素及伦理关系进行分析，提出伦理管理的难点，并指出解决方法，总结概括企业科技人力资源管理伦理建设的策略。

## 讨论题

1. 简单阐述科技人才激励的途径。
2. 举例分析并区别科技人才绩效管理的三种方法。
3. 简要阐述科技人才绩效管理及沟通的流程。
4. 说明为何要进行职场伦理的管理。
5. 解释说明伦理与企业绩效的四种状态。

# 第五章　科技人力资源薪酬管理

　　薪酬管理是企业激励员工、调动员工积极性的重要手段。相比常规人力资源的薪酬管理，科技人力资源的薪酬管理内容要更加复杂。首先要从人力资源规划出发，把握薪酬管理在企业中的重要作用，将绩效管理方法融入薪酬体系中。然后要按照一定的规范、流程与方法构建企业的绩效体系，在构建过程中注意规避误区，同时将科技人力资源特有的科技人力资本理论融入其中。在薪酬体系构建完成后，进行日常的薪酬体系管理。

　　管理好企业只有三种手段，分别是导向、考核和激励。导向就是你想做什么，怎么做，做好会有什么好处，做不好会有什么处罚，这个要跟他讲清楚，清清楚楚导向问题；考核就是通过什么手段去考核他们；奖励是考核完之后通过什么手段去奖励他们。

——福耀玻璃集团创始人　曹德旺

【学习要点】

☆目标与关键成果法

☆薪酬带宽

☆专利战略

☆员工福利

【开篇案例】

# 海康威视为什么被称为"体面厂"

## 一、公司简介

　　杭州海康威视数字技术股份有限公司（以下简称"海康威视"）是全球安防设备领域的龙头企业，主要深耕智能物联、人工智能、安防设备等领域，可以提供高质量的监控产品和技术解决方案。2022 年上半年，海康威视营收 372.58 亿元，净利润也达到了 57.59 亿元。海康威视成立 20 多年来，紧跟时代发展，把握市场变化，从安防监控硬件产品入手，扩大市场规模，提高品牌附加值。随后由于产品同质化现象严重，安防监控硬件产品竞争激烈，海康威视转型成为安防整体化解决方案供应商，从生产产品到提供服务，公司的业务逐渐向产业价值链下游延伸。近年来，物联网技术以及对大数据的研究兴起，海康威视扩展自己的业务版图，推出"智能物联 AIoT"战略，综合安防、智慧业务和大数据服务进行业务全覆盖，成为制造企业服务化转型新标杆。

　　海康威视的员工经常调侃公司是"体面厂"，这一外号来自海康威视在薪酬方面的一个口号，即"在海康威视工作，不一定能非常富裕，但一定会非常体面"。那么，海康威视是怎样让员工感到"体面"的呢？

## 二、薪酬管理

### （一）薪酬与绩效考核

　　在薪酬方面，海康威视的一个口号就是"为员工提供在行业内有竞争力的薪酬水平"。截至 2021 年年末，海康威视共有员工 52 752 人，人均薪酬 27.6 万元。作为浙江省员工人数最多的 A 股上市公司，海康威视的员工薪酬也在上市公司中名列前茅。海康威视员工的薪酬分为两部分，基本工资占 80%，绩效工资占 20%，看似绩效工资比例不高。每个季度会进行绩效考核，分为不及格、及格、良好和优秀四个等级。绩效考核主要关系到年底奖金的发放，一般以三个月的工资为基础按月增减。如果两次考核不及格，那么员工就有可能会被劝退。海康威视的绩效管理体系主要是以目标与关键成果作为框架设计，灵活性比较强。通过三年滚动的战略规划和年度经营计划设定公司级目标，其中年度经营计划会从部门分解到团队，再细分到每一个人来对目标进行承接。另外，每个部门对于市场和业务也会有一些自己的判断，不同的业务团队有不同的职能特性，目标也不太一样，部门之间是相互影响、相互促进的，牵引指标也会相互制衡。

### （二）薪酬等级

海康威视提供清晰完善的职业发展和培训体系，企业存在专业序列与管理序列双重晋升发展通道。

专业通道（P）分为 5 个等级，员工入职后选择专业通道后可以接受专业进阶培训课程。P1 级员工称为专员，接受初级专业课程；P2 级员工称为高级专员，接受初级进阶专业课程；P3 级员工称为专家，接受中级专业课程；P4 级员工称为资深专家，接受高级专业课程；P5 级是专业通道的最高级，称为首席专家。

管理通道（M），员工入职后选择管理通道可以接受领导力提升培训。一般海康威视的基层员工职级是 M1 级；M2 级称为后备经理，接受初级管理课程（新世界—启程）；M3 级称为后备总监，接受中级管理课程（新世界—征程）；M4 级称为后备中层管理者，接受高级管理课程（新世界—引领）；M5 级是管理通道的最高级，可以参与 CEO 圆桌交流。

## 三、员工福利

海康威视为员工提供了完善的员工福利体系。为了提高员工的生活品质，海康威视为员工提供工作餐补、员工特色餐厅、咖啡厅等餐饮福利。为了保证员工的健康，海康威视组织员工每年进行健康体检，办公区域内配备免费健身房和理疗室，医疗人员定期对员工进行健康义诊。海康威视早在 2009 年就推出了员工购房无息贷款福利，缓解员工的购房压力，保证外省员工可以在杭州稳定、无顾虑地工作。

## 四、人力资本产权激励

人力资本产权激励是海康威视薪酬管理的一大特色。一方面，传统的收益分配方式主要以会计利润为基础，海康威视认为会计计量方法相对比较主观，难免存在一定的会计数据操纵可能性；另一方面，海康威视的早期创业团队成员大多数有国企背景，人力资源与薪酬体系比较平均，如果采用传统的员工收益分配模式，原有的老员工就会缺乏工作积极性，工作努力的员工分配的收益也和其他人相差不多，长远来看，这不利于企业长期发展。因此，海康威视结合企业实际，推出了人力资本产权激励的措施

### （一）项目跟投

经过一系列的考察和调研，海康威视创造性地提出了项目跟投的模式，创业是高风险高回报的活动，如果员工直接或间接持有公司股份，那么就实现了个人利益与公司利益的捆绑，个人与公司共同分担创业风险的同时，也可以共同分配创业的高额收益。2015 年，海康威视正式推出了《核心员工跟投创新业务管理办法》，员工可以在创新业务上与公司共创子公司，员工与公司股权比例是 6:4，依靠这种模式，核心员工和公司一起陆续成立了杭州萤石网络股份有限公司、杭州海康机器人（HikRobot）技术有限公司、杭州海康汽车技术有限公司、武汉海康存储技术有限公司等子公司，大量核心员工成为与企业共担风险、共享收益的事业合伙人。这些子公司发展迅速，逐渐成为海康威视的重要收入来源，事业合伙人也因此赚得"盆满钵满"。以海康威视旗下最成功的子公司萤石网络为例，萤石网络 2021 年全部营业收入 42 亿元，主要经营的智能家居产品年销量超过 2000 万件。

### （二）股权激励

海康威视在视频监控行业始终处于领导地位，这离不开企业优秀的技术研发人才。2021 年，海康威视公布了第五期限制性股票激励计划，这是海康威视自 2012 年以来的第 5 个股票激励计划，前面 4 次分别是在 2012 年、2014 年、2016 年、2018 年，与前面 4 次的股权激励方案一致，海康威视的股权激励主要以定向发行新股的方式进行，企业的高级管理人员、中层管理人员、基层管理人员、核心技术人员和骨干员工是享受这次股权激励计划的

对象，参与股权激励的员工一共有 9973 人，占 2020 年年末公司总人数的 23.3%。海康威视的股权激励对象覆盖面广，核心技术员工是主要的激励目标，每一次股权激励的有效期均设置为 10 年，能够真正体现激励的作用。

### 五、发展与总结

基于以上几点，可以看出海康威视从薪酬体系设计、员工福利及人力资本产权激励三方面进行企业的薪酬管理，的确做到了让员工体面地工作，如果是科学技术人才，还可以通过股权激励以及项目跟投的方式与企业共担风险、共享利益，海康威视对于科技人才的薪酬管理模式值得借鉴。

# 第一节　薪酬管理概述

本节主要介绍薪酬管理的主要概念，包括薪酬、薪酬管理及科技企业的薪酬管理理念。薪酬管理与人力资源规划和绩效管理是密不可分的，薪酬管理的每一个环节都要考虑是否符合人力资源规划的内容，薪酬管理可以促进其他人力资源管理职能的正常运转。而绩效管理是薪酬管理的一个重要工具，薪酬中的浮动部分需要由绩效来决定。

## 一、薪酬与薪酬管理

### （一）薪酬

薪酬是企业进行员工激励的一种重要工具。激励的实质是按不同员工不同的贡献兑现报酬，让员工产生努力越多回报就越多的感觉，而薪酬就可以起到这样的作用。薪酬的存在形式不仅局限于"金钱"，非金钱形式的实物以及非实物形式报酬也属于薪酬。通常将薪酬分为货币薪酬和非货币薪酬。货币薪酬是以货币形式存在的薪酬，如工资、奖金、期权等形式；非货币薪酬是非货币形式的抽象薪酬，如发展机会、良好的工作环境、良好的企业文化氛围、公司品牌、发展平台、培训机会、良好的上下级关系、获得的认可和成就感等。可以认为，员工在企业工作期间所有获得的有一定价值的酬劳都属于薪酬，广义上这些酬劳被称为整体薪酬。

从整体薪酬的角度对薪酬的概念进行理解是近年来薪酬理论研究的热点，朱敬初和文莲萍（2021）指出知识型员工是现阶段企业的核心人力资源，针对这一群体，应当从薪酬、福利、认可、发展和幸福力五方面建立整体薪酬机制，有效地激励员工。谭春平等（2019）认为整体薪酬是一种具有更好激励效果的综合薪酬体系，并从个人特质、领导方式和企业文化等方面研究整体薪酬对员工产生激励的作用机制。杨旭华等（2022）研究平台型企业的薪酬体系，从经济性薪酬和非经济性薪酬（行业环境、工作体验和个人成长三方面）两个维度完善平台型企业的整体薪酬模式。董青和黄勇（2021）关注员工对于整体薪酬的心理感知，指出员工追求多元且平衡的激励，企业有必要从满足员工多元且平衡的需求出发，构建恰当的整体薪酬体系。

### （二）薪酬管理

薪酬管理是人力资源管理的一个重要环节。一般来说，薪酬管理是一个以吸引、激励和留住人才为目标的完整人力资源管理体系，具体包括结合企业战略决定整体薪酬战略、结合人力资源规划构建企业薪酬框架、确定具体的定薪调薪方案、结合绩效提高薪酬管理的激励效果、探索可量化的薪酬评估体系、构建薪酬核定和沟通仲裁机制、设计有特色的企业员工福利体系、协调维护企业的其他业务、进行日常薪酬管理（如薪酬计算发放、缴纳员工保险、管理员工福利）。

在科技企业的薪酬管理中，越来越多的研究认为以企业战略为出发点、融合创新元素的薪酬管理模式能够有效地管理好科技人力资源。吴玉龙（2022）认为薪酬管理的关键就是以企业发展战略和组织目标为出发点设计薪酬管理模式，薪酬战略要兼顾长期性和整体性，恰当处理员工与企业之间的关系。罗另（2022）从互联网企业和互联网企业员工特征出发，指出公开透明的薪酬管理制度在互联网企业中的优点，管理者应当注重薪酬管理过程的公平性，向员工提供个性化、年轻化的非物质性激励。付珺（2022）研究设计院科技人才的薪酬管理模式，指出用宽带式薪酬为框架进行薪酬管理，设置强制性福利以及自主福利，并且适当给予一些政治激励，有助于吸引和留住科技人才。陆毅（2021）提出可以进行岗位分析设计薪酬等级和档位，构建弹性薪酬管理方案，规避传统薪酬管理模式中职业发展通道单一、岗位价值设置不合理的问题。代向阳等（2021）将量子管理模式与薪酬管理相结合，认为应当满足员工的价值体验，建立多层次的事业合伙人制度，用目标与关键成果与员工个性化需求相挂钩。

### （三）科技企业的薪酬管理：整体薪酬理念

科技企业在人才争夺过程中仅仅依靠高额的工资和奖金未必有很好的效果，因为企业面临着激烈的科技人才竞争，这类人才除了基本的金钱需求之外，还产生了越发强烈的人文关怀需求。

在当前的就业市场上，常常会看到这样一种现象，科技人才更喜欢选择在大型企业就职，知名互联网"大厂"和实力雄厚的科技企业成为求职者的就业首选，即使面对激烈的竞争和人力更新换代，也义无反顾。而实际上，在大企业工作并不意味着高薪，不少在大企业工作的员工的工资在整个市场中处于较低的水平，他们完全可以加入其他企业获取更高额的工资，但他们仍选择留在大企业工作，这是因为非货币性薪酬也是科技人才的考虑因素。大型企业有完善的福利制度、良好的企业文化、丰富的培训资源、丰厚的绩效奖金和优越的办公条件，从整体薪酬的角度来看，这是大企业在吸引科技人才方面的竞争力。与此同时，小企业的某些岗位薪酬比大企业同类岗位的薪酬高很多，这是因为在某些关键岗位上，只有用重金才有可能吸引到人才。对企业来说，非货币薪酬体系需要长期的摸索和发展才能形成，货币薪酬体系则可以在短期内实现。在无法形成非货币报酬体系的情况下，小企业会采用提高货币报酬的方式吸引人才。

总之，科技企业必须用完善的薪酬体系吸引员工、留住员工。每一个企业掌握的资源和发展阶段不同，需要根据自身优势推出适合自身情况的薪酬方案，扬长避短，提升企业的整体薪酬，从而可以抢到更多的科技人才。

## 二、薪酬管理与人力资源规划

### （一）人力资源规划

人力资源规划是薪酬管理的基础，薪酬管理工作同时也对人力资源规划工作产生影响。首先我们需要对人力资源规划进行理解。企业人力资源规划的具体内容包括建立并调整组织结构、进行工作分析并明确岗位需求、划分职位等级和类别、员工职级管理、分析企业人力资源需求和市场人力资源供给、预算企业人力资源管理成本、建设完善企业人才梯队等职能。

人力资源规划的目标是确保企业的人力资源数量、质量与公司的发展步伐保持同步，从市场中获取企业发展运营所需的人力资源，在确保企业能够有效配置使用人才的基础上控制人力资源管理支出。

人力资源规划工作的关键工作包括战略规划、工作分析、工作评价和人力资源供需分析。这四项关键工作与人力资源的相关工作有着密切的联系，因此可以说，它们是公司人力资源管理工作的指针。

### （二）薪酬管理与人力资源规划的关系

袁勋（2021）认为人力资源规划为薪酬管理提供依据，薪酬管理要考虑企业整体人才结构，薪酬管理链条要集引导、评价和结果为一体。钟欣、林晓宁（2021）以电商企业为分析对象，指出薪酬管理是人力资源规划的一部分，薪酬的分级有助于维护企业文化和工作氛围，而高薪酬或低薪酬战略事关人力资源规划的人力资源成本控制，薪酬管理要平衡人力支出和效益上升二者的关系。成亿（2021）也认为薪酬管理直接影响企业的人力资源成本控制，是人力资源规划的重要环节。

在理解了人力资源规划之后，薪酬管理与人力资源规划二者之间的关系就非常清晰了。一方面，薪酬结构和战略的制定基于人力资源规划，需要根据企业对人才的需求制订薪酬方案，是采取激进、有吸引力的薪酬方案还是保守、有侧重的薪酬方案都取决于企业的实际需求情况。人力资源规划是薪酬管理的依据，决定着薪酬管理的整体思路和方向是否正确。另一方面，薪酬的具体细节设计需要参考工作分析和工作评价的成果，工作分析的成果是形成岗位说明书。岗位说明书说明了员工在一项工作中必备的技能和职责，薪酬管理则可以根据岗位说明书确定员工的薪酬等级。

### （三）基于人力资源规划的薪酬分析模型

在薪酬体系设计时，有必要结合人力资源规划对薪酬体系进行剖析，在这里需要用到 Wen's 战略薪酬矩阵（如表 5-1 所示）。Wen's 战略薪酬矩阵由企业战略和薪酬管理两个维度组成。薪酬管理维度包括工资支付、工资水平、工资结构、奖金支付；而企业战略维度包括行业、企业发展、定位和竞争方式。战略维度和薪酬管理维度的任意元素两两之间进行逻辑匹配，有的元素之间存在关联，有的元素之间不存在关联，形成一个说明人力资源规划对薪酬管理影响的矩阵。在确定企业薪酬管理体系时，考虑薪酬管理元素的所有影响因素，综合确定最终的薪酬管理体系设计。

表 5-1　Wen's 战略薪酬矩阵

| 项目 | 工资支付 | 工资水平 | 工资结构 | 奖金支付 |
|------|---------|---------|---------|---------|
| 行业 | √ | √ | √ | √ |
| 企业发展 | √ | √ | √ | √ |
| 定位 | | √ | | |
| 竞争方式 | √ | √ | √ | √ |

## 三、薪酬管理与绩效管理

### （一）绩效管理的概念

薪酬和绩效是不分家的，薪酬中的浮动部分需要某种机制来衡量分配的数量，这就是绩效考核。现在社会上对绩效考核有很多误解，甚至把企业经营出现问题的原因归咎于绩效管理，认为是绩效管理伤害了企业。事实上以结果导向为衡量标准的绩效管理非常有助于企业的发展，如果没有结果导向，员工缺乏效率意识，这样的企业是很难高效运转下去的。因此，要真正理解绩效管理的内涵，合理运用方法，否则会产生负面影响。

绩效管理包括一系列复杂的细节问题，并非设计出几个 KPI 完成绩效考核就是完成了绩效管理。绩效考核是绩效管理的一个环节，完整的绩效管理还包括绩效计划、绩效评价、绩效反馈沟通的过程，其目的就是提升个人工作效率，从而提升企业整体绩效水平。

科技人力资源的绩效管理需要合理地选择并运用绩效管理方法，目标管理法、平衡计分卡、目标与关键成果法及关键绩效指标法是绩效管理的常用方法。西楠等（2020）对绩效管理的目标与关键成果法进行研究，发现目标与关键成果法使目标有挑战并且可以灵活调整，将目标的实现与绩效薪酬相挂钩，促进团队绩效，提高客户的满意度并且有助于团队成员能力的提升。温素彬和郭昱兵（2020）结合某公司的实际方法，用鱼骨图法将企业战略目标分解，提炼出企业运营的关键绩效指标，提供了关键绩效指标法进行绩效管理的应用实例。曾嘉（2019）以某公司的技术员工为研究对象，基于绩效管理的相关理论，构建更加完善的关键绩效指标法，帮助企业的薪酬水平在市场竞争中保持优势地位。罗锦珍（2019）研究平衡计分卡方法在企业绩效管理中的实际应用，将企业的经营战略与企业业绩的重要因素进行结合，从四个维度建立平衡计分卡指标体系。

### （二）绩效管理的意义

（1）绩效管理促进管理流程和业务流程优化。管理流程主要就是对员工激励与约束的流程，而业务流程主要就是说明企业应当怎样运转，包括业务为什么要做、业务由谁来做、业务怎样做以及与其他业务的关系几个问题。绩效管理对企业管理流程和业务流程的优化具有积极的影响。在实施绩效管理时，管理者要考虑的就是怎样更好地激励并约束员工的行为，然后从业务流程的四个问题出发，结合公司的总体效益和工作效能，对以上四个问题进行持续的调整和完善，逐步优化，不断完善企业的管理流程和业务流程。

（2）绩效管理是薪酬分配的重要依据。对于薪酬体系来说，一个重要的支撑体系就是绩效管理体系。大部分企业采用固定薪酬和浮动薪酬相结合的模式，浮动薪酬与员工的绩效挂钩。绩效表现优秀或考核积分高的员工，可以获取更多的浮动薪酬和更高的年终奖金等；绩效表现不合格的员工则无法获得浮动薪酬，甚至面临被辞退的境遇。除了浮动薪酬之外，员工的固定薪酬也和绩效管理相关，因为绩效考核的结果影响员工职位调整，不同职位的固定薪酬不同，没有绩效管理，薪酬也就缺少了依据。绩效管理是以"按劳分配"思想指引的，即多劳多得，以按劳分配为思想指导薪酬管理，使整个过程公平公正，提高员工的工作积极性。

值得一提的是，绩效管理也可能会成为双刃剑，这与绩效评估体系的客观与否有直接联系。如果绩效评估没有足够客观、公正地反映员工的实际绩效差异，那么，无论薪酬体系设计得如何科学完美，对接的结果都不可能产生激励性，相反是对激励性的极大挫伤。这就相当于一个房子如果地基不稳，修再高的楼只会越来越不稳。

（3）绩效管理帮助实现组织目标。企业总体上有较为明确的发展计划和策略，并有长远发展计划和短期发展计划，然后结合公司的经营状况和市场环境，将组织战略细化为经营目标、财务目标等目标，随后管理者将企业的各项目标分配给各个部门，各部门再形成部门的绩效指标，在日常工作中，围绕绩效指标进行绩效管理。只有每个部门都正常运转，企业整体才能实现组织战略目标。

（4）绩效管理实现平等竞争。企业的运营过程中，难免会出现员工能力与岗位定位不匹配的情况，在同一个工作岗位中的员工工作表现也天差地别，往往在比较重要的工作岗位中，这样的问题更为显著。需要让岗位与员工工作能力尽量匹配，且为企业做出不同贡献的员工理应在薪酬分配方面体现差异，绩效管理因此而存在。一套客观公正的标准可以使员工在企业中公平竞争，其工作表现也有了评判的依据，岗位之间的人员流动也有迹可循，从而保证企业内人力资源的最佳运用，提高企业的竞争力。

## （三）绩效管理方法

绩效管理主要有四种方法可以参考：目标管理法、平衡计分卡、关键绩效指标法、目标与关键成果法。企业会选择一种或多种工具对各级组织和员工进行考核，依据考核分数决定绩效工资或业绩奖金的发放。

（1）目标管理法。1954年，著名管理学之父彼得·德鲁克在著作《管理的实践》中提出了目标管理概念。德鲁克认为企业进行工作的前提是要有目标，企业所有的战略和计划必须转化为目标。如果一个工作内容没有目标，那么这项工作就会被员工忽视。因为目标是员工工作的动力，所以可以通过目标对员工进行管理，这就是目标管理。当组织设立了组织目标后，将抽象的组织目标分解转化为企业各个部门和所有员工可以明确执行的目标。管理者密切关注目标的进度和完成情况，以此作为部门和员工的绩效，进行考核、评价和反馈。

目标管理强调对组织目标的分解。这种方法在早期被很多企业使用，方法简便易行，没有特别要求，只要有目标就可以使用这个方法。但是，目标管理的方法没有比较详细的具体操作方法。伴随其他绩效管理方法的出现，更多企业转而使用其他绩效管理工具，目标管理成为一种辅助工具。

（2）平衡计分卡。平衡计分卡是罗伯特·卡普兰和大卫·诺顿在20世纪90年代提出的一种绩效评价体系，该方法最初被称为"未来组织绩效衡量方法"。这种方法的设计初衷是改变传统的以财务指标为依据的绩效管理模式，找到其他的指标使组织目标能够转变为具体的行动。该方法经过了多年的发展，已经成为一种应用广泛的集团化战略管理的工具，受到许多大型企业的青睐。平衡计分卡（见图5-1）是一套系统、复杂的绩效管理方法，为了便于理解，我们应抓住平衡计分卡的几个主要特点。首先，相较于目标管理法，平衡计分卡将目标分成了四大维度，包括财务表现、客户市场、内部管理和人力资源，四个维度的划分使目标设置更为全面，更有针对性，不会遗漏重点。其次，因为考虑全面，平衡计分卡更适用于公司层面战略管理或公司层面绩效管理，有助于公司稳定发展。部门层面也可以使用平衡计分卡，部门作为一个小组织，同样可以将组织目标进行细分。然而，员工层面的考核不太适合使用平衡计分卡，因为这个方法过于全面复杂，重点不突出。

图 5-1 平衡计分卡设计的维度

（3）关键绩效指标法。关键绩效指标法的核心就是确定KPI。二八定律是管理中的一个重要理论，在企业运营过程中，80%的工作内容往往是由20%的关键行为完成的，KPI就是这最重要的20%的关键行为。关键绩效指标法同样是把组织目标分解为可细化衡量的工作目标，关键绩效指标法与平衡计分卡的相同点是关注公司层面目标的层层分解。不同点是，关键绩效指标法特别强调抓住少数关键的核心指标进行管理和考核，而且要求指标必须是可衡量的数字（比率）。

关键绩效指标法应用非常普遍，既可以在公司层面和部门层面应用，也可以在部分岗位应用。关键绩效指标法的缺点也比较明显。由于指标来自上级组织以及本级组织目标的分解，所以容易出现在努力完成指标的过程中，忘记了原来的目标。有的时候，组织目标已经改变了，但是既定的考核指标并没有同时改变，被考核人还在盲目地执行。所以，企业内部经常抱怨绩效考核没有效果，其实很多时候是目标改了，指标没有改，指标完成了，但距离目标却很遥远。不可否认，关键绩效指标法是一个适用面很广且非常有效的方法。

（4）目标与关键成果法。1999 年，美国英特尔公司发明了目标与关键成果法，主要思路是定义和跟踪目标及其完成情况。目标与关键成果法在问世初期一直没有被重视，近年来，谷歌公司成功应用目标与关键成果法的经验得到推广，这一方法逐渐为人所知，成为在互联网企业、科技企业、游戏公司、风险投资公司和创意公司绩效管理中最常用的一种方法。

目标与关键成果法非常适合在部门或团队内部协同使用，团队成员可以了解其他成员的目标是什么，怎样进行团队配合。鼓励员工设置有野心的目标，如果每个目标能完成 70% 左右，那么这种设置目标的方式很可能产生出乎意料的结果。目标与关键成果法可以理解为目标管理法和关键绩效指标法的结合，既有目标，又有分解的详细指标。

专栏 5-1

# 华虹集团技术人员的绩效设计

## 一、公司简介

上海华虹（集团）有限公司（以下简称"华虹集团"）是世界十大晶圆代工厂商之一，主要以集成电路芯片的设计制造为核心业务，拥有 8 in（1 in=0.0254 m）和 12 in 晶圆厂生产线，可以为智能手机、汽车等终端市场提供 55nm 以上制程的半导体代工，2021 年，华虹集团营收达到 33.2 亿美元，在全球晶圆厂商中位居第五名，在国内厂商中仅次于中芯国际（见表 5-2）。作为国内半导体行业的龙头企业，企业的正常运行离不开薪酬绩效制度的设计，华虹集团的企业员工主要是技术人员，因此本案例主要介绍华虹集团技术人员的绩效管理体系设计。

表 5-2　全球前六大晶圆厂商 2016 年与 2021 营收及增长率

| 厂商 | 2016 年营收 / 亿美元 | 2021 年营收 / 亿美元 | 增长率 |
|------|------|------|------|
| 台积电 | 288.2 | 568.2 | 97% |
| 联电 | 46.1 | 76.2 | 65% |
| 格芯 | 54.9 | 65.8 | 20% |
| 中芯国际 | 28.0 | 54.4 | 94% |
| 华虹集团 | 9.57 | 33.2 | 247% |
| 力积电 | 12.9 | 23.5 | 82% |

## 二、绩效管理体系设计思路

科技企业的绩效管理体系设计往往存在一定的难度，因为技术员工的绩效往往是以无形的脑力劳动形式体现的，难以量化；即使存在绩效薪酬体系也难以真正落实，浮于形式。事实上，科学合理的绩效薪酬体系对于技术员工的激励作用是不可小觑的，如果能够真正落实绩效薪酬，对发挥组织内部技术员工的能动性与创造性具有重大意义。通常情况下，衡量绩效有三种方法：行为导向、结果导向、品质导向。运用行为导向法来衡量技术员工的绩效显然是不合适的，因为技术员工的绩效行为是一种无形的脑力劳动，难以对其准确监控；又因技术员工的绩效结果多数以团队形式表现，难以通过量化指标来具体衡量，单纯地采用结果导向型绩效考评方法也不是最佳的选择。因此，对于技术员工绩效的衡量要结合技术员工自身的特点及其绩效的特点进行具体的设计，不能只选择某一种方法进行衡量，而要采取多种形式的衡量方法。

## 三、以产品提成为主的绩效薪酬设计

产品提成，是指将技术员工的技术应用于产品，并根据产品在市场上的销售量为依据给予技术员工相应提成。华虹集团将公司的技术员工按照其技术水平的高低划分为初级技术员工、中级技术员工、高级技术员工和核心技术员工四个等级，针对公司技术员工所处的不同级别、研发产品在市场上的销售情况确定技术员工的提成比例。其中，初级技术员工、中级技术员工分别按照5%和10%的比例获得产品提成，高级技术员工按照18%的比例获得产品提成，核心技术员工占有最高30%的提成比例。华虹集团采用产品提成策略，按照技术员工实际的绩效水平对不同等级的技术员工采取不同的提成比例，奖励其发明创造的成果，充分发挥了绩效薪酬对技术员工的激励作用。通过提高高级、核心技术员工的提成比例，不仅可以激发其工作积极性，使其努力提高绩效水平，而且为企业留住了核心人才，避免核心人才的大量流失。

## 四、以研发奖励为主的绩效薪酬设计

研发奖励，是指企业根据技术人员的研发行为给予相应奖励。华虹集团一直注重技术创新和新产品开发，致力于提高产品内在质量，增强企业核心竞争力。针对技术员工在产品研发过程中给企业带来的实际收益状况，华虹集团制定了技术员工研发奖励表格，明确了奖励标准。如优化产品使生产成本每下降1%奖励1000元，改进老产品使之升级换代奖励2000～8000元，自主研发获得国家专利并投入批量生产奖励20000元等，由此产生了一系列卓有成效的研发成果。通过实施针对不同研发行为的奖励，无论是微小的创新行为还是对企业提升效益方面有重大作用的知识创造行为都能得到及时、有效的奖励，不仅鼓舞了技术员工积极参与产品研发活动，同时降低了产品研发的成本，极大地提高了公司的效益。此外，公司还专门出台了《关于技术创新、产品研发的奖励办法》，对技术创新和产品开发进行专门奖励。

## 五、发展与总结

基于以上两个层面的绩效管理设计，华虹集团的员工激励政策产生了较好的效果。科技企业采取多种形式相结合的方式进行绩效管理，以激励技术员工为实现组织目标而努力是非常有效的。作为我国芯片产业成长的缩影，华虹集团做到了从落后到实现技术突破，成为国际知名的芯片制造厂商，它的绩效管理方式值得借鉴。

# 第二节　薪酬体系设计与人力资本

本节主要介绍薪酬体系的具体设计方法，薪酬体系设计有其特定的规范与设计流程，计算薪酬值进行定薪时还有一定的计算方法，同时必须规避薪酬体系设计的误区。科技人力资源的薪酬体系设计还需要融合科技人力资本、人力资本产权、专利回避以及"旋转门"制度的概念。

## 一、薪酬体系设计规范与流程

### （一）薪酬体系设计规范

（1）构建基于能力的薪酬体系。如果企业的某些岗位设置比较模糊，对于岗位的分类和界定比较模糊，那么它的薪酬体系可以基于员工的能力进行构建，以员工的工作能力为依据进行职级的划分。这种薪酬体系适用于处于成长期或成立不久的企业。这类企业规模有限，且正在探索运营模式，岗位之间的工作内容有重叠、较为灵活，以员工的能力进行定薪比较公正。

（2）构建基于岗位的薪酬体系。基于岗位的薪酬体系将企业不同岗位的重要性进行排序，重要的岗位等级高，薪酬水平也较高。这种薪酬体系需要对企业内部的岗位细节进行全面评估，强调不同岗位之间的差异，而不强调同一岗位不同员工的差异。这种薪酬体系适合业务模式非常成熟、员工工作职责较为明确的企业。

### （二）薪酬体系设计流程

（1）需要分析企业的经营情况、人力资源现状、未来发展战略及市场情况来选择薪酬设计的思路。薪酬体系的设计要吸引并留住人才，薪酬必须具备一定的竞争力，同时也要保证不同职级之间薪酬有差异性，不能过于平均，因为薪酬也有重要的激励作用。要在人力成本和薪酬竞争力之间找到一个平衡点，适当控制企业的经营成本。

（2）根据前一阶段确定的思路，进行岗位横向、纵向的分级，设定每一个职级的薪酬水平。一方面要让各个职级基本覆盖到企业的所有员工，符合实际情况；另一方面也要充分考虑薪酬支出成本的问题。

（3）确定薪酬组成。前一阶段设定的薪酬水平是该等级岗位的薪酬总值，包括固定薪酬、浮动薪酬和各种补贴。这一阶段的工作需要决定每一职级薪酬的组成结构、固定薪酬占比、浮动薪酬占比，以及怎样设定这个比例可以让薪酬发挥最佳的激励效果。

浮动薪酬主要有绩效奖金、项目奖金和年终奖金三种形式。对于核心业务团队，需要激励性强的、奖金及时兑现的浮动薪酬奖励，可以向其发放月度或季度绩效奖金；对于工作是以"项目"为中心的岗位，可以对员工发放项目奖金，以项目的完成情况为依据确定奖金数额；对于非核心业务岗位的员工，他们的工作并不直接涉及企业的盈利，绩效标准也很难衡量，此时适用年终奖的模式，根据企业经营状况和个人表现确定浮动薪酬额度。

（4）进行薪酬测算。这一阶段的工作可以计算出每一个职级员工的具体薪酬数额，根据薪酬水平以及同一职级下的员工数量进行测算。

（5）对薪酬体系进行定期回顾。薪酬是动态变化的，每一个时期的物价变化、人力资源供需关系、国家政策都会影响员工对于薪酬的感受，在设定了薪酬体系之后，有必要及时与员工进行沟通，采纳员工对薪酬数量的意见，同时密切关注市场人力资源薪资的动向，及时进行调整，保证薪酬体系具有竞争力，如图5-2所示。

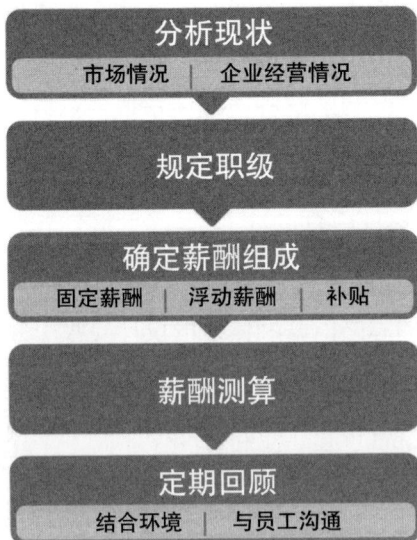

图 5-2 薪酬体系设计流程

## 二、薪酬体系设计方法与误区

### （一）薪酬带宽

（1）一带式薪酬结构。一带式薪酬结构，是指企业的薪酬体系只有一条薪酬带宽。薪酬带宽，是指某一职级员工的薪酬最高值和最低值的变动范围。一带式薪酬结构通俗来说就是确定一个薪酬带宽值，依据薪酬带宽值将公司所有员工按薪酬分为不同的等级。例如，将薪酬带宽值定为 10000 元，则每一个等级内部员工的薪酬极差就是 10000 元，等级 1 员工的收入比等级 2 员工的收入高 10000 元，同样，等级 10 员工比等级 9 员工的收入低10000 元。

一带式薪酬结构简洁明了，应用方便，企业从零开始设计薪酬体系，运用一带式薪酬结构是难度最小的，适合员工人数较少的小型企业。但是如果将这样的薪资结构应用于岗位数量多、员工人数也比较多的大型企业，就会出现薪酬结构区分度不够，员工发展空间受限的问题（见表5-3）。

表5-3　一带式薪酬结构

| 薪酬档位 | 等级 | 总收入 / 元 | 岗位 |
|---|---|---|---|
| 一 | 1 | 27000 | 董事长 |
| | 2 | 24000 | 总经理 |
| 二 | 3 | 21000 | 副总经理 |
| 三 | 4 | 18000 | 事业部经理 |
| | 5 | 15000 | |
| | 6 | 12000 | |
| 四 | 7 | 9000 | 组长 |
| | 8 | 7000 | |
| | 9 | 5000 | |
| 五 | 10 | 3000 | 普通员工 |

（2）宽带式薪酬结构。宽带式薪酬结构就是企业用4～6个比较大的工资范围来划分工资级别，原本数量比较多的工资级别被提炼、重组、合并。与一带式薪酬结构以薪酬数额划分等级不同的是，宽带式薪酬结构是以职位

类别来划分等级的。例如，企业将员工的薪酬等级分为管理、生产、研发和销售四个宽带，然后每一个宽带下根据员工的能力可以继续细分为不同的具体薪酬等级。

许多科技企业都采用宽带式薪酬结构进行绩效体系的设计。运用宽带式薪酬结构不必对岗位职责进行特别清晰的界定，只要将岗位性质分类到某个大的职能宽带中即可。在科技企业、互联网企业中，员工的工作内容常常不固定，特别适合采用这样的方式设计薪酬体系。此外，这种薪酬结构方便进行定薪和薪酬调整，外部跳槽来到公司的新员工也可以很方便地找到自己的薪酬定位（见表5-4）。

表5-4　宽带式薪酬结构　　　　　　　　单位：元

| 等级 | 管理序列 | 生产序列 | 研发序列 | 销售序列 |
|---|---|---|---|---|
| 6 | 300000 | | | |
| 5 | 250000 | | 260000 | |
| 4 | 180000 | 70000 | 240000 | 200000 |
| 3 | 160000 | 60000 | 200000 | 150000 |
| 2 | 140000 | 50000 | 150000 | 100000 |
| 1 | 100000 | 40000 | 120000 | 50000 |

（3）级别式薪酬结构。级别式薪酬结构是同时依据员工的职务级别和专业级别进行薪酬结构设计，首先将不同职务分成不同的岗位等级，不同的岗位之间有明确的等级高低的差别，高一级的岗位薪酬总体上高于低一级的岗位薪酬，然后在每一个岗位等级之下，继续细分为不同的专业级别，按照薪酬大小进行排序。

与宽带式薪酬结构不同的是，宽带式薪酬将企业的岗位分成了平行的几个薪酬宽带，不同宽带之间不存在明确的薪酬高低之分。而级别式薪酬结构直接将岗位赋予了等级，这种薪酬结构在国企中应用较多，适合岗位概念不明确的企业，应用这种薪酬结构，员工有较大的薪酬调整空间（见表5-5）。

表 5-5  级别式薪酬结构                单位：万元

| 岗位等级 | 岗位专业序列 | 等级 1 | 等级 2 | 等级 3 | 等级 4 |
|---|---|---|---|---|---|
| 7 | 首席专家 | 40 | 52 | 60 | 80 |
| 6 | 专家 | 30 | 36 | 42 | 45 |
| 5 | 高级经理 | 23 | 25 | 27 | 29 |
| 4 | 经理 | 13 | 15 | 17 | 20 |
| 3 | 主管 | 10 | 11 | 13 | 15 |
| 2 | 专员 | 6 | 7 | 8 | 10 |
| 1 | 助理 | 3 | 4 | 6 | 7 |

## （二）薪酬体系设计方法

（1）收集外部数据。首先需要收集市场上同行业企业的薪酬数据，这些数据可以从专业的咨询公司购买。外部数据是构建薪酬体系的一个很好的参考，企业只有清楚整个行业的薪酬现状及自身在市场中所处的位置，才能制定出有竞争力的薪酬体系。一般来说，比较有参考价值的数据包括基本工资、年度固定现金（基本工资加年度固定津贴）、年度总现金（年度固定现金加绩效奖励）。

（2）选择合适的薪酬带宽模式，划分职级。根据前一阶段收集到的市场薪酬数据，计算不同薪酬职级的薪酬中位值，然后以中位值为基础进行调整。一般来说，如果希望以高薪酬作为吸引人才的手段，让薪酬更具吸引力，那么，可以在市场薪酬中位值的基础上稍作增加，作为企业该职级薪酬的中位值；如果企业规划的人力支出有限，那么，可以在市场薪酬中位值的基础上稍作减少，作为企业该职级薪酬的中位值。

（3）确定具体的薪酬带宽范围。前一阶段计算出了企业每一个职级薪酬的中位值，并按照一定的比例将中位值进行上下浮动，计算出薪酬区间；然后验证这样的薪酬带宽区间是否可以覆盖全部的员工，如果有员工的薪酬数据遗漏，就调整某职级的薪酬带宽区间，直到薪酬带宽覆盖全部的员工薪酬。

## （三）薪酬体系设计的误区

（1）不考虑企业发展战略。有些企业在设计薪酬体系时，最初就直接关注具体的细节设计，没有从战略出发结合企业实际进行整体规划，或是没有关注其他企业相对成熟的薪酬体系。薪酬体系的设计要考虑与企业战略匹配度的问题，如果二者匹配度较低，那么，这样的薪酬体系就有可能与员工利益相冲突，给企业目标的实现增添一些不稳定因素。例如，如果一个企业希望自己行业领先、积极扩张业务，但采用比较保守的薪酬体系，那么，优秀的人才不会被吸引，企业人力资源供不应求，发展受限。

（2）对于外部薪酬只进行简单对照。薪酬体系的设计需要调查分析市场薪酬数据，并以此为参考决定本企业的具体薪酬数额。数据往往通过购买薪酬报告的方式获得，企业不能只对这些数据进行简单的对照，而应对这些数据进行一些处理后再使用。首先需要将其他企业的岗位与本企业的岗位进行匹配，不同企业的岗位名称往往不同，因此需要进行岗位匹配度评价。岗位匹配需要看企业岗位与其他企业岗位的权限和工作内容是否一致，外部薪酬的分析本质上就是对岗位的价值进行分析，全盘照搬其他企业的薪酬数据不可行，且不能形成薪酬体系的竞争力。

（3）薪酬不向关键岗位倾斜。薪酬体系应当遵循向关键岗位倾斜的原则，必须在薪酬带宽的设计上进行优化。岗位的价值越高，岗位对应的薪酬幅度也应当更大。许多公司为简化工作，将不同岗位的带宽都设置成同样的宽度，采用传统的一带式薪酬结构，导致重要岗位的员工无法在薪酬方面形成与其他岗位员工的差异，这样的薪酬体系就不能留住核心员工。

专栏 5-2

# 中兴通讯的薪酬体系设计

## 一、公司简介

中兴通讯股份有限公司（以下简称"中兴通讯"）是国人熟知的通信技术企业，其产品涵盖芯片、智能交换机、大数据、智慧城市、4G/5G 无线基站等领域，是技术领先的通信解决方案提供商，也是我国通信行业当之无愧的龙头企业。

## 二、薪酬水平

中兴通讯的薪酬水平在行业内可以称得上是非常有竞争力的。根据雇主评价网站的 3360 条中兴通讯员工薪酬数据，2022 年，中兴通讯员工的平均月薪约为 20600 元（大部分员工的月薪位于 2 万 ~ 3 万元，这一数据比深圳市通信科技企业整体平均薪资的 10700 元高出 92.5%，比深圳市企业整体平均薪资的 13100 元高出 57.3%。另外，根据 2022 年的校园招聘数据，入职中兴通讯、工作地点在深圳的应届毕业生工作第一年的年薪就可以达到 20 万元左右，是许多大学毕业生就业的理想企业。

## 三、薪酬结构

中兴通讯的薪酬结构与大多数企业一样，由基本薪酬、奖金、津贴和员工福利四方面组成。

### 1. 基本薪酬

中兴通讯的基本薪酬由固定工资和绩效工资组成，固定工资不变，绩效工资由上个月的绩效考核结果决定。基本薪酬是根据员工的岗位等级来决定的，在规定工资总额的前提下，划分不同的职级，每一个职级的薪资范围不同，即"以岗定薪"。不同地区分研究所的相同岗位也具有范围相同的基本薪酬。新入职的应届毕业生均处于最低职级，基本薪酬范围也大致相同。

### 2. 奖金

由于中兴通讯的基本工资浮动范围不大，因此中兴通讯对于员工的激励主要从奖金方面体现。中兴通讯的奖金根据员工工作业绩发放，奖金的发放按形式可以分成项目奖（综合考虑项目的进展和员工对项目的贡献决定数额）、年终奖（综合考虑企业年度经营情况和员工年度绩效决定数额）和即时奖（频繁、灵活的奖金发放）。

### 3. 津贴

津贴是中兴通讯对特殊地区、特殊岗位的员工或进行了额外劳动的员工进行的一种补偿，主要包括高温补贴、严寒补贴、艰苦补贴及加班补贴等形式。

4.员工福利

除常规的五险一金外，中兴通讯还为企业正式员工缴纳退休补贴、购房补贴、劳保补贴及工作餐补贴，此外中兴通讯还给每一位正式员工购买保额为20万元的意外伤害卡，附带保额5000元的急救意外医疗保险。

## 四、职级与考核

职级决定了不同岗位的基本薪酬。中兴通讯的职级目前分为九大级（由低到高1～9），目前最高等级为6级，7～9级未开放。每一个大级又细分为若干个小级（A、B、C、D）。1B以下级别为基层生产工人，1A及以上属于职员的范畴，本科毕业生入职起始等级为1A或2C，如图5-3所示。

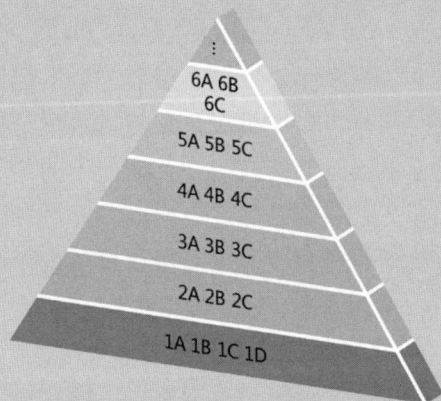

图5-3 中兴通讯的职级设计

中兴通讯每半年进行一次员工考核，考核结果分为6个等级（S1、S2、A1、A2、C1、C2）。等级为S1的员工可以获得9个积分，考核结果为其他级别的员工也可以获得一定的积分，但如果考核结果为C1级就不能获得积分，并且要降低一个职级作为惩罚，考核结果为C2级的员工直接淘汰。每当员工的积分达到9分，就有机会升级，如果员工所在部门业绩良好且有升级名额，该员工就可以升级，升级后积分重新从0开始计算。

## 五、发展与总结

基于以上分析可以看出，中兴通讯分层次、分级别且具有较强竞争力的薪酬体系是一套非常完善、科学的薪酬体系，可以有效激励人才、吸引人才，同时促进企业的科技人力资源更新换代，始终保持活力。

## 三、科技人力资本与人力资本产权

### （一）科技人力资本

科技人力资本是人力资本的重要组成部分，是指国家、地区、企业和个人通过教育和培训等方式，投资于科技活动人员、专业技术人才及研发人员所获得的价值，包括知识和技能，是企业对科技人力资本的投资长期积累所形成的。科技人力资本投资的对象一般是科技人力资源，科技人力资本理论研究的是对科技人力资源的投资与其回报之间的关系。科技人力资源是企业发展的稀缺资源，代表着一个企业的核心竞争力。企业对这类群体进行培养，预期通过科技人力资源进行企业产品技术的创新与突破、管理模式的优化。

### （二）人力资本产权

大部分管理者认为企业的人力资本产权是一种狭义的"人力资产所有权"，但实际上它涵盖了更多的内容，并且与人力资源交易关系紧密。人力资本产权包含从人力资本产权扩展衍生的各种权益，如使用权、行为权和收益权等。人力资本产权有许多特点：人力资本产权是一种使用权，不进行买卖的人力资本产权不存在价值，而人力资本产权只能通过市场买卖来反映；人力资源产权是一种行为权，是指在一定的生产和销售活动中反映出的权利；人力资本产权是一种收益权，因为它反映了各利益相关者权利的划分和定义，并为其分配经济收益奠定了基础。

### （三）融合科技人力资本理论的薪酬体系设计

（1）持续调整企业福利管理体系。科技人才在选择目标企业或评判企业待遇优劣时，不仅注重企业文化建设和基本薪资结构，企业的福利体系也是一个重要的参考依据。企业的员工福利是整体薪酬的一部分，从理论上来说，企业员工的薪酬和员工福利不具备必然的相关性，即企业的员工福利不应该和员工业绩、工作表现相联系，应当设计为一种阳光普照、一视同仁的奖励。企业的员工福利在本质上带有一定的"保障"性质，是不论表现如何，都可以获得的一种"旱涝保收"的奖励。根据社会痛点、员工生活实际及经济形势的变化适时调整员工福利体系，使企业福利温暖员工的心，与员工产生情感方面的共鸣，往往能产生投入少但回报高的效果。

（2）完善基本薪酬。绩效工资影响对员工的激励效果，绩效制度是众多人力资源管理者津津乐道的方向，在此方向投入大量的精力，但是要明确的是，基本工资才是企业员工薪酬的根本，舍本逐末不可取。基本工资的存在也是为了给员工提供一种基本保障，科技企业的员工大部分是高收入、高消费的群体，其薪资收入的很大部分用于偿还房屋贷款、购置商业保险等。企业经营效益较好时，员工的收入足以覆盖这些支出。企业如果出现突发事件，停工停产或资金流转困难，浮动薪酬降低，此时就彰显出基本薪酬的重要性。基本薪酬对于员工是基本的生活保障，并非增加绩效奖励就能强化激励效果，有时提升员工基本保障，消除其后顾之忧也可以起到很好的激励作用。

基本薪酬基于人力资本理论，薪酬制度中的基本薪酬看似简单，但是也需要考虑企业现状、不同员工能力的差异，必须避免基本薪酬对员工产生的"不同工但同酬"的不公平感觉。此外，基本薪酬还需要考虑每一个时期的市场物价、生活成本问题，通过综合考虑完善基本薪酬制度。基本薪酬完善的前提是岗位分析工作，每一个企业都应该对企业现有岗位进行评估。岗位分析常用的方法有因素法、分类法和排序法。每一次对基本薪酬的完善之后，都要向员工解释岗位分析问题，避免因信息差影响员工协作沟通，促进员工整体绩效的提升。依照人力资本产权理论，企业有必要在岗前培训和职业发展方面进行一定的经济投入，促进企业所有员工的协调发展。

（3）优化薪酬激励效果。在筑牢了福利和基本薪酬的薪酬体系"根基"后，才可以继续优化薪资的激励效果。薪酬激励往往和员工的绩效相关，但激励的效果却受到多方面的影响，比如年度奖金和月度奖金给员工带来的激励效果就不同。月度奖金激励效果有限，但可以长期、周期性地激励员工；年度奖金往往数额较大，对于追求短期激励的员工能够起到很好的效果。

为了优化薪酬的激励效果，需要对各职位员工的贡献进行定量分析，主动对员工的个性特征和潜力进行归纳总结，建立多元化且公平的薪酬激励制度。

## 四、专利回避设计与"旋转门"制度

### （一）专利的重要性

专利是科技进步的有效载体，最为先进的技术情报都是最先以专利的形式体现出来的，甚至比普通的科学技术期刊能够呈现的信息还要超前，而且内容更加完善、准确。如果企业能够有效地开发利用专利，就可以大幅降低企业研发工作的难度，缩短技术研发周期，节约科研经费。因此，能否有效利用专利技术信息将是信息时代取胜的关键。专利技术信息对于技术研发的每个阶段，从技术创新到产品化，都有很重要的影响。

对于大多数中小型科技型企业来说，由于自身实力有限，研发力量单薄，完全独立地从无到有开发一个新产品几乎是天方夜谭，特别是技术要求和科技含量较高的产品具有很高的难度。对于已经有一定规模的科技企业，这也是很有难度的，即使最终开发研制出新的产品，与国外高端产品相比在市场竞争上也很难取得优势。因此，通过模仿的方式学习现有优秀产品的技术与设计，降低成本，缩短研发周期，这是多数科技企业常用的做法。

模仿现有优秀产品的开发方式就必然要面对避开专利的问题。因为随着专利机制的完善和法治观念的增强，模仿现有优秀产品时稍有不慎，企业的产品就很有可能形成对专利产品的侵权，由此带来的经济纠纷将是中小型企业难以承受的。

在避开了现有优秀产品专利的同时，如果可以形成自己产品的特色和创新点，就可以考虑申报该新产品的专利，保护本企业在开发过程中付出的劳动。这是很多科技企业希望的结果。

### （二）专利回避设计

是否侵犯他人的知识产权是一个产品设计完成进入市场前必须考虑的问题。所谓专利回避设计，就是设计师可以根据现有的受专利保护的产品，采用与产品工艺或技术方案不同的设计，避开这项产品具体的专利保护范围，使自己的产品免于专利纠纷，能够顺利问世。

专利回避设计具有相当大的难度。专利权保护的是一种具体的发明方案，不仅包括产品表现形式，还包括产品的工艺流程、技术方案，以及其他具有抽象性的专利概念，与产品相关的大部分细节属于专利权保护的范围。大部分专利侵权纠纷并不是侵权者简单复制被侵权者的产品或技术，而是对专利进行了一定程度的改造，但是专利保护范围太广，这样的改造仍然处于被侵权者的专利保护范围。有的侵权案件甚至是意外侵权，侵权者并没有参照被侵权者的产品进行产品技术设计，只是自己产品的某一个细节碰巧落入了被侵权者的专利保护范围。因此，专利保护被许多科技型企业视为最强有力的技术保护手段——在专利保护之下，直接复制的行为无处遁形，竞争者对产品的改造和修改行为也被禁止。回避设计需要对本技术领域有精准的理解和把握，细致了解目标专利的保护范围和侵权判定，只有这样才能开展专利回避设计。要明确的一点是，专利回避设计是一种相当被动的技术研发方案，也并不是一种值得提倡的方案。采用这一方法的前提就是要模仿某种成功的产品，竞争对手的技术水平已经处于领先地位，企业自身处于劣势，放弃了技术竞争的主动权。专利回避设计的本质就是寻找专利的漏洞，从不被专利保护的细节进行自身产品的开发。随着企业对知识产权重视程度的提高，各种与专利相关的规定更加完善，专利回避设计的成功率也越来越低、难度越来越大。但不可否认，专利回避设计是一个实力有限的企业成本最小的一种发展方式。科技企业在成立初期，很难完全依靠自己的力量开发一款百分之百完全原创的产品，只能通过这样的捷径让自己找到市场的突破口，再逐渐积累力量。

虽然专利回避设计更像是一种不得已而为之的技术研发方案，但是它对专利所有者有一定的意义，从专利回避的角度完善自己的专利，可以起到专利防御作用。如果一个专利能够轻易被模仿、被回避设计，那么这个专利对于企业而言称得上是负价值。企业自身花费了大量的人力、物力进行产品设计，若不注重专利保护就相当于向竞争对手公布技术，竞争对手完全省去了艰难的研发过程，轻易就获得了技术，企业在技术方面所做的努力成为其他企业的垫脚石，因此不完善的专利保护得不偿失。

归根结底，企业如果想形成核心竞争力，使技术水平保持长期领先，就必须依靠自主知识产权的创造和累积，从而在市场竞争中占据主动。对于实力不足的企业，如果需要使用其他企业的知识产权来完成自己的产品，不一定要用到专利回避设计，也可以通过争取授权或结成知识产权同盟的方式以获得先进的技术。

### （三）专利回避设计流程

（1）发明／实用新型专利的回避设计流程。发明／实用新型专利的回避设计流程应该从项目提出时的功能要求开始，经过功能相关技术专利的收集与专利地图的分析，结合市场调查，确定新产品性能指标，同时找到目标专利；利用一定的专利策略，得到一个预期的技术特征，然后判断该技术特征是否侵犯其他专利的权利，同时判定与产品性能指标的技术要求是否相符，最后得出产品的新技术，如图 5-4 所示。

图 5-4 发明 / 实用新型专利的回避设计流程

专利回避设计方法的使用应该根据企业本身的具体情况而定，包括研发水平、资金投入、项目周期等，同时还要考虑到技术本身的一些特征。

（2）外观设计专利的回避设计流程。外观设计专利的回避设计流程与发明 / 实用新型专利的稍有不同，但大致步骤基本相同。外观设计专利的回避设计流程从同类产品的专利收集开始，经过专利分析，配合市场调查，确定市场定位，确定目标专利，然后利用一定的专利策略，得到产品的一个新外观，然后判断此外观有无侵犯外观专利，同时判断是否符合产品的市场定位，最终得到新产品的外观设计。

专利分析包括：主要竞争公司分析图、产品生命周期图和外观发展趋势图。前两者的分析方法与发明 / 实用新型专利的分析方法相同，外观发展趋势的分析是通过对大量专利图片的纵向（不同年份的专利）和横向（同一年内的不同专利）的比较分析，总结出该类产品的外观发展趋势。

专利回避设计方法的使用应该根据企业的具体情况（包括研发水平、资金投入、项目周期等）和专利本身的特征而定。

### （四）"旋转门"制度

"旋转门"制度，是指允许个体在公共部门和企业之间转换角色、双向流动。"旋转门"的主要表现就是商人从政和国家机关工作人员（简称公务员）下海经商。对商人而言，转向公共部门从事工作是顺应经济发展的趋势。一方面，随着市场经济的发展，政府职能部门分工细化，具有较强工作能力的人才从政成为一种趋势；另一方面，官本位思想仍然是许多地区、许多人的一种固化思维，商人拥有了财富之后也会向往一定的社会地位，因此在公共部门挂职是一个很好的选择。对公务员而言，随着经济的发展，就业选择机会增加，公务员的工资待遇在众多就业岗位中平淡无奇，政府部门公务员就有可能会选择经商以追求更多的财富，实现不一样的人生价值。由于公务员的工作很容易与商业人士接触，且掌握一定的政府资源，所以商人会向公务员发起邀请，希望公务员加入自己的企业，促进了"旋转门"的转动。

现代人力资源管理的基本精神是，人尽其才，才尽其用，人事相宜，最大限度地提升组织绩效。显然，现代人力资源管理是一个"人本"管理方式，将满足人的需要，调动人的积极性、主动性、创造性放在了首位。"旋转门"现象将有想法、有抱负的个体推入一个与以往工作环境息息相关却又截然不同的舞台，该个体凭借以往独有的知识储备和工作经验，能够在新的舞台上实现自我价值的同时带动组织绩效。

**专栏 5-3**

# 恒瑞医药的专利战略

## 一、公司简介

江苏恒瑞医药股份有限公司（简称"恒瑞医药"）主要进行抗肿瘤药物和手术用药的研发与生产销售。作为一个制药企业，药物的研发能力是体现企业实力的一个重要因素，而专利就是体现药物研发能力的指标。根据全球专利数据库 incoPat 创新指数研究中心发布的数据，2022年1—6月，恒瑞医药申请了231件发明专利，这一数据在全球药企中排名第13，也是唯一进入前20名的中国药企。在新药研发方面，恒瑞医药可以做到每年都有创新药物产品申请临床试验，每一两年都会有创新药物上市的态势，形成了从开发到临床试验到最终上市的良性循环。目前，恒瑞医药已经有11个创新药物获批上市，250多项临床试验正在进行，研发管线覆盖肿瘤、心血管疾病、自身免疫疾病等多个领域，是中国研发能力领先的药企。本案例主要研究恒瑞医药在不同发展阶段的专利战略。

## 二、专利战略

制药企业在进行专利策略设计时，必须充分考虑国内和国际的药物研发动态，对国内外制药企业的技术研发情况和专利情况进行专利情报分析。处于不同发展阶段的企业，应当采取不同的专利战略。企业在发展初期，自主创新能力有限，在市场中不具备竞争力，可以采取保守的技术策略，运用专利回避设计，低成本且快速设计产品，缩小与大型企业的技术差距；如果企业拥有了强大的自主创新力量，拥有大量的药物专利，就可以在一定程度上把握某一类别技术的专利权，采用更加强势、主动的专利策略。

### （一）制药阶段——专利回避设计

2003 年，恒瑞医药的第一款仿制药多西他赛上市。多西他赛产品的研发参照了法国阿文蒂斯药物股份有限公司的产品。阿文蒂斯拥有有关多西他赛的多项技术专利，于是恒瑞医药进行了一系列专利分析，重点研究多西他赛起始物的制备方法及多西他赛三水化合物的方法。恒瑞医药发现阿文蒂斯的多西他赛最终产物是含水的，恒瑞医药从这两个角度进行专利回避设计，最终制备出与阿文蒂斯产品起始物不同、最终产品不含水的产品，用这种方式规避了阿文蒂斯的化合物专利。随后恒瑞医药对其仿制药多西他赛进行了专利保护，将药物制备方法相关的多项技术申请了专利保护，为国产仿制多西他赛的上市和销售提供了保障。

### （二）仿制与原创相结合阶段　　防守型专利战略

2015 年之后，恒瑞医药具备了一定的产品研发实力，从纯粹的药物仿制转向仿制药和药物自主创新相结合的产品开发模式。在很多领域，由于国外药企的专利保护，恒瑞医药的自主研发之路遇到了瓶颈，于是恒瑞医药另辟蹊径，通过技术引进和许可的方式，争取药物的生产资格。例如，罗拉吡坦是一款于 2015 年 5 月在美国上市的药物，药物的原研公司将专利布局的重点放在了该药物的晶型方面，并将两种无水结晶形式也纳入了专利保护的范围，专利保护一直延续到 2027 年，难以通过专利回避设计出仿制药物。于是恒瑞医药采取防御型战略，通过技术引进及交叉许可，与罗拉吡坦的原研公司达成协议引进该药物，获得生产资格。

### （三）自主创新阶段——进攻型专利战略

近年来，恒瑞医药进入了药物的自主创新研发阶段，开始着手对企业的研究成果进行保护。恒瑞医药研制的用于治疗晚期胃癌的阿帕替尼上市，在阿帕替尼上市1年后，恒瑞医药加大了国际化战略的实施力度，采用进攻型专利战略，即掌握一定核心技术并试图垄断该技术的国际地位。阿帕替尼化合物专利最早在中国提出专利保护，随后陆续在美国、日本及欧洲获得授权。在研发过程中，恒瑞医药发现通过制备相应的无机盐，可以增强化合物在使用过程中的稳定性、生物利用度等问题，于是又重点对盐类专利进行了保护。为了进一步巩固保护范围，恒瑞医药对适应症及联合用药也进行了专利保护。

## 三、发展与总结

从专利回避设计到主动对自主研发的药物进行专利保护，恒瑞医药的专利战略具有一定的参考价值，为科技企业逐步提升自己的科研能力、逐步走向世界提供了一套可以模仿参考的方案。

# 第三节　薪酬体系管理与目标

本节主要讨论薪酬体系的日常管理。首先，要进行薪酬管理必须明确薪酬管理的实施流程和薪酬管理的目标，有的放矢，专业化地开展工作。在薪酬管理过程中，员工福利设计及绩效管理与评价至关重要，影响着薪酬管理的成败。

## 一、薪酬体系与员工福利

### （一）福利对于企业的价值

福利和薪酬的不同在于：薪酬通常需要保密，而福利则可以拿来宣传，后者是建立企业口碑的一把利器，它可以帮助企业树立更好的雇主品牌。

福利本身是除了薪酬之外，还是企业提供给员工的附加待遇。它可以是实物形式的，也可以是非实物形式的。福利和薪酬的不同还在于，它对绩效的关联性弱于薪酬，福利设计时三六九等的概念要弱化，当然也不是绝对的大锅饭，可以针对不同人群有适当的区分。福利还有一个重要的好处在于多样性，福利设计有更多想象的空间，不拘于某一种形式，这些都为塑造独特的企业气质和人文基因创造了条件。

### （二）员工福利的类型

（1）强制性法定福利。强制性法定福利一般指法律规定必须依法缴纳的福利项目，包括社会保险和住房公积金、法定假期等。社会保险包括养老保险、医疗保险、工伤保险、失业保险、生育保险。其中，养老保险、医疗保险、失业保险是员工和企业都需要按比例缴交的，工伤保险、生育保险都由企业直接缴交。

（2）一般性企业福利。一般性企业福利，是指不是国家法律强制性要求的福利项目，但是在市场上一般企业都会提供的，形成约定俗成的福利项目，包括补充商业保险、比法定年假更优一些的年休假福利、生育礼金、结婚礼金、午餐（或餐补）、班车（或交通补助）、夜宵、下午茶、生日会、通信补助、培训机会等。一般性企业福利的特点在于，如果你有，没什么特别的；但如果你没有，那就比较麻烦，会在候选人或员工心中留下企业福利差的印象。针对基本的一般性企业福利，企业还是要留出这部分成本的。一般性企业福利比较好做市场对标，企业可以参考的信息相对较多。有些福利是较好管理的，比如结婚礼金、生育礼金之类，明确享有条件，符合条件的提交申请，核实发放即可。有些福利比较敏感，不适合对全员公布，如对一些机密岗位或工作环境差而提供的特殊岗位津贴，无须向全员公布，企业管理层知悉，达到享受条件的部门提出申请，直接进行审核发放即可，日常运营管理的重点在于需要定时回顾，对于已经调动岗位，不再适用于该津贴的，要做终止，定期回顾标准，适当给予调整。

（3）特色福利。有竞争力的企业福利主要在于那些抓住了员工核心需求，对于一般企业来说又有一定门槛的企业福利，通常资源有限，不是随便一家企业都能拥有的，或者是福利成本较高，需要较强的财务支撑能力的。比如：企业年金、住房借款、配房配车、子女教育学位指标、高保额保险等。这些福利除了看起来财大气粗之外，都抓住了人们在生活中非常重要的需求，比如买房买车、解决孩子的求学问题、医疗费用报销、养老等。当然，企业可以根据自身行业特点，充分利用自身优势来创造自己的有竞争力的企业福利。企业福利是否有竞争力，除了主观感受以外，更重要的可通过行业福利报告进行对标分析。

（4）住房无息贷款。住房无息贷款主要是指企业为符合一定条件的员工提供购买住房的无息借款的福利。员工需逐年还清借款。安居乐业是人最务实的需求，安居首先意味着在生活的地方有一套属于自己的房子，因此，解决员工安居的需求，帮助他们更早地实现购房计划是行之有效的福利项目。住房无息借款在房价较高昂的一线城市或部分二线城市，都非常有实际意义，可以帮助积蓄不多的年轻员工解决首付问题，而无息也大大节约了他们的还款压力。住房无息贷款的偿还方式通常是按年或按月从员工工资中扣款。这样的福利目的在给目标员工购买住房的资金支持的基础上，提升这些员工的留任率。因此，签订服务协议是必要的，并需要约定如果借款未结清而提出离职，需要在离职前一次性还清借款。

（5）提供住房和车辆的免费使用权。和住房无息借款的出发点类似，解决员工的衣食住行是让员工安心稳定工作的重要一环，因此越来越多的企业在此下功夫。提供住房借款对于企业来说资金门槛和风险都比较高，门槛较低的一个替代方案就是提供住房的免费使用权，这对于从异地吸引人才还是有很大帮助的。车辆的使用权对于高端人才也是很实用的。这类福利的提供非常简单，但是难在房屋和车辆的管理。作为资产所有方，如果车辆和住房发生任何问题，企业都需要承担一定的责任，而房屋和车辆的管理所涉及的琐事也比较多，需要投入的行政管理精力也较大，如果发生人身安全方面的问题，企业也将承担连带责任。企业在实施这类福利前，需要评估行政管理能力是否足够支持，如果不能，也可以替换为其他更便捷的变通形式，如给予交通补助或住房补贴等，当然员工感受是有差异的，同时也有可能增加员工个税税率点提高的风险。

（6）落户。有一些企业每年可以从政府处获得一定额度的落户指标，为符合条件的员工提供落户安排也是具备吸引力的福利之一。落户政策和手续主要取决于当地政府的相关规定和要求，企业可设计的空间并不大，但可在落户人群筛选上做约定，同样可以通过绩效或服务年限等筛选对于企业来说有价值的员工享受该福利。至少对绩效的把关可以有助于资源得到更有价值的运用，也体现了内部公平性。落户政策对于优秀应届毕业生也是一项有必要的福利科目，当然落户政策的优势大小在于落户城市本身，如一线城市的户籍，还是很有吸引力的，若是二三线城市，落户优势会弱一些，当然也要具体问题具体分析。在落户指标的运用上也要结合具体的人才吸引上的要求，组合搭配，针对有需要的人给予该福利，其发挥的价值会更大。

（7）补充商业保险。随着企业管理水平不断提升，员工福利水平也不断提高，同时，人才竞争也更激烈，补充商业保险作为有力的员工保障提升计划，越来越受到企业欢迎，也有越来越多的企业实施这项福利。企业为员工购买的团购补充商业保险，比个人向保险公司购买商业保险更为优惠。作为企业薪酬福利的管理者，需要根据企业目前的情况，评估保费和保额的合理性。诚然，保额越高，保障越好，但相应的保费也会比较高，这部分成本是否在预算范围内很重要。另外，企业对保险公司的报价也是有一定的议价空间。所以充分了解企业购买的补充商业保险的市场价格也很重要，可以多寻找一些保险公司做报价，对比评估。常见的补充商业保险包括定期寿险、团队意外伤害保险、重大疾病保险、补充团队医疗保险等形式。

### （三）设计员工福利体系提升企业吸引力

（1）选择特色福利。特色福利有了好的反响后常常会被其他企业模仿，但真正有特色的福利却是其他企业想模仿都没法模仿的。为什么呢？因为如果这些特色福利和企业具备排他性的核心业务联系在一起，而该企业的某项业务在这个市场上是独一无二或者最具权威的，那么与此关联设计的福利项目就会成为一个难以被模仿的特色福利。

例如，腾讯有个特色福利，Q宝宝靓号，腾讯为员工提供一个以孩子出生日期为号码的QQ号，该靓号还附带会员特权18年，陪伴孩子长大。这一福利具有浓厚的腾讯气息，同时，别的企业无法模仿。类似这样的特色福利带来了很好的口碑，让人印象深刻，而它在福利成本方面也是比较少的。

（2）推广福利项目。福利是可以帮助企业树立口碑、提高知名度的，福利是可以拿来说的，所以福利的宣传推广也变得非常重要。很多时候它和企业文化推动做的事情有些相似，通过福利项目有助于提升员工满意度及其对福利的感知度，也有利于企业正能量企业文化的形成。在福利的设计和推广上，人力资源管理者要像一名营销经理一样去做推广。具体可以在如下几方面发力。

福利设计阶段，多做调研，对"目标客户"进行访谈或问卷调查，收集并挖掘他们的需求，这个过程中可以更好地获取他们的参与感，也算是为福利最后落地所做的前期宣传。可以为这个阶段的调研或意见征集发起一些活动，设置一些小礼品，鼓励大家积极献计献策，同时又能增加福利项目的曝光度。

有了初步的设计方案后，最好从之前调研的对象中抽取一些员工代表，进一步听取他们的意见。群众的力量是巨大的，其中一定会有一些有价值的意见，可以用来优化方案。这个过程同样可以获得他们的认可，并进一步让大家持续关注和期待这个福利项目。

福利项目落地阶段，需要为宣传做一系列的准备工作。薪酬管理者可以多思考如何让更多人了解这项福利，开展围绕这项福利的小活动，比如，在企业自己的平台发起和该福利相关的某个话题讨论，设置评选一些小礼品。可以在公司公共区域做一些互动游戏，通过一些有趣的方式让员工记住和了解这项福利。

（3）弹性福利。弹性福利就是允许企业在成本固定的前提下，让员工选择并决定部分福利项目，从而提升福利成本投入的有效性。

弹性福利最大的好处在于员工可以在一定范围内选择自己喜欢的或对自己有用的福利项目。而传统的福利模式最大的问题在于，福利都是企业主动给予、员工被动接受。有些福利项目对于某些员工来说是根本用不上的，员工没有感知度，更不用提满意度，但企业是在默默支付成本的。

在传统的福利模式下，福利成本是不断叠加的，每增加一个福利项目都是在原来的福利成本基础上额外叠加成本，福利一旦实施就很难取消。例如，班车接送这项福利，有些员工住得远，班车对他们来说是很好的福利，而有些住得近的员工，根本用不上班车这项福利，这部分成本就是浪费的，同时员工的福利感知度也较低。但是，如果企业取消这项福利，不仅平时坐班车的人会大为不满，那些不坐班车的人也会感到福利权利被剥夺了，衍生不满的感受。

## 专栏 5-4

# 员工幸福感十足的大疆

## 一、公司简介

深圳市大疆无人机技术有限公司（以下简称"大疆无人机"）是全世界最大的无人机产品研发生产商，在全球的消费类无人机市场中，大疆是绝对的龙头企业，市场占有率达到了73%，可以称得上是最具代表性的中国科技企业。2021年，有超过170万的中国用户使用了大疆无人机，全年实现了4468万次起飞，中国用户使用大疆无人机拍摄了1.3亿张照片和1.9亿段视频。作为无人机行业的代表性企业，大疆的员工福利也深受员工的好评。

## 二、大疆员工福利

### （一）解决员工的居住问题

大疆无人机的公司总部位于广东省深圳市。作为一线城市，深圳的高房价成为许多人的生活难题。一个在深圳打拼的年轻人，要有极高的收入水平才可以去考虑买一套住房，并且还要承担数十年的房贷；即使是租房，生活在深圳，高昂的租金也可能花掉普通工薪阶层大部分月薪。但是大疆的员工就没有这方面的顾虑，大疆为所有入职的员工提供了价格低廉的员工宿舍，如果员工还有更高的生活追求，也可以选择入住公司提供的小区套房单间、单身公寓，不喜欢公司提供的房屋的员工如果自己在外租房，可以享受到公司的高额租房补贴。覆盖所有员工对于"居住"的需求，大疆为员工提供的宿舍、单间或单身公寓都进行了精装修，员工带好行李就可以直接入住。这些房屋资源员工只需要交一小部分租金就能入住，同样地段、同一小区租金市场价动辄超过5000元的房屋，大疆的员工只需要交1000元左右的租金即可入住。如果在大疆无人机工作超过两年，那么就可以申请人才安居房，员工一家人就可以在深圳拥有一套属于自己的温馨住宅。

### （二）边工作边玩

边工作边玩是许多人梦寐以求的工作状态。作为一个无人机厂商，大疆无人机就允许员工在工作时间玩无人机，这表面上是一种"娱乐"，实际上这一举措的目的是让自己的员工更加深入了解企业的产品。大疆无人机经常面向员工开展产品培训活动，员工参与这类活动之后，就可以以产品测评的名义，在工作时间内外出操作无人机，甚至还能第一时间体验到公司的最新产品。

大疆无人机每年都会斥巨资举办全国大学生机器人大赛（RoboMaster），挖掘优秀的工程人才、科技人才，比赛现场就是众多青年才俊思维火花的碰撞，非常精彩，一票难求。而大疆的员工都可以获得比赛的免费门票，可以带上自己的家人、朋友前往现场欣赏比赛的实况。

### （三）零食福利

大疆无人机的零食福利在科技企业中赫赫有名，成为其他科技企业员工的向往。在公司总部，员工可以购买种类丰富的零食，泡面、火腿肠等常见食品都是免费提供的，此外还有每日坚果、网易严选、星巴克咖啡等品牌的美食、饮料可以购买，大疆无人机向员工提供的可购买的零食价格仅是市场价的一半甚至更低，大部分零食只需一两元就能买到，让员工产生了一种物价回归20世纪的感觉。此外，大疆的员工每个月都有500元的零食餐补，可以在高端下午茶、员工专属餐厅中使用。

### （四）健康保障

科技公司的工作强度很大，大疆无人机也不例外，大多数员工非常辛苦。为了维护员工的健康，大疆无人机直接在各个办公区域安排了健身房，让健身场所和员工零距离，在办公区域的健身房中定期举办健身课程和活动，鼓励员工参与。大疆无人机还选择深圳的体育馆举办足球、篮球、羽毛球、游泳等形式的体育活动，鼓励员工按时下班前往体育馆参与公司举办的体育活动。每年年底，大疆无人机会在公司内部组织开展员工体育比赛，用奖金吸引员工组队参赛。

另外，大疆无人机从疾病的预防方面维护员工健康。大疆无人机内的医务室、按摩保健场所、咨询诊疗服务场所齐全，定期邀请医师来公司进行有关预防心脏病、预防肥胖的科普讲座。员工每年进行免费体检，公司为员工购买商业健康保险。此外，还有重疾帮扶制度，帮扶对象包括所有正式员工和实习生，当员工不幸确诊帮扶范围内的重大疾病，公司将无偿为员工提供几万元至数十万元的重疾诊疗补助。

### 三、发展与总结

基于以上四方面的员工福利，大疆无人机成功吸引了无人机领域的大量科技人才，这也是它发展成为全世界无人机市场占有率最大企业的原因。可见，员工福利体系的设计必须从员工生活实际出发，真诚、平等地对待每一位员工，把每一位员工当成家人，提供细致入微的关怀。

## 二、薪酬管理实施与目标

### （一）薪酬管理的实施

薪酬体系的执行包括以下三方面：一是落实。简单来说，落实是说到做到，是管理风格问题。管理的威信在于制度的落实，激励的效果很大程度上来自员工的信任，对领导在利益分配上的信任和对制度落实的信任。二是对制度的修正与调整。制度是在执行过程中才发现有问题的，要及时发现问题并改正错误。没有有效的执行就没有有效的决策，很多事情是慢慢摸索着前行的，并不是一开始就什么都想好的，执行是对短期决策进行调整与纠正的过程。执行是决策的验证机制和纠偏机制，同时是决策取得结果的机制。没有有效的薪酬执行就没有有效的薪酬决策。三是需要发挥与执行相关人员的作用，要充分发挥直线经理的作用，使之有用武之地。执行包括以上三方面，执行在某种程度上决定了薪酬制度能否成功。

### （二）薪酬管理的实施要点

（1）直线经理在薪酬制度执行中的作用。在薪酬制度的执行中，直线经理最了解基层情况，可以给出更精确的建议。直线经理在薪酬管理中的作用有以下三方面：在薪酬管理过程中承担哪些职责，如何去承担职责，要具备哪些资格才能去承担职责，也就是说，直线经理应该做什么、怎么做、应该具备什么能力。

首先，看直线经理在薪酬管理中应该做什么。直线经理应该有建议的权力，有微调的权力。另外，薪酬是一个整体，要变传统的货币报酬思维为整体报酬思维。在总体薪酬的架构下去思考，直线经理可以为下属提供绩效指导，为团队创造良好的工作氛围，让公司成为最好的工作场所。要在总体薪酬架构下思考直线经理的职责。具体有以下几方面：一是在实施总体薪酬方案时起的作用；二是沟通总体薪酬方案时的作用；三是对基本薪酬是否增加的沟通；四是对奖金的沟通；五是对员工福利的沟通；六是对员工进行绩效指导和提供反馈；七是员工晋升等。

其次，怎么做。直线经理要发挥作用，企业首先要创造条件，主要包括以下两点：一是明确一种理念，即薪酬管理不仅是人力资源部门的事情，而且是与所有管理相关者的事；二是在相应的管理者之间进行理性的分权，如人力资源的权力、业务单元领导的权力、直线经理的权力等。所以，一要培养薪酬管理与所有管理者相关的意识；二要进行分权；三要在人事部门和直线部门之间建立沟通机制；四要建立有效的授权机制。

最后，直线经理具备什么能力？一是责任心；二是能力；三是公正。不公正就会滥用权力。责任和公正是靠选拔来实现的，与招聘有关；能力是可以培养的，与培训有关。责任和公正没有问题，即使能力有所欠缺也是可以被授权的，因为可以通过授权让其有机会去提升自己。

（2）员工参与在薪酬制度执行中的作用。组织战略目标的落地和薪酬制度体系的执行都需要转化成组织期望的行为，才能够发挥其作用。卡普兰和诺顿发现一个令人担忧的事实：95%的员工没能意识或理解组织战略，这就意味着组织战略无法实现。每个员工都期望得到回答的基本问题是今天你想让我做什么，继而的另外三个问题是你希望我如何去做，我做得怎么样，对我有什么好处。领导者需要指导员工的行为，使员工参与进来，从而使制度落地。

通过与员工清晰沟通组织期望行为，提供及时的绩效反馈，持续传递匹配强化、认可和报酬，组织可以使薪酬制度对那些执行者来说变得有意义、有说服力。反过来，员工被授权并且有能力、积极地达到组织目标。

### （三）薪酬管理目标

企业的薪酬制度是企业人力资源管理系统的一个重要组成部分。一个企业的薪酬制度就像国家的一部法律，规范着企业和员工的行为。薪酬一直是企业和员工都密切关注的问题，薪酬制度制定得成功与否决定了企业和员工的利益能否实现。因此，薪酬制度的重要性毋庸置疑。薪酬制度的目标体现在以下三方面。

（1）良好的薪酬制度有助于企业目标达成。企业的一切人力资源管理行为都是围绕战略目标而进行的，薪酬制度则是其中尤为重要的部分。薪酬制度既涉及企业的成本问题，又涉及员工的利益问题。如何在企业成本及员工利益之间找到平衡点，使双方实现双赢，并积极引导员工向企业的战略目标努力，帮助企业达成目标，是薪酬制度制定的核心问题。因此，薪酬制度制定的成败会影响企业战略目标的实现。

（2）健全的薪酬制度有助于提高员工的满意度。员工满意度一直是企业关心的问题。尽管学术界没有明确的实证研究证明满意度和绩效之间的关系，但在现实生活中，大多数人认为当员工满意度较高时，员工工作的责任心和主动性就更加高涨，也会为企业创造更多的效益。

员工满意度分为以下两种：一是理想满意度，就是绝对满意度，让所有员工都满意，在操作上难度很大；二是现实满意度，就是让一部分员工满意，而由此影响到另一部分员工的利益，引发他们的不满意。理想满意度一定远高于现实满意度。理想满意度是企业追求的终极目标，现实满意度是企业必须追求的目标。企业管理人员应该想办法缩小理想满意度和现实满意度的差距，但也不要盲目地追求理想满意度。

（3）成功的薪酬制度有助于留住核心人才。员工流失率也是企业关注的一项指标。但企业的目标并不是留住所有员工，将流失率降到最低，而是要留住那些为企业创造极大价值的核心员工。正如上面所述，企业的薪酬制度应该偏重关注核心员工的薪酬满意度，而不必面面俱到地关心所有员工的满意度。成功的薪酬制度应该找对重点，抓住核心要素和关键问题，这样才能留住公司发展所需的核心员工。

## 三、薪酬管理绩效与评价

### （一）绩效管理的策略

（1）先高层后基层。很多公司推行绩效考核总是从广大的员工开始，所有员工都要考核，还要严格考核，这是"捡了芝麻，丢了西瓜"的方法。很多公司绩效管理效果不佳，先从员工着手是主要问题。绩效系统的关键是压力传递，压力来自上面，所以要先抓高层的绩效管理。

"先高层"就是要先抓主要领导的绩效管理，也包括抓公司高管团队的绩效管理。有的公司觉得不好意思考核高管，可是如果高管没有压力，这个压力是传不下去的。从另一个角度看，不考核高管，就不可能有相对应的激励机制，高管都没有得到足够的激励，中层及以下员工也不可能得到足够的激励，在这种情况下，再如何抓员工的考核，也不会有效果。

（2）先团队后个人。和先高层后基层的道理是一样的，从员工个人开始抓绩效管理，效果不会太好。除了要抓高层，很重要的一点是要抓团队的绩效管理。所谓团队，就是部门、系统、价值链，如销售部门、销售系统、研发部门、研发系统。抓团队不要误解成抓中层管理人员，中层管理人员是个人，抓团队是抓一个可以衡量业绩的组织。

所谓抓团队，是指抓团队整体的绩效管理，这样有助于建立团队思维。员工不是单兵作战，而是在一个组织里一起往前冲，这就需要团队绩效管理。

团队的业绩更容易衡量，把业绩奖金的全部或一部分核算到各部门，然后由部门根据员工业绩和表现分配下去，这样更容易培养员工的团队意识和团队荣誉感。团队数量毕竟有限，有实施的抓手，团队绩效做好了，公司业绩实现就有了保障。支撑公司业绩的首先是部门业绩，不是员工个人业绩。

（3）先引领后支撑。推行绩效管理，即便从中高层开始也不应是全面、无差别地施压，而是从引领部门开始。

这里讲的"引领"有两层含义。第一种"引领"是指业务引领部门，即对于公司业务绝对重要的部门。主要业务的绩效管理做好了，总结经验教训后，再做其他业务的绩效管理，就驾轻就熟、游刃有余了。很多时候那些关键的业务部门并不积极，也不配合，这种情况下绩效管理很难取得好的效果。可以从积极配合绩效管理的部门开始实施和尝试，让这些部门通过奖励机制获得让其他部门羡慕的奖励，其他部门就会看到利益和好处，会主动要求进行绩效激励，所以积极配合的部门是第二种"引领"。强制推行绩效管理是很多企业常用的方式，一套靠强制推行的机制一定缺乏吸引力。好的激励机制，一定可以调动大家的积极性，让大家愿意参与进来。选对正确的部门，设计好有吸引力的机制，树立标杆，让其他部门踊跃效仿才是讲究策略的方法。

（4）先短期后长期。一个绩效体系不太健全的公司，建议先从短期绩效激励开始着手，然后推行长期绩效激励。短期绩效激励因为目标清晰，数据收集容易，相对易于决策和推行。长期绩效激励由于确定目标困难，数据也不易收集，推行起来就困难。

## （二）绩效评价

绩效评价是指运用一定的评价方法、量化指标及评价标准，对中央部门为实现其职能所确定的绩效目标的实现程度，以及为实现这一目标所安排预算的执行结果进行的综合性评价。绩效评价的过程就是将员工的实际工作绩效同要求其达到的工作绩效标准进行比对的过程。

绩效评价方法如下。

（1）关键事件法。要求保存最有利和最不利的工作行为的书面记录。当这样一种行为对部门产生的效益无论是积极的还是消极的重大影响时，管理者都把它记录下来，这样的事件便称为关键事件。在考核后期，评价者运用这些记录和其他资料对员工业绩进行评价。优点：用这种方法进行的考绩有可能贯穿整个评价阶段，而不仅仅集中在最后几周或几个月里。缺点：如果一名基层主管要对许多员工进行评价，则记录这些行为所需要的时间可能会过多。

（2）叙述法。只需评价者写一篇简洁的记叙文来描述员工的业绩。这种绩效评价方法更突出员工在工作中的行为，而不是日常每天的业绩。这种评价方法与评价者的写作能力关系较大。一些主管由于其优秀的写作技巧，甚至能将一名勉强合格的员工描述得像一个工作模范。因为没有统一的标准，所以对叙述评价法进行比较可能是很困难的。优点：叙述评价法不仅是最简单的，而且是对员工进行评价的最好方法。缺点：在一定的绩效评估系统中，用于评估的具体方法有许多，分别可以达到不同的目的。

（3）硬性分布法。需要评价者将工作小组中的成员分配到一种类似于一个正态频率分布的有限数量的类型中。例如，把最好的 10% 的员工放在最高等级的小组中，次之 20% 的员工放在次一级的小组中，再次之的 40% 放在中间等级的小组中，20% 放在倒数第二级的小组中，余下的 10% 放在最低等级的小组中。优点：这种方法简单，划分明确。缺点：这种方法是基于这样一个有争议的假设，即所有小组中都有同样优秀、一般、较差表现的员工分布。可以想象，如果一个部门全部是优秀员工，则部门经理可能难以决定应该把谁放在较低等级的小组中。

（4）择业报告。要求评价者从一系列的个人陈述中进行选择，且这些人应是被收到最多或最少描述的员工。缺点：这种方法的一个困难在于，描述性陈述实质上可能都是相同的。

（5）考核报告。评价者完成一份类似于强制选择业绩报告的表格，但对不同的问题会赋予不同的权数。优点：由于选择了权数，显得更公平。缺点：权数的确定有时存在争议。

【章末案例】

# "领导不管事，员工不打卡"的薪酬管理模式

## 一、公司简介

广州视源电子科技股份有限公司（以下简称"视源股份"）成立于2005年，主营业务包括液晶显示主控板卡和交互智能平板等消费类电子产品的研发、生产和销售。2022年上半年，实现营收89.8亿元，主要产品液晶显示主控板卡和MAXHUB交互智能平板拥有很高的市场占有率。视源股份是一家高新技术产业，因此非常重视技术创新和知识产权的保护。截至2021年12月31日，视源股份拥有员工5400人，其中60%为技术人员，所有员工的平均年龄为29岁，公司拥有授权专利6700多件，注册国内商标2285件，国际有效注册商标310件，在2021年中国企业发明授权专利排行榜上名列前茅。视源股份于2017年在深圳证券交易所上市，然而公司上市当天，视源股份创始人没有出席上市仪式，这一举动引起了人们的注意。当时视源股份被称为"中国最神秘上市公司"，后来人们发现在视源股份的日常运营中，领导不需要管事，员工不需要上班打卡，这引发了人们对其独特的人力资源管理方式的关注。

作为一家员工平均年龄仅为29岁的科技公司，视源股份始终把人才作为企业的头等大事，坚持"以人为本"，把企业当成家来建设，把员工当成家人来对待。它在人力资源管理上的诸多做法，比如，不使用常规方法进行绩效考核，员工薪资透明且通过讨论来决定的薪酬管理模式的确可以称得上"领导不管事、员工不打卡。"

## 二、透明制薪资

在视源股份，员工的工资奖金不由领导决定，而是由员工自己决定，

一线员工和管理层的薪资全都透明公开。这种透明的薪资制度是在视源股份创立初期就形成的制度。在视源股份成立的早期阶段，有一段时间视源股份的员工有超过 70% 的人是出身农村家庭的中专学历工人，且大部分员工是亲戚、朋友的关系，起初视源股份的薪资制度和大部分企业一样是严格保密的，但是后来管理者发现，员工之间的关系比较密切，没有隐私，表面上保密的工资实际上并不是什么秘密，与其在制度上保密工资，不如直接在制度上颠覆这种传统，让工资直接透明。

事实上，透明薪资制度是一种比较原始简单的薪资制度，现代大型企业中很少应用这种薪资制度。一方面，薪资透明容易让员工心生不满，大型企业存在许多不同的部门、不同的岗位，必然会存在薪资差异，即使在同一工作岗位，也会因为员工工作能力的不同，造成薪资差异，员工比较自己和他人的薪资，难免会因为薪资差异内心产生不平衡、不满意的感觉。另一方面，薪资倒挂会成为组织管理的不稳定因素。所谓薪资倒挂，就是指企业有时为了招聘符合条件的年轻员工，为企业增添活力，会给这类新员工比老员工更高的薪资。如果薪资透明，企业的老员工看到自己的薪资低于刚入职的新员工，必然会产生一系列负面情绪，影响工作效率，甚至会影响整个部门的工作氛围。

而视源股份的透明薪资制度很好地规避了以上两个问题，将"员工互评制度"与透明薪资相结合。视源股份员工的基本工资每月都会进行一次调整，每到月底，每个部门都会抽出一部分时间进行工资评审会。在工资评审会上，部门里每一位员工对组织的贡献还有个人问题都会详细地列举出来，然后员工进行讨论投票，决定每一位员工的基本工资应当下调还是上调。每个人（包括管理层）的基本工资都是部门内部讨论并决定的，每个人随时可以对自己或其他人的工资提出自己的意见。至于奖金部分，每个月月末，每个部门都会组织会议集体讨论当月各个人的工作辛苦程度与贡献度并评定当月的月度奖金。例如，视源股份的某个业务部门拿下一个项目，在月末，部门整体获得了 10 万元的奖金，部门主管只会告诉员工"10 万"这一数额，至于每个人拿多少，主管不会定，要让员工们讨论投票决定。不同员工的奖金数额可能会有悬殊，表现优秀的员工可以获得数万元的奖励，而表现平平的员工可能只有几百元的奖励。

财务部门和人力资源部门是透明薪资制度运行的保障。奖金总额不是由老板定的，而是由财务部门根据当月的业绩和利润来决定的。人力资源部的职责是控制各部门之间的平衡性，比如，如何避免平均主义，比例是否合理，差距是否太大等，并且监督每一个部门进行工资、奖金会议时是否公正合规。

### 三、绩效管理：内部点评排序法

在绩效评价的方式上，视源股份不依靠传统的 KPI，而是创新地采用了内部点评排序的方法。仍然是上文提到的工资评审会，部门内部的同事一起列出每个人做出的贡献及存在的问题，并按照最后得分排序，大家工作的好坏一目了然。例如，某个部门有 15 名员工，视源股份的内部点评排序法就是让每个员工给部门所有员工评分，表现最好的 10 分，其次 9 分，一直到第 10 名是 1 分，而其他员工一律是 0 分，把部门中所有员工的评分加在一起就形成了所有员工的排名。视源股份把不同排名员工的收入差异放大，按照排序规则，排名前 10% 的员工等级是 A，排名比较靠后的员工等级是 C，规定 A 等级员工收入要高于 C 等级员工收入的两倍。这个设定起到了很好的激励效果，同一岗位的员工，原来收入差不多，现在一下子有了较大差距，由于工作表现产生的收入差距被拉得很开，这样就会激励员工每个月都会改进自己的工作。为了让这个评价过程更加公平、客观，视源股份将这一绩效评价规则继续深化，引入跨部门互评机制，例如技术部门要和生产部门对接相关工作，那么在技术部门进行工资评审时，让一部分和技术部门工作有交集的生产部门员工也为技术部门员工的工作表现打分。

视源股份的创始人孙永辉认为，认同并了解员工的人做出的评价是最为客观的，员工最难骗过的是身边的同事。同一级别的员工，由于这种绩效考评方法，其浮动收入可能差别很大，在一定程度上能激励员工不断改进。

## 四、员工福利

视源股份对待员工的态度带着一种从员工角度思考的同理心，一般员工家庭生活会遇到的各种教育、医疗问题，本来不用企业负责，但视源股份对员工工作体验乃至家庭生活体验的重视，可以说做到了"老吾老以及人之老，幼吾幼以及人之幼"。在中国，员工对于稳定保障带来的安全感非常看重，为了能让员工更投入地工作，视源股份可以说是花尽了心思。作为一家民营企业，视源股份致力于不断提高员工的工作体验，并站在员工的角度为其分担、解决烦恼，让企业福利惠及员工家人。

### （一）基本生活保障

视源股份员工以科技人才为主，大部分科技人才是单身，公司给有住房需求的员工提供高档公寓，公寓配备健身器材、大型篮球场、游泳池等设施，在公寓居住的员工享受较高的生活品质。只要符合一定的工作年限和条件，员工都可获得公司配车，所配车的等级与职位无关，只与贡献度有关。在公司里，配备有健身房、摆满古筝和钢琴等乐器的琴房、免费电影院，把按摩作为员工的福利。员工餐厅一日三餐多用橄榄油，所有的食材由麦德龙配送，无论午餐还是晚餐，酒水任饮。员工的服装、生活用品等公司都会予以补助。针对员工的文化生活，每天都开设主题培训讲座，内容包括书法、心理学、历史、人文、管理、音乐欣赏等。视源股份的员工甚至有"女性生理假期"和"男性心理假期"等充满人性化的休假制度。

### （二）尊重与包容

视源股份的每位新员工入职当天，都会有专车到机场或车站接站。新员工进入公司后，会有专门的工作人员将其带领至工位，并且向新员工介绍周围的同事。每一位新员工来到办公桌前都会发现，办公桌上早已准备好了办公用品，还有欢迎小卡片。新员工下班乘坐公司班车回宿舍，还会发现宿舍门口也写好了欢迎致辞。更令人惊喜的是，视源股份已经为新入职的员工准备好了牙刷等洗漱用品，实现了真正的"拎包入住"。

视源股份包容不同员工的爱好、性格，在跨岗位的横向调配上，成员有自主选择的权利。让员工做自己想做的事，能够充分发挥员工的潜能。有一个在公司内广为流传的故事，当时有一位女工程师和 HR 说，她不喜欢写代码，喜欢画画，于是公司就让她想画画这个技能可以在公司干什么，然后她就成了视源工业设计团队的创始人。这个部门帮助企业逐渐发展起了旗下的 VI 和 CI 系统。

尊重员工的意愿、合理地进行人员配置离不开开明的企业文化和灵活的岗位变换。对于业绩不佳的员工，视源股份也不会一棒子打死，而是会分析原因，挖掘他身上的亮点，帮他调整岗位、部门或业务。包容员工的不足之处，挖掘身上的闪光之处，协助员工找到他最适合的位置，实现个人价值。

### （三）惠及员工家人

对于员工的家人，视源股份也提供了细微的关怀。家庭的和谐稳定是员工全身心投入工作的保障。家庭会遇到的问题，企业来帮忙解决。视源股份斥巨资建立了幼儿园，提供优质的中英文教学服务，获得了国家培训幼师的认证资格。值得一提的是，企业创始人的孩子也和普通员工的孩子就读于此。员工被允许早晨带着孩子来上班，晚上带着孩子下班后一起回家，因为视源股份成立的早教中心就在公司的办公楼旁边。视源股份在广州的第二产业园投资 3000 万元建设了一个健康管理中心，获得了健康门诊和体检中心的营业执照，可以让员工和家人免费体检，还有每年一次的员工及员工家庭的免费旅游。

正是这样一种家庭式的情感联结，才会让视源股份的员工发自内心地为企业创造价值，将企业利益视若己出。所以，在这么一个管理宽松的环境中，员工都很勤奋，因为大家都是发自内心地为企业创造价值。

## 五、发展与总结

基于以上几点可以看出，视源股份"领导不管事、员工不打卡"的薪酬管理模式很好地激发了每一位员工的积极性和创造力。在这样的工作环境下工作，员工会很清楚自己工作的目标，员工从内心可以感受到企业对自己的尊重，和组织中的其他成员处于同等的地位，即便是没有一些框架和目标来规范员工，他们也会尽力地去完成工作，所以他们可以在很短的时间里发展成为公司的中流砥柱，企业的发展也会欣欣向荣。

## 本章小结

本章主要介绍了科技人力资源薪酬管理的相关内容。第一节从薪酬和薪酬管理的概念、薪酬管理与人力资源规划的关系，以及薪酬管理与绩效管理的关系三方面分析了薪酬管理的基本概念；第二节介绍了薪酬体系的设计方法，包括薪酬体系的设计流程、规范、薪酬带宽、薪酬的计算方式，科技企业要将科技人力资本理论、专利战略融入薪酬体系构建中；第三节主要从薪酬体系与员工福利、薪酬管理实施与目标、薪酬管理绩效与评价三方面描述薪酬管理的具体细节。

### 讨论题

1. 说明薪酬管理是怎样影响人力资源规划的。
2. 阐述目标管理法和平衡计分卡的异同点。
3. 阐述如何决定企业的薪酬带宽。
4. 阐述专利回避设计对专利所有者的影响。
5. 企业绩效管理有哪些策略？

# 第六章　科技人力资源管理创新

　　随着中国经济的发展，中国科技实力稳步提升，某些领域处于世界前列，为企业管理提供了坚实的技术基础，为公司经营提供了强大的支撑。在新时期，网络、大数据等技术极大地改变了人们的生活模式和公司运营模式，同时也强化了公司内部的竞争，这就倒逼公司开展变革与技术创新。人力资源管理是公司提升企业运作效能的重要途径，也是提升公司核心竞争力的关键手段。人力资源管理方法对公司的长期经营发展具有重大作用。但随着社会的发展与变化，公司人力资源管理方法也应加以革新。由于科技人才一直在公司中占有重要位置，科技人力资源管理革新也不容忽视。科技人力资源管理革新既是社会发展的必然趋势，也是公司发展壮大的需要。

　　通过科技和创新为我们的用户、商户和社会持续创造价值，要始终遵循商业规律，坚持做正确的事情。我们要比以往任何时候都看得更长远，放远到未来五年、十年乃至更长。

—— 美团创始人　王　兴

【学习要点】

☆数字时代科技人力资源管理创新
☆科技人力资源管理的价值
☆企业人才创新管理办法

**【开篇案例】**

# 比亚迪公司人才创新管理

## 一、公司简介

比亚迪股份有限公司（以下简称比亚迪）于 1995 年 2 月在深圳成立，是一家高新技术企业，致力于"用技术创新，满足人们对美好生活的向往"。公司本着"技术为王、创新为本"的发展理念来丰富人们的沟通和生活。经过 20 多年的发展，比亚迪已经成为业务横跨电子、传统汽车、新能源汽车和轨道交通多个产业的超级科技公司。2022 年上半年，比亚迪市值超过万亿元，超越特斯拉，成为全球销量最高的新能源汽车品牌。科技人才是任何一个科技企业走向成功的关键，比亚迪的人力资源管理融入了许多创新的元素。

## 二、比亚迪的创新管理途径

公司是一个庞大的组织系统，怎么对这个庞大的组织系统进行管理是一个重大问题，而信息系统和管理制度就是管理公司的有效工具。

比亚迪建立了专门的信息中心，始终使信息系统建设与业务目标保持同步；对 IT 进行风险管控，保证 IT 的安全稳定运行；十分重视信息资产安全问题，以一系列措施来保护公司信息资产的安全；利用各种平台建立内部沟通和反馈渠道，进行内部信息的传递，减少无效信息沟通，提高了管理效率，有利于公司的长远发展。同时，比亚迪也在不断完善公司管理制度，规范员工的行为，并健全举报监督机制，配合各种监管机构的询问和调查，加大反腐倡廉宣传力度，营造清朗的公司环境。

## 三、长期主义导向的人力资源管理

文化作为一种精神力量，能够潜移默化地影响思维和活动，对人产生长久深远的影响。广泛认同的企业文化就是长期主义开出的花朵。企业文化能够发挥强有力的导向和示范作用，引导广大员工行为符合企业发展规范，一起为企业发展目标而努力。企业文化还具有激励士气、凝聚力量的强大功能。企业文化能够极大限度地激励员工，增强员工追求美好物质生活和精神生活的信心和勇气。基于企业文化的重要作用和意义，拥有广泛认同的企业文化显得更为重要。有了广泛认同的企业文化作为基础，企业管理的难度会大大降低，有利于企业的管理设计。"平等、务实、激情、创新"是比亚迪企业文化的核心。比亚迪不支持任何歧视行为，在公司内所有员工一律平等，尊重员工的个性发展。脚踏实地干实事、有着强烈的责任感、任劳任怨、忠实为客户服务的员工永远是比亚迪最受欢迎的员工。比亚迪的所有员工都向着企业文化的方向不断努力，提升自身素养和工作水平，并且在弘扬企业文化的过程中也会增强员工对比亚迪企业文化的认同感、归属感和提升员工集体意识，更努力地为企业工作。

人才储备也是需要长期坚持的一个部分，只有长期坚持人才储备，才能在困难时期保证有人才支持，不受人力资源制约。而且人才也是科技研发的重要推动力，在科技创新方面起着不可替代的作用。比亚迪通常根据公司需求招聘适合的人才，普通的公司招聘合适人才的标准一般要求高学历和丰富的工作经验，给应届生的机会不多，而比亚迪却倡导招应届生自己培养。从1998年开始，比亚迪每年都会去一流的大学进行校园招聘。比亚迪认为，能进入一流名校学习的学生都具有一定的实力，或者聪明或者勤奋，只要给他们机会，让他们进公司学习、培训，都可以获得较快的成长，最后成为公司的中坚力量。而且，对于后来的应届毕业生也会产生引领和示范作用，让他们看到未来的希望，激励他们奔向未来，形成一个良性循环。这样一来，公司就拥有了稳定的人才供应和强大的人才储备，能够增强公司的核心竞争力，提高公司综合能力，为公司稳步向前发展打下良好的基础。

## 四、创新的股权激励模式

比亚迪不断创新股权激励模式，调动员工的工作积极性，实现公司管理设计创新。2002年7月，比亚迪以境内架构在香港主板上市，2007年比亚迪分拆手机紧要部件并进行研究，成立比亚迪电子，同年12月在境外架构香港联交所主板上市，并以比亚迪上市为契机，在公司上市之前实施对员工的股权激励计划，将上市增发前股本的 9% 无偿赠予比亚迪的核心高管和技术人员，设定锁定期为授权后的五年后。2011 年 6 月，比亚迪在 A 股成功 IPO 实现了 A+H 两地融资，股权激励集中于核心高管和科技人才，个人激励力度非常大，但限制期较长——这让科技人才能够更长久地为公司工作。2015 年，公司在股价大幅上涨之时顺势而为推出员工持股计划（ESOP）。这种方式直接把出资压力和股价下跌的风险转嫁给了员工，如果员工不努力工作为公司创造价值，股价就会有下跌的风险，员工和公司利益共享、风险共担，成为一个利益共同体，共同为公司的发展而奋斗。

2022 年 4 月 22 日，由公司出资 18 亿～18.5 亿元回购公司股份，占总股本的 0.2%，员工不用出资，不需要承担资金压力和股价下跌的风险，而且这次员工持股计划的范围再次扩大，覆盖 12000 人，人均获得几十万到几百万元不等，可以说是非常慷慨，但相应的解锁条件收紧了一些，分三年解锁，每年分别解锁 30%、30%、40%，而且必须结合公司的业绩和个人业绩等条件。第一个解锁期以前一年营业收入作为基数，后一年营业收入增长率不能低于 30%；第二、第三个解锁期均以前一年的营业收入为基数且本年度营业收入增长率不能低于 20%（见表 6-1）。

表 6-1 员工持股计划解锁条件

| 条件 | 第一个解锁期 | 第二个解锁期 | 第三个解锁期 |
|---|---|---|---|
| 公司业绩 | 2022 年营业收入同比增长大于等于 30% | 2023 年营业收入同比增长大于等于 20% | 2024 年营业收入同比增长大于等于 20% |
| 个人业绩 | 达标及以上 100%；待改进 80%；不胜任 0% | 达标及以上 100%；待改进 80%；不胜任 0% | 达标及以上 100%；待改进 80%；不胜任 0% |

如果达到指标，则可以解锁相对应的股票权益，反之，则收回股票。"0 对价 + 业绩条件"给了员工低门槛奖励，让高层以下的研发人才也可以凭借业绩获利，有利于动员公司更多的研发人才，激发研发人才工作热情，让研发人才朝着既定目标努力奋斗。这一创新管理能够很好地提高研发人才的积极性和留存率，把科技人才的利益和公司的利益紧密联系在一起，还能为公司吸引更多优秀的科技人才，提高公司的核心竞争力。

## 五、成功经验

### （一）垂直整合经营模式

垂直整合简单来说就是纵向合并，垂直整合分为向前整合和向后整合两大类型。与生产步骤的下一步整合称为向前整合，与生产步骤的上一步整合称为向后整合。比亚迪通过垂直整合打造全产业链，实现了供应链上下游贯通，在新能源汽车行业占据有利地位。垂直整合经营模式可以让公司不受供应商的限制，在面对供应链危机和原材料短缺时，能够安全度过困难期，提高公司竞争力。垂直整合经营模式还能够形成规模效应，降低成本，让利给消费者，让消费者购买到物美价廉的产品，打造良好的品牌形象。

### （二）企业文化

比亚迪坚持用企业文化来对公司进行管理，公司对于员工的招聘和选拔、薪资福利、绩效管理、个人成长都有相对应的标准和举措，员工能够根据个人的发展需要去寻找对应的管理办法。比亚迪关注每个员工的成长，力图让每个员工都能努力实现自己的价值，给予员工相应的薪资和福利，让员工感受到如家一般的温暖，引导大家构建一个和谐的企业环境，共同为公司的长远发展而努力。

## 六、发展与总结

基于管理路径创新、长期主义人力资源管理和创新的股权激励模式，比亚迪的核心竞争力得到了提升，在新能源汽车行业取得领先地位。接下来，比亚迪还需要坚持科技研发创新，利用科技创新人力资源管理模式，提高人才管理效率。依靠核心技术，降低生产成本，强化自主品牌，提高服务客户的能力，让客户满意，提升公司商业价值和社会价值。

# 第一节　数智化时代下科技创新管理路径

数智化时代，人们的生产和生活都离不开数据和信息。数据和信息在企业管理中也起着重要作用。尤其是在企业人力资源管理中，人力资源管理同样会接触到海量的数据，借助现代科学技术能够使人力资源管理更加便捷。科技创新为企业科技人力资源开辟了新路径，对企业科技人力资源管理具有重要意义。

## 一、数智化科技人力资源管理

### （一）数智化科技人力资源管理的概念

随着时代的发展和社会的进步，社会经济与数字化深度融合，数字化正在向数智化转型。"数智化"不同于"数字化"，数智化是利用互联网、大数据、人工智能、区块链、虚拟现实等技术实现业务数据化。简单来说，数智化是数字技术的应用，是数字化和智能化的深度融合。数智化科技人力资源管理是企业成长的必由之路，也是社会发展的必然趋势。

数智化与人力资源管理的结合是近年兴起的一个研究领域。项玉娇（2022）将数智化人力资源管理定义为用各种信息技术方法，平衡人力资源供需，实现企业人才开发。梁娟（2021）认为数智化对人力资源管理的影响在于让人力资源的各个环节更敏捷，实现更加精准的管理，优化员工工作体验，使员工和雇主的沟通流畅有效。张立军（2020）指出数智化人力资源管理帮助企业解决组织结构冗杂、信息流通不畅和低效率的问题，企业建立符合自身情况的数智化人力资源管理模型是很有必要的。

在具体的数智化途径创新方面，王玲（2021）提出可以应用 AI 面试、离职倾向算法分析、云档案管理和人才画像方法进行人力资源创新。张玉（2021）将人力资源管理云平台的应用归类为职级调整、员工入职与离职和收入调整三种场景，企业应当完善相关制度并提高管理的科技水平。徐印州等（2020）认为企业在数智化时代创新人力资源管理模式的突破口就是借助人工智能技术辅助决策与判断，对人力资源大数据进行追踪分析、比对匹配、场景模拟、预设实验，从而使岗位设置和人力资源应用最优化。

### （二）数智化时代人力资源管理的改变

数智化时代，人力资源管理主要有招聘、培训、绩效管理与沟通三方面的改变。

（1）招聘。数智化时代下，利用大数据进行人才招聘已经非常普遍。大数据能够收集大量的信息，帮助公司更快捷地找到适合的目标科技人才。公司不仅可以利用大数据深入挖掘科技人才隐藏起来的内部信息，对科技人才进行更深入的理解，还能通过大数据进行智能匹配，提高招聘的精准度。此外，公司还能利用大数据根据企业的特点和标准设计一个评估模型，企业可以依据这个评估模型来为面试的求职者打分。利用大数据进行科技人才招聘可以快速地找到符合企业条件的人才，不仅快捷高效，而且科学公正，不受个人偏好、人事关系等因素的影响，能够客观地挑选出合适的人才。人工智能也常被应用在人才招聘中，越来越多的公司利用人工智能帮助人才快速选定申请职位。利用人工智能进行招聘不仅提高了招聘效率和精准度，还为企业节省了人力、物力、财力，优化求职者求职体验。企业还能利用区块链快速准确地验证候选人的其他方面信息，保证招聘公正、客观。

（2）培训。大数据、人工智能在科技人才培训中也发挥着重要作用。利用大数据可以清楚了解科技人才的各项信息包括学习、工作经历等，利用AI技术分析可以匹配科技人才的知识水平和培训需求，生成科技人才特有的培训计划，专门针对科技人才的特点进行精准培训。大数据还能够记录科技人才在培训期间的情况，生成科技人才成长图，根据科技人才成长状况和成长轨迹，随时调整培训计划，精准高效进行人才培养，避免资源浪费，为企业节省一笔费用。

（3）绩效管理与沟通。大数据也是绩效管理的好帮手。在绩效考核中，企业能够利用大数据计算功能和数据处理功能，快速得出考核结果，然后利用大数据进行横向、纵向对比，科学、真实地分析员工的工作情况和发展变化，根据员工发展变化，挖掘工作中存在的问题，提升企业监控力、洞察力、促进员工改善工作状态，提高工作效率，认真完成工作任务，从而改进企业绩效。企业还可以依托数智化技术提供更人性化、智能化的云激励方案，利用云技术进行档案管理，提升管理效率，给予欲离职的员工以尊重，并合规、便利地办理离职手续，树立良好的口碑。企业利用大数据能够实现和员工的有效沟通，企业能够对员工行为进行评估，员工也能对公司管理进行反馈，使企业和员工能够形成一种良好的关系，实现企业和员工的共同成长。

专栏 6-1

# 天虹科技人力资源数字化管理

## 一、公司简介

天虹数科商业股份有限公司（以下简称"天虹"）于 1984 年成立，是一家国有控股的上市公司，2010 年在深圳上市，是一家提供生活解决方案的服务商。天虹成立三十多年来一直本着务实进取的精神，致力于创造与分享生活之美，让客户的生活更加美好。天虹从 2012 年开始进行数字化转型，经过十年的发展，天虹成功转型进入数字零售的第一梯队，成为全国一流零售企业。

## 二、数智化转型

互联网时代，传统零售业市场渐趋饱和，互联网电商兴起，市场需求和消费习惯发生变化，客户的消费逐渐由线下转至线上，线下传统零售业竞争力下降，数字化转型成为天虹生存发展的必然选择。2020 年新型冠状病毒感染疫情加剧了传统零售业的困境，传统零售业转型更为迫切。由于天虹数字化意识、数字化技术、数智化科技人力资源管理都还相对薄弱，企业数字化转型面临较大挑战。

### （一）数字化招聘

数智化时代，招聘和求职方式快速转变，线上招聘方式取代传统线下招聘方式，AI 面试、视频面试成为主要面试方式，直播招聘也屡见不鲜，数字化招聘已经成为招聘的主流。数字化招聘在降本增效方面优势显著，也更加符合当代年轻人的行为习惯，是公司招聘的最佳选择。天虹通过招聘平台、网站发布招聘信息，求职者能够在相应的网站搜索查询到公司简介和在招职位等相关信息。求职者能够快速了解公司及相应职位的相关信息，对照相应职位的要求评估自身竞争力，快速精准地定位到适合自己的岗位，然后在公司招聘人员那里进行咨询。天虹也能够使用智能人岗匹配、智能简历筛选来智能筛选符合要求的科技人才，帮助公司精准找到适合的科技人才。

### （二）辅助绩效薪酬决策

在数字化系统的帮助下，天虹在绩效管理、员工关系、薪酬等方面更加便捷，自动算薪机器人、工时异常处理机器人、智能调薪决策辅助等数智化工具能够快速进行薪酬核算等人力资源管理工作。公司优化约束激励机制，KPI上设计数字化会员比例、会员活跃度、在线销售的占比等指标对不同的人员进行考核。

### （三）数字化运营中心

为了更好地推动公司数智化转型，公司使用数字化技术，提高数字化能力，努力实现公司全链路数字化。由于业务需要，公司还成立了数字化运营中心。数字化运营中心能够协助公司管理层做出数字化决策，保证决策的科学性。公司的职能部门能够统筹线上线下的整体数字化变革和运营，保证公司数智化转型的正常有序进行。公司还致力于组织扁平化，把大组织拆分成小单元，提升工作效率，突破公司科层制和内部壁垒，推动组织变革。

公司科技人力资源管理数字化是公司数智化转型的有力支撑，只有科技人力资源数字化转型才能实现整个公司的数智化转型，深化公司智慧新零售模式的发展，增强公司核心竞争力。天虹正在加速数智化转型，使移动互联网架构和组织与数字化业务相匹配。以科技赋能，以人力资源管理数字化转型带动公司商业模式数智化转型，实现企业的可持续发展。

## 三、发展与总结

天虹通过运用大数据工具，进行科技与人才管理创新，以技术与人力管理技术创新促进企业数智化转型提升，持续增强企业核心竞争力，助力企业成为中国新一代零售产业的领先者。接下来，天虹将会进一步推进企业数智化、体验式、供应链管理三大业务战略，推进企业现代化进程，实现线上线下、虚拟现实、零售技术和业务的深度融合，乘"云"而上，创造中国新一代零售业发展高地。

## 二、平台化科技人力资源管理

### （一）概念

数字化时代背景下，企业经营方式、经营理念发生了翻天覆地的变化，科技人力资源管理也要与时俱进，科技人力资源管理平台化就是适应数字时代的发展要求。一方面，学者从理论层面分析平台化人力资源管理的特点和企业转型途径。高中华（2022）认为平台化管理的要点就是开放组织边界、发挥网络效应、连接多样化资源，并在能力—动机—机会模型的框架基础上，探讨了平台化人力资源管理中赋能、激励和授权三个环节的具体设计。何永贵和冯缘（2020）尝试使用区块链技术探索平台化人力资源管理解决方案：建立个人信息声誉系统帮助企业快速筛选应聘者；企业向员工发放智能工作条约，保证过程透明，降低监管成本；用区块链技术建立新的绩效考核模式，用客户评价和员工活力价值来衡量员工表现。另一方面，也有许多学者指出，随着平台化人力资源管理理论与方法的完善，人力资源服务业发展前景广阔。例如，郭庆和王涛（2021）认为人力资源管理由传统模式转型成为平台化模式是不可阻挡的趋势，平台化人力资源服务业产业链将不断完善，这将使企业管理体系的设计发生颠覆性的革命。

### （二）实现途径

数字化时代，移动互联网使人力资源管理的界限越来越模糊，人力资源管理范围正在无限扩大。平台化科技人力资源管理的实现途径可以分为三种思路，分别为赋能、激励和授权。

（1）赋能。赋能是促使企业员工能力提升、能够具有独当一面的过程。企业通常会帮员工制定发展规划，通过员工培训的方式，提升员工专业能力和水平，让员工能够更好地开展自己的工作。要想实现平台化赋能，可以从以下两方面着手：第一，构建智能化培训平台。智能化培训平台能够利用虚拟现实技术模拟工作场景，让员工在不同的工作场景中历练，锻炼员工的临时应变能力和解决问题的能力。第二，训战结合。把训练与实战相结合，把实战当成一种训练。从实际业务中发现问题，并及时开展反思总结工作，总结经验教训，想好面对此种情况的应对措施，在动态实战中提升自身业务能力。

（2）激励。激励是为员工注入动力，促进员工工作效率提升。企业通常会通过绩效管理向员工提供差异化的薪酬和奖金，薪酬和奖金都与员工工作绩效挂钩。员工要想获得更高的薪酬和奖金，就要更加努力地工作。此外，员工还可以根据企业为员工制订的职业晋升规划，谋求职业晋升机会。这些都是企业为激励员工制订的举措，而且公平公正，每个员工都拥有同等机会，只要你有足够的能力就能从中脱颖而出，获得更优的薪酬和待遇。

格里菲斯提出的工作角色绩效模型为激励员工提供了新思路。这个工作角色绩效模型包括任务绩效、适应绩效、主动绩效三要素。任务绩效单纯反映任务、目标、职责等的完成情况，在传统绩效评价中应用较广。适应绩效和主动绩效则能更好地评价员工在平台化转型中的适应性和主动性。适应绩效主要反映员工在平台化转型过程中对学习新知识、新技能的适应能力。主动绩效则是反映员工在平台化转型工作模式下主动改进工作流程、工作方法以及满足客户需求的能力，这充分反映了员工的工作动力和工作能力。

（3）授权。授权是赋予员工充分的权力，让员工能够利用自身知识能力在具体情境中合理解决出现的问题，实现组织目标。企业的授权一般是授予员工开展工作需要的用人权、财权、事权，让员工能够应对各方面的工作以及出现的问题，提高员工的自主性，也让员工扮演"老板"的角色，充分发挥自己的潜能，提高员工的工作积极性。与此同时，授权也打破了传统科层制的限制，项目团队机动灵活，提高了工作效率。

世界顶级战略管理学大师加里·哈默尔提出的"能力金字塔模型"中提到，激发员工的主动性、创造力和激情才能最大限度地发挥员工的潜力。企业为员工提供快速职业晋升的渠道也是激励员工的好方法，员工不再受到传统科层制的限制，给予员工更多的机会，激发员工的主动性和创造力（如图6-1所示）。

图6-1　能力金字塔模型

### （三）"三支柱"模型

专家中心（center of expert，COE）、人力资源业务合作伙伴（human resource business partner，HRBP）、共享服务中心（shared service center，SSC）构成了人力资源管理的"三支柱"（见图6-2）。"三支柱"模型已经成为科技人力资源管理平台化的发展趋势。

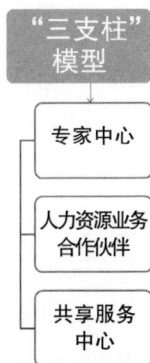

图 6-2 "三支柱"模型

人力资源管理"三支柱"模型的研究主要集中于该模型的作用效果。例如，岳原（2022）认为人力资源业务合作伙伴是"三支柱"模型中最重要的一个支柱，角色定位、选拔规则以及培训方案决定"三支柱"模型能否成功实施。李进生和赵曙明（2021）将人力资源"三支柱"模型与大数据、人工智能的应用结合起来，认为该模型可以有效地提高组织绩效和员工满意度，并提升人力资源管理从业者的职业竞争力，可以通过加强伦理治理、结合中国实际环境、强化"三支柱"之间的协同互动来进行"三支柱"模型优化。易湖停和刘翔宇（2019）基于阿里巴巴和腾讯公司的实际应用案例，建议企业加强内部协同（人力资源管理能力、管理框架）与外部协同（战略、制度与客户），促进"三支柱"模型落地。

"三支柱"模型对人力资源管理进行了细分。其中，SSC将企业各业务单元中所有与人力资源管理有关的基础性行政工作统一处理，如人才招聘与招聘后的培训管理、薪酬福利核算与发放、绩效管理等。HRBP是人力资源内部和各部门业务经理沟通的桥梁，不仅要熟悉人力资源（human resource，HR）的各项事务，还要了解各部门业务需求，与各部门业务经理进行沟通，利用人力资源管理制度和工具帮助各业务部门解决日常出现的HR 问题，维护员工之间的良好关系。此外，HRBP 还需要依靠自身素养发现并整理人力资源管理（human resource management，HRM）中出现的问题交给 HR 专家，让 HR 专家帮助提出更好的解决方案或设计更加合理的工作流程以完善运营流程。COE 主要为业务单元提供人力资源管理方面的相关专业咨询，同时也帮助 HRBP 解决人力资源管理方面专业性较强的问题。"三支柱"各司其职，共同帮助企业解决人力资源管理中出现的实际问题，促进人力资源管理方案贯彻落实和人力资源管理优化，提高人力资源管理效能，保证业务的顺利进行，实现企业的长足发展。

### 三、在线化科技人力资源管理

数字化时代的信息瞬息万变，与人力资源管理工作相关的人力信息、市场信息也是动态变化的，科技人力资源管理也要随之进行在线化改造，使整个管理过程可以动态处理，更具弹性。企业可以从在线化招聘、在线化办公、在线化绩效管理和在线化员工学习四个方面进行在线化科技人力资源管理。

#### （一）在线化招聘

在线化招聘突破了传统线上发布招聘信息、线下进行招聘工作的做法，使招聘工作转型为线上业务，实现招聘工作全流程的在线化。传统线上发布招聘信息会选择智联招聘、Boss 直聘、前程无忧、猎聘等网站。在这些网站上，招聘的覆盖范围小，只能发布招聘公司和岗位的有关信息，表达受限，不能让人深入了解相关信息，招聘效果差，对人才没有吸引力。互联网是一个大的流量池，在线化招聘哪里有流量，哪里有目标人才，就去哪里招聘。所以，各类社交软件、直播平台、知识社区、小程序、公众号都可以成为在线招聘的入口，覆盖范围广，宣传力度大，招聘效果强。

在线化招聘还要注重招聘信息呈现的效果，提高招聘的吸引力，获得更多的简历。接下来就是进行简历的筛选，在线招聘可以通过"算法"智能筛选出目标人才，然后根据程序设置，通知候选者面试时间、地点等，并将面试信息自动转到相应的 HR，生成人才面试计划。进行线上面试时面试官可以用线上系统辅助面试，采用不同的形式、设计自动流转流程，使面试更加便捷，也能更加立体全面地对面试者形成评价，增强决策的科学性。招聘的最后一个步骤是员工入职，新员工接到在线化的入职通知，在线办理入职手续。整个在线化招聘过程更加快捷、精准，省时省力。

### （二）在线化办公

企业可以创新性地在企业内部建立线上部门，通过扁平化的在线组织来开展工作，权责清晰、信息共享，协同在线办公，提高工作效率。员工有什么问题都可及时在群里反馈和沟通，共同讨论，协商最佳解决方案，推动问题及时解决。

### （三）在线化绩效管理

通过把员工任务和业绩数据化，实现在线化绩效管理。最常用的绩效管理方法 KPI 更看重结果，不适合在线化绩效管理，而目标与关键成果法（objective and key result，OKR）更注重目标和过程，让每个员工自主设定目标与关键成果，能够更好地发挥员工的潜能。OKR 要具体化、量化、难度适中、与组织目标相关并且在规定期限内完成。设定目标上线后，打开自己的用户端就能看见当月的指标完成情况，实时且透明，有利于驱动员工完成目标。

### （四）在线化员工学习

企业可以建立在线化员工学习平台，辅助进行培训，帮助员工成长。在线化学习平台有大量的线上课程让员工学习。员工能够根据自己不同阶段的需求选择不同的线上课程。线上还提供在线测评服务，帮助员工自动生成学习导航和内容站点，锁定学习课程。在规定期限内完成学习后，还会有相应的考试，检测员工学习成果，助力员工能力提升。

专栏 6-2

# 海尔：开放式创新人力资源管理

## 一、公司简介

海尔集团成立于 1984 年，是一家全球领先的美好生活和数字化转型解决方案服务商。海尔集团始终坚持以用户体验为中心，紧跟时代步伐。海尔集团拥有三家上市公司、七大全球化高端品牌和全球首个场景品牌"三翼鸟"，致力于为全球用户定制个性化智慧生活。

## 二、海尔开放式人力资源管理

### （一）平台型组织生态圈

海尔的平台型组织生态圈中有许多"小微"自主经营体，这些"小微"自主经营体是由海尔的"在线员工"（合作伙伴）与"在册员工"（具有合作关系的正式员工）共同创业、主动结成的合作组织，拥有自主经营权和自负盈亏的权利，他们共同构成了平台型组织。平台和"小微"自主经营体共创共赢，实现了组织结构的新探索。至此，海尔打破了传统科层制的层级，实现组织无边界，组织结构扁平化，形成一个动态循环的平台生态圈，使组织结构的柔性和灵活性在最大程度上得到保证。

### （二）开放的人力资源体系

"世界就是海尔的研发部，世界就是海尔的人力资源部"这句口号体现了海尔开放的人力资源体系。海尔主张为人才提供公平竞争的机会。海尔还通过外部引才、内部选才、充分借才实现了企业和人才的高度匹配，提高了人才使用效率。

海尔在用人方面，主张加强对人才的监督。海尔建立了严格的监督控制机制，所有在职人员都要接受三种监督，分别为自检、互检、专检。

海尔集团著名的日清日结（OEC）管理法也在一定程度上起监督作用。海尔建立信息化日清平台，实行经营日清。海尔集团 OEC 管理法由目标体系、日清体系、激励机制三个体系构成。海尔 OEC 管理法把目标层层分解，量化到每个人身上，做到人人都管事，事事有人管，日事日毕，保证目标工作的完成，员工每天都能在信息平台上查看目标的完成情况，提醒监督自己完成目标，且日清体系与激励机制挂钩，能够有效激励企业员工完成任务目标，真正做到当天的事当天完成且每天提高一点点。

海尔通过广泛的渠道对员工进行培训教育，海尔还利用和科研院所、高等院校的长期合作提高员工研发能力和水平。海尔坚持企业"人单合一，速决速胜"的企业作风和"以人为本"的培训理念，加强企业文化建设。

海尔建立了基于客户的人力资源平台体系，这个平台包括服务共享平台、创客孵化平台、人才吸引平台、资源创新平台和合作伙伴支持平台。这些平台拥有各方面的人才资源，各个平台之间通力合作，共同支持"小微"自主经营体的发展。

### （三）"人单合一"模式

海尔集团创始人张瑞敏提出"人单合一"模式。在"人单合一"的指引下，海尔由传统制造企业升级为物联网时代的生态型企业，引领世界潮流。"人单合一"是指把员工的价值实现与所创造的用户价值结合起来，形成一个整体。每个员工都直面客户，为用户创造价值，并在为用户创造价值中实现自己的价值分享。这里的"人"不限于企业内部，任何人都可以参与竞争。此外，员工也不再被动执行，拥有现场决策权、用人权、分配权这"三权"。而这里的"单"也不是上级分配的，是抢来的，员工"竞单上岗、按单聚散"。员工的薪酬也不是来自企业，而是来自用户，用户评价、用户支付员工薪酬。如果"单"的发展态势好，满足了用户需求，用户和员工的价值得到实现，就是高单高酬，如果每"单"的发展方向都偏差并且在规定时期内都无法消除，小微团队就将面临解散。员工的待遇也和用户的评价直接相关，海尔公司建立了对赌价格超值共享平台，在事前由小微企业与平台达成对赌约定，承诺中包括目标价格与分享空间，在对赌目标实现后，双方根据协议共享对赌价格。员工待遇直接和市场价值相关，弹性工资，高单高酬，员工间协作共赢，为共同的目标而努力，极大地增强了员工的工作积极性与创造力。

### 三、发展与总结

海尔构建了动态平台型组织生态圈，人才按单聚散，给予人才平等机会，建立对赌薪酬分享激励机制，突破传统企业刚性薪酬，实行高单高酬激发员工工作积极性，员工也以用户为中心，注重用户的评价，用户支付薪酬。海尔还建立完整的员工培训体系，帮助员工能力提升。海尔开放式创新的人力资源管理模式值得很多企业学习。

# 第二节  科技人力资源管理的长期主义

经济全球化的发展，既带来了机遇，又带来了挑战。当今世界，科技水平是世界上的国家都普遍关心的发展问题，很多国家把科技水平的提升作为国家发展的战略重点，努力增强国家综合国力，力争在世界的发展格局中占据有利位置，科学技术已经成为国际竞争的重要武器，我国也提出了"科学技术是第一生产力""科教兴国、人才强国"等理论，奠定了科学技术的重要地位，科技人力资源同样也是企业发展的根本推动力。许多企业的经营充满短期性、逐利性的色彩，以这样的方式运营企业，往往连获取短期利益的机会都没有。企业应当从长期主义出发，组织人力资源管理，实现人力资源管理的变革发展和协同共赢，为企业积累长期价值。

## 一、科技人力资源管理的长期价值

全球经济正处于低速增长时期，"投机"的窗口正在慢慢缩小，机会主义已经不能帮助企业取得成功，企业只有脚踏实地、回归企业可持续发展的底层逻辑——长期主义，才能在市场竞争中经久不衰，历久弥新。人才是企业最宝贵的财富，科技人才尤甚。但是，当企业遇到发展困难时，人力资源往往会首先被牺牲，企业会通过大规模裁员来缓解危机，减轻企业的负担，这种做法虽然能解决一时的燃眉之急，但从长远来看是不可取的。在人力资源管理被拿来"开刀"的风气下，人力资源管理长期主义的稀缺性和重要性得以凸显。

那么，如果企业长期坚持科技人力资源管理会带来哪些价值呢？第一，人才的使用价值最大化。企业长期坚持对科技人才的管理，能够让科技人才找到适合自己的位置和擅长的领域，努力钻研，发挥自己的价值。第二，调动人才的积极性和创造性。企业对科技人才进行长期管理，能够实时洞悉人才的研发积极性。由于研发工作具有长期性和不确定性，研发人才需要经过多次实验，经历多次失败，才能取得成功。在研发期间，研发人才很容易在失败中丧失信心，失去前进的动力。企业要通过对科技人才的管理，激发科技人才研发的积极性，燃烧研发工作热情，提升科技创新效率。第三，提高人才的研发能力。企业对科技人才进行长期管理，根据人才长处和短处对科技人才提出相对应的培养方案，精准培养、定向提升，提升科技人才的研发能力。第四，维持员工良好关系。企业长期进行科技人力资源管理，能够让企业内部有良好的交流与合作，维持企业和谐的员工关系，保障公司稳步向前发展。

长期坚持科技人力资源管理能带来如此多的长期价值。那么，如何做到长期坚持科技人力资源管理呢？长期人力资源管理的方法如下。

### （一）确定终极追求

随着时代的发展变革，商业形势日新月异，企业面对许多机遇和挑战。企业要确定自己的终极追求和终极目标是什么，在长期经营的过程中不忘初心，诚信经营，不要因为一时的困境，陷入"应激陷阱"，做出不明智的决策，损害公司的长远利益。例如，当很多企业在经营困难时，会进行大规模裁员和降薪，这样也许能度过一时的困境，但很容易失去员工对公司的信任。情义在困境中体现得尤为明显，在公司最困难的时候，如果员工对公司不离不弃，共同努力奋斗，渡过难关，等公司度过困难期后，回头看，这样的情谊是弥足珍贵且具有强大力量的，不仅能够增进员工之间的情谊，提高工作的配合度和默契度，提高工作效率，还能增强对公司的认同感和归属感，更加努力地为公司的发展而奋斗，促进公司的高质量发展。所以，企业在做出决策前，要以长远的眼光，预测未来的发展趋势，结合公司的终极追求和现实状况科学谨慎决策。企业要坚持科技人力资源管理，时刻用企业的终极目标和终极追求为企业指明前进的方向，实现企业的可持续发展。

### （二）完善组织和体系

人力资源和组织、体系关系密切，组织和体系都依靠人力资源。在科技人力资源管理中，"人"显得极为重要，这导致很多企业陷入了误区，过于注重对人的培训而忽略组织体系建设的重要性，个人培养固然重要，但如果只限于对个人能力的培养，而不把人放到组织中发挥作用，会因小失大。个人的能力再强，也敌不过组织的合力。我们既要注重个人能力的培养，也要注重完善组织和体系，让人在组织中发挥更大的作用。企业在日常中要注重员工的团队建设和组织建设，把单个人凝聚成一个组织团体，形成完整的组织体系，发挥人力资源管理的重要作用。

### （三）构建人力资源优势

科技人才在企业发展过程中发挥着重要作用，但不能过度依赖个别人力成为公司的竞争优势，对个别人力依赖程度过高，会被个人束缚，风险极大。企业要从组织层面来构建人力资源优势，增强人力资源抵抗风险的能力。企业还要注重对员工的文化建设，增强员工企业文化信仰，提高员工忠诚度，增强企业号召力。构建人力资源优势，要从源头抓起。企业要建立自己的人才供应链，储备人才，保证人才供应，避免出现人才短缺，无人可用。

### （四）坚守目标

做事情贵在坚持和行动，能够坚守自己的目标，守得住初心，不在过程中迷失自己。企业要时刻坚守自己的长期目标和终极追求，从企业整体层面进行考虑，从大局出发，做到整个企业的系统优化。例如，在新人刚进公司的时候要鼓励他们发言，敢于表达自己的想法，不要有"新人初来乍到，新人没有发言权"的想法，要让新人敢于发言，在新人有言论不成熟的地方，多加包容，鼓励员工大胆试错，不要因为员工轻微的不当言论就对员工实施惩处，这样的做法容易让员工产生恐惧感，长此以往，员工会变得循规蹈矩，唯唯诺诺，丧失员工的活力，这样就会极大地伤害员工的工作积极性和创造力，员工创新能力和潜能受到压制，无法最大限度地发挥员工的能力。物极必反，企业管理要留有一定余地，让员工有的放矢，在制度的框架下，能最大限度地发挥潜能，注重公司的整体发展，坚守公司的长远目标。

### （五）持平衡

企业在发展的过程中势必会面临长期发展和短期生存之间的矛盾。短期生存要求企业注重当下，解决当下出现的实际问题，维持企业的正常发展。长期发展则是以长远的目光，在长期使命的指导下进行企业创新和规划。在企业具体实践中，不要把长期主义作为"挡箭牌"，而忽略眼下的发展，企业应该把长期主义作为公司的行动指南，在公司发展的过程中为公司指明方向，而不作为具体的执行方案。在具体实践中，企业要结合当下的局势和企业长远目标，找到短期生存和长期发展的平衡点，保持公司发展平衡。

## 二、科技人力资源管理的协同共赢

1989 年，通用电气集团原 CEO 杰克·韦尔奇提出"无边界组织结构"这一理念，主张在一个无边界的组织中，思想、信息可以自由流动，不受企业内外部的阻隔。科技人力资源管理需要突破组织边界的限制，实现组织内部的协同发展，科技人才能够共同努力，在组织内部形成互帮互助、协作共赢的良好氛围。只有科技人才相互协作，才能更好地实现科技人力资源管理的协同共赢。企业可以从以下几方面入手实现科技人力资源的协同共赢。

### （一）打破传统组织结构

传统科层制的组织结构太过注重形式，流程过于烦琐，对于外界变化不灵敏，极大地束缚了企业组织活力。企业应该打破传统的科层结构，对科技人才进行扁平化管理，减少组织流程占用科技人才研发的时间和精力，让科技人才专注于科技研发，为企业创造更多的价值，促进企业的发展，实现科技人才与企业的协同共赢。扁平化管理下，科技人才自主权得到增强，组织内的科技人才能够非常方便地进行协作，有利于科技人力资源的协同共赢。

### （二）建立科学的科技人才招聘机制

人才的录用是企业人力资源管理和企业发展中的关键环节。录用人才时一定要对人才进行企业文化教育,提高新引进科技人才对企业文化的认同感。这也要求企业在设置招聘政策时,把企业文化作为面试的一道关卡,让应聘者尽可能多地了解公司的企业文化,为进入公司打下良好的基础。特别是对于企业的核心价值观,要着重凸显出来。例如,协同共赢。在企业文化的引领下,科技人才紧紧团结在一起,共同致力于科技研发。在制定相关职位和入职要求时,企业文化的相关管理人员也要广泛参与,查看入职流程中有无企业核心价值观的体现,这样做的目的是让科技人才在入职时就接受企业文化的熏陶,实现科技人才与企业发展的协同共赢。

### (三)制订相应的人力资源规划

人力资源规划是人力资源管理的六大板块之一,在科技人力资源管理中发挥着重要作用,要想实现科技人力资源管理的协同共赢,就必须依靠人力资源规划。在制订相应的人力资源规划过程中,企业要对目前所处阶段进行战略解析。企业只有清楚自身所处的阶段,才能进行良好的人力资源规划。不仅如此,企业还要对公司发展现状有清醒的认知,只有这样才能知道企业需要什么样的科技人才,从而为科技人才的招聘指明方向,做出相应的人力资源规划。在科技人才招聘培养的流程中,要注重使用科学合理的方法,从而更好地为企业提供合适的目标科技人才,满足企业长期的发展需要。公司注重使用科学合理的操作流程有利于留住高端科技人才,促进科技人力资源的进一步优化配置。

### (四)明确公司科技人力资源培训与开发的方向

企业对于科技人才的培训不能仅仅是相关知识的培训,还应该对科技人才进行相应的技能、态度和文化等方面的培训,提升科技人才的综合素养,增强科技人才发现问题、分析问题、解决问题和为人处世的交际能力。高科技人才一般专注于科技研发,除去专业能力之外的其他方面能力相对薄弱,企业要关注科技人才的特殊需求,注重在企业中培养科技人才的各方面能力,加强科技人才之间、科技人才与管理层之间的交流与协作,提高科技人才团队协作能力,增强企业团队的整体实力。与此同时,企业还要进一步加强相应的培训管理,使培训更加制度化。让科技人才在相应制度化的培训中,不断提升自身能力；让科技人才在企业中不只是为企业创造经济效益，也能够促进自身素质和能力有效提高，实现科技人才和企业的协同共赢。

### （五）完善公司薪酬管理和绩效考核机制

企业的业绩考核要以科技人才的实际业务为主，不能存在任何虚假行为，要建立科学完整的考核机制，对科技人才进行全方位的考核。全方位的考核主要可以从质和量两方面来看。不仅要注重考核的质，还要注重考核的量，两手抓。对于科技人才的评价系统要进行不断修改和完善，整合各种评价要素进行整体考察，保证评价的真实、客观、科学，以此促进员工为企业创造出更多的经济效益，推动企业战略目标的达成，实现企业发展和科技人才的协同共赢。

### （六）形成良好的激励机制

良好的激励机制是物质激励和精神激励的结合，是长期激励和短期激励的结合。在物质激励层面。高收入是员工的第一推动力，重赏之下，必有勇夫。股权激励也是一个不小的推动力。员工股权激励是一种通过授予员工股权，实现员工与公司共享发展成果，共担经营风险，推动员工更加勤勉尽责地长期为公司服务的激励方式。股权激励通过员工持股的模式，让员工参与公司管理，改善了公司治理结构，降低了治理成本，提升了管理效率，促进公司凝聚力和市场竞争力等方面的提升。公司以股权为纽带，把价值创造的各方紧密联系在一起，通过利益的统一，从而达到行为、人心的统一。通过股权让员工成为公司管理的一分子，与公司命运相连，成为利益共同体，与公司一荣俱荣、一损俱损，能够提高员工的工作积极性，激起员工工作热情，让员工更加努力地为企业工作。股权激励既激发了员工的工作积极性，让员工获得更多的收入，享受更优的待遇，也为公司创造了价值。正所谓"大河有水小河满"，只有公司得到更好的发展，才能给员工更好的薪资待遇。"羊毛出在羊身上"，只有员工努力地为公司创造价值，公司才能不断发展壮大。只有公司发展壮大了，员工才能得到更好的发展，二者是相互促进的关系。

企业文化是精神的一个重要载体。员工在刚进入企业时就要经过企业文化的洗礼，员工在工作的过程中不断接受企业文化的熏陶，经过多年的发展，企业文化已经深深地根植在员工的心中，成为员工的激励源泉和行动指南。企业对于工作中表现优异的员工应该给予表扬，这不仅激励了表现优异的员工继续努力，还给其他员工树立了标杆，激励其他员工向优秀者看齐，带动整个企业前进。"努力工作""艰苦奋斗"的企业文化渗透到整个企业环境之中，成为企业员工的共同信仰和追求，激励着全体员工共同进步。精神激励是员工长期坚守目标、长期奋斗的精神食粮，对员工和企业的发展都具有重要意义。

短期激励，就是当员工完成项目目标或取得成绩后，及时对员工进行奖励。短期激励能让员工在项目期内被充分调动，只要完成目标就能获得奖励，奖励能够及时获得，对员工吸引力很大。长期激励中员工持股和年终奖被企业广泛应用。企业会根据个人全面绩效的评定，包括业务目标的完成情况、团队能力提升等进行综合评定，然后给予相应的奖金分配。员工持股也需要一个较长时间才能实现。企业只有把长期激励和短期激励相结合、物质激励和精神激励相结合，才能形成一个较完善的激励机制，促进员工和企业的协同发展。

## 专栏 6-3

# 云南白药科技人力资源管理

## 一、公司简介

云南白药集团股份有限公司（以下简称"云南白药"），前身是成立于 1971 年的云南白药厂，后改名为云南白药集团股份有限公司，国家首批创新型企业。云南白药作为中国驰名商标，声誉极高，深受民众的喜爱，也是少数享誉中外的中华老字号品牌。云南白药集团主要分为药品、健康品、中药资源和医药物流四大板块。公司产品以云南白药系列和田七系列为主，共有十种剂型七十多个产品，畅销国内外。云南白药坚持以勇于开拓创新的精神，不断超越自我，致力于融合传统和现代，沟通历史与未来，跨越民族与国界，立志成为具有自主创新技术和高效市场拓展能力的一流药企。

## 二、科技人力资源管理

云南白药通过系统的科技人力资源管理制度，对人员招聘、员工培训、工资薪酬、福利保障、绩效考核等做了详细规定。

云南白药坚持"公开、公平、公正"的用人原则，凡是符合要求的目标人才，都可以来公司应聘，公司会根据人才的具体情况看是否符合公司的用人标准来决定是否录用。云南白药始终以人为本，注重人的价值，充分尊重、理解和关心科技人才，根据不同科技人才的特点进行科学精准的培训，努力将科技人才塑造成为具有更高水平的优秀科技人才。企业薪酬与绩效挂钩，高管绩效薪酬在薪酬中占比50%，其他员工绩效在薪酬中占比40%。公司总部干部选拔进行公开竞聘的方式，有能力者都可参与竞聘，一年一聘，一年一考核。绩效考核结果强制公布，优秀者升职。

云南白药建立了完整的激励体系。按照时间长短，激励可分为短期激励、中期激励和长期激励。短期激励一般为现金激励，中期激励一般为员工持股计划，长期激励一般为激励基金。科技人才的年度薪酬由固定薪酬、短期激励、激励基金和长期激励构成。短期激励是与当期公司业绩和个人履职结果挂钩的部分。如果当年公司业绩在90%以下，短期激励则会取消。至于员工持股计划，符合条件的员工可以自愿参与公司员工持股计划，持股产生的风险由员工自己承担。员工成为公司的股东后，兼具公司劳动者和所有者的双重角色，与公司成为利益共同体，可以共享公司发展成果。员工持股计划有利于提高科技人才的工作积极性，激发科技人才的工作热情。

云南白药秉承"待遇留人，感情留人，事业留人"的内部人力资源开发和管理宗旨，向社会各界广纳贤才。云南白药通过向科技人才提供优厚待遇，满足科技人才的情感诉求，帮助科技人才实现自我价值，成就自己的事业，实现对科技研发的理想和追求，为科技人才提供一个较大的发展平台，让科技人才能够大展拳脚，发挥自己的所长，在科研岗位上实现自己的价值，提升科技人才的满足感和幸福感。

云南白药培育了一支高素养、高学历、高水平的高速化科技人才队伍，以创新谋变精神、灵敏的反应能力、前瞻的市场眼光，应对市场的变化。云南白药注重提升员工职业素质和个人市场掌控能力，不断学习，提升科技能力，实现科技人才与企业的协同发展。此外，云南白药还格外关心员工的身体健康，对科技人才每年定期进行身体检查，让科技人才长期维持正常工作状态，保障日常工作的正常进行。

## 三、发展与总结

云南白药制定了系统的科技人力资源管理体系对公司人才进行管理。数字化时代，云南白药努力构建数字化人力服务智能化平台，加速公司数字化转型升级。云南白药携手用友网络开启人力资源数字化建设，推动云南白药数智化转型，用数据对公司进行管理。

## 三、科技人力资源管理的变革发展

彼得·德鲁克曾说过，"企业唯一的使命就是创造顾客"。在"互联网＋"时代，企业还是要以满足客户需求为目标，而科技人力资源管理就是为了完成这个目标而采取的举措。科技发展日新月异，企业对科技人才的需求逐年增长，传统人力资源管理已经不能适应互联网时代科技人力资源管理的要求，科技人力资源管理变革刻不容缓。科技人力资源是从事科学技术工作的人才，他们一般文化素养高、科研能力强、自主性强、对自己要求严格、对新知识和新技术有着强烈渴望、喜欢探索研究、希望能够通过科研实现自我价值、有较高的职业追求。这些特征对科技人力资源管理提出了更高的要求，特别是对于科技人才的职业生涯规划。科技人才更加注重专业性而容易忽略长期的职业生涯规划，而科技人才的职业发展道路又较窄。企业管理者应该思考如何在互联网时代下，根据科技人才的特性，提出高效的人力资源管理方案。科技人力资源管理的变革发展主要体现在以下几个方面。

## （一）观念的变革

随着时代的发展，原有的管理观念落后，不能适应时代发展要求，企业管理者应该转变传统观念，树立正确的管理思想。在以往的科技人力资源管理中，有些企业没有重视科技人力资源管理中出现的问题，没有真正去建立行之有效的管理体系，造成企业人才管理不善，导致企业人才的流失或无法充分发挥人才的价值，企业无法做大做强。企业要转变科技人力资源管理不重要的观念，从根源上重视企业科技人力资源管理，特别是对于顶尖科技人才的人力资源管理。在人才招聘后，要了解科技人才的专业能力水平和擅长的领域，为科技人才匹配合适的岗位，最大限度地发挥科技人才的专业优势，激发科技人才的潜力。对于特殊的科技人才，还要制订特殊培养计划，给予人才施展能力的空间，把科技人才的效用最大化。企业还要注重数字技术在人力资源管理中的应用，促进数字技术与科技人力资源管理相结合，更新管理观念，引进新的管理方法，紧跟时代步伐，促进科技人力资源管理水平提高。

## （二）留存机制的变革

科技人才在企业的发展过程中起着举足轻重的作用，企业必须保证科技人才的留存。只有科技人才有了保证，企业的创新研发才有希望。怎样提高科技人才的留存率？提高人才的待遇是一个好办法。提高人才的工作待遇包括适时给予人才奖励和表彰，给科技人才营造良好的工作、学习、用餐环境，交给人才具有吸引力的工作内容，对人才开展精准培训，提供公平的晋升渠道，等等。

## （三）企业文化的变革

企业采取以人为本的管理模式，以科技人才为核心，注重科技人才的优势、价值。企业进行人性化管理，了解每个科技人才的性格特点、爱好、特长、能力水平等。只有充分了解每个科技人才的信息，才能做到知人善用、分工明确，让科技人才都能找到自己感兴趣或者擅长的部分，发挥自己的所长，更加高效地完成工作，实现自身价值。公司应该关心与科技人才切身相关的问题，想人才之所想，急人才之所急，关注科技人才的成长，对科技员工进行定期关怀，让科技人才感受到家一样的温暖。只有这样，科技人力资源管理才能长期发展。

### （四）管理信息化的变革

在科技人力资源管理中，企业建立网络信息开放共享平台，企业内部能在平台上共享信息资源，破除"信息孤岛"，快速响应即时信息，获得更加广泛的信息渠道和更加准确的内容，减少重复沟通，提高科技人力资源管理效率，共同致力于企业的长远发展。

**专栏 6-4**

# 迈瑞医疗：以人为本

## 一、公司简介

深圳迈瑞生物医疗电子股份有限公司（以下简称"迈瑞医疗"）成立于 1999 年，是全球领先的医疗器械与解决方案供应商。公司主营业务包括生命信息与支持、体外诊断和医学影像三大板块。迈瑞医疗主要从事医疗器械的研发、制造、营销及服务，始终坚持以客户需求为导向，致力于为全球医疗机构提供优质产品和服务。

## 二、人力资源管理

科技创新型企业的发展离不开人才，尤其是高端科技人才。在聚才引智方面，迈瑞医疗董事长李西廷说："对科技公司来说，人才是第一要素，如果没有人，你的钱再多，也起不到作用，也做不出来最好的产品。"他认为，企业在建设人才队伍时，应该坚持内部建设和外部引进，双管齐下，此外，还需要完整的激励机制和优秀的企业文化作为支撑，只有这样才能建设出优秀的高科技人才队伍。

怎么把科技人才培养好并长期留存下来，对于科技公司来说是一个不小的挑战。李西廷表示："加强对人才培训、激励和关注，包括对人才自身价值实现提供尽可能多的帮助，让他们受到尊重，这是我们企业最根本的对待人才的政策。"在人才培养方面，迈瑞医疗建立了科学的培训体系，以科技人才业务能力为导向，着力提升科技人才的业务能力和水平。对于科技人才的培养，迈瑞医疗形成了成熟的领导力体系，专注于科技人才的培养，为培养高绩效科技人才提供人才保障。迈瑞医疗根据不同岗位，提供不同的培训管理课程，科技人才可以根据自己学习的需要选择不同的课程，满足不同科技人才的需求。迈瑞医疗还在线上形成了多样化的培训形式，my-learning 与微信构成多样化的云学习，丰富学习形式，让员工可以随时随地参与学习，充分利用碎片时间有效学习，不断提升科技人才的研发能力，实现研发人才的创新性发展。迈瑞医疗给予人才充分的发展空间和多样化的资源，增加科技人才的留存。

正是出于对高端科技人才的渴望，迈瑞医疗建立起完善的人才引进和培养机制。在人才引进方面，迈瑞医疗一方面从国际上引入高端科技人才，另一方面从高校招募高素质技能型人才，在企业内部加强培养提升；在人才培养方面，建立了完善的员工培训和职业发展体系，为科技人才做好职业生涯规划，让科技人才在入职迈瑞医疗的第一天起，就有明确的职业发展方向，并在不同的职业发展阶段获得相应的职业培训。迈瑞医疗坚持走好科技人才自主培育之路，重点加强干部队伍能力建设和新员工培养，提高公司综合实力，同时注重因材施教，对不同类型的科技人才分别实施不同的培养计划，注重科技人才的体验感和能力提升。在人才激励方面，迈瑞医疗一直非常重视，不仅为努力工作的科技人才提供物质激励，还为其提供各种非物质激励，如晋升通道、荣誉、定期关怀、对做出科技重大贡献的员工及时奖励，持续丰富和完善科技人才薪酬激励体系。2022 年 1 月，迈瑞医疗推出上市以来的首个员工持股计划，参与员工不超过 2 700 名，激励对象都是核心员工和技术骨干，这体现了迈瑞医疗对科技人才的重视。迈瑞医疗耗资近 10 亿元回购公司股份用于员工持股，以较低的激励成本实现对参与员工持股计划员工的激励，提高员工工作积极性。迈瑞医疗努力为科技人才提供良好的发展条件，稳定和吸引科技人才，增加科技人才留存。

迈瑞医疗坚持以人为本。所谓"以人为本",就是以"人"为出发点,把管理思想和制定具体管理方法的核心放在科技人才的需要和发展上,从科技人才的发展需要出发,实施各种方案措施,进而充分调动人的主观能动性,积极挖掘人才、培养人才,发挥人的潜能,进而促进科技人才与公司的共同发展。迈瑞医疗努力满足科技人才的各种需求,给予员工各方面的福利,让公司的福利渗透到生活的各个方面,努力为人才提供全方位的服务,提升人才在各方面的待遇,营造良好的发展条件,让科技人才专注于企业的工作。

### 三、发展与总结

基于以上分析,可以看出注重科技人才的培养,努力提升科技人才的工作能力和水平,把人才作为企业发展的核心,为人才提供各方面的服务,以人为本已经成为迈瑞医疗企业文化的底色,持续推动着企业成长为医疗器械领域的龙头企业。

# 第三节  科技人力资源管理的模式创新

科技人力资源管理的模式创新,主要体现在信息技术创新、跨界平台创新、评价机制创新。数字化时代,信息技术在科技人力资源管理中得到广泛应用,促进科技人力资源管理的模式创新。跨界创新促使科技人才能力发挥,实现科技人力资源管理模式创新。创新评价机制有利于培育高素质队伍,促进科技人才能力提升。

### 一、大数据强化信息技术的应用

随着信息技术的飞速发展,我国已经进入信息时代。信息收集管理技术有了新的突破,能够帮助企业构建多元化、立体化的人力资源信息模块。大数据广泛应用于企业管理,相应的大数据被存放在对应的信息系统中,帮助相关部门进行人力资源管理,为企业内部提供了便捷的信息处理和传输工具,提升人力资源管理效率。信息系统对于人力资源的优化和工作效率的提升起着重要作用。通过大数据，信息系统能够对员工信息进行统一管理，了解员工的信息状况，有利于企业人事方面的决策。信息系统也为人力资源管理提供更为真实的决策依据，使管理人员更加省心省力，降低人力成本。企业人力资源管理的各个环节都可以应用大数据方法进行改进和优化。

## （一）人力资源规划

大数据技术帮助企业制订人力资源需求规划、职级规划等战略规划。收集能够影响到管理者进行决策的信息，使管理者能够在最短的时间内掌握和评价公司的人力资本经营现状，并根据外部环境带来的机会与风险，依靠智能决策系统，在统计和预测分析的基础上，生成人力资源管理规划的初步方案，经过相关专业人员的方案调整，形成完整的人力资源管理规划。在这一进程中，决策者需要更好地筛选和掌握数据，努力获取更多的信息，让决策者以"性价比"为依据做出最佳决策，更好地满足公司的发展需求和雇员的心理预期，从而适应企业的需要。

## （二）招聘

传统的招聘环节存在许多漏洞，例如，企业招聘信息的宣传与推广受限于招聘途径，人力资源管理者对个人履历和应聘者进行手工甄别，工作量大、难度大，在面试时由于个人的主观偏好，容易影响面试官的决定。种种招聘环节的漏洞会使企业的具体岗位与人才并不能完美匹配，影响组织绩效。

企业应当认识到大数据技术的作用，将大数据方法应用于招聘过程中，运用基于概率推理的机器学习方法，可以对应聘者的个人特点进行分析，用机器筛选应聘者的简历；通过应聘者的履历对应聘者进行甄别，并在结构式的面谈中，根据求职者的工作经历、学习经历等状况特点，通过人力资源部门组织的面试与机器学习应用相结合的方式，可以最大限度地使招聘过程变得便利且决策准确，既节省了招聘成本，也增加了选拔出适合公司战略发展和企业文化的人员的概率。

大数据还可以对新入职员工的工作情况进行追踪，进行员工特征画像，当出现岗位空缺时，根据以往的员工特征画像，可以让人力资源管理者快速明晰现阶段企业需要的员工是什么样的,有的放矢地为公司寻找合适的员工。可以根据应聘者以往工作经历,对应聘者的个人履历进行分析和模型化,形成一个多层面的人才需求画像,这种做法的意义在于给企业的实际雇佣提出一个实用的参考模板,从而保持招聘效率与员工能力的平衡。在大数据的帮助下,人力资源管理过程中所展现出来的海量资料在强大的算法加持下,从某种意义上改善了传统的招聘逻辑,可以帮助人力资源从业者避免或减少在招聘过程中的偏见,以及刻板的印象。

### (三)员工关系管理

工作满意度是影响企业员工关系质量的最重要因素。在大数据技术得到广泛应用以前,公司一般会通过调查问卷来获得雇员的忠诚度和满意度,但这些测试都带有很强的主观主义色彩,并且会被雇员的即时情感左右,从而造成测定不精确等问题。

大数据技术的普及与应用,一方面可以让人力资源管理人员对雇员日常的邮件、社交媒体等进行分析,从而理解并剖析工作环境下雇员的情绪、状态及产生的原因;另一方面挖掘员工情绪与工作内容之间的关系,发现影响职工正面情感的各种因子,尝试用这种因子长期对员工进行激励,让员工在工作中产生更多的积极情绪,改善其对工作的主观感受。此外,人们在工作中会害怕失去一些东西,从而容易引起人们的消极情感,如焦虑、犹豫,这时就应当彰显企业以人为本的态度。当员工出现负面情绪时,组织应适时地关注和了解,通过引导等方式帮助员工改善和疏解负面情绪,实现快乐工作的目的,进而降低企业组织的离职率。

### (四)离职风险预测与干预

离职风险预测与干预是通过分析企业大量的离职数据,构建模型分析已离职人员个人特征中蕴含的规律,用来判断核心员工的离职风险。企业保存在数据库中的员工个人信息,每条记录应包括多个与离职行为相关的变量,如绩效评估、工作满意度、工作时长、升职情况、工作年限、部门、薪资水平等。对于离职倾向较高的员工,可以提前干预,进行谈话或改善他们的生活境遇,避免因核心员工离职给企业带来巨大损失。

## 二、跨界创新平台促使能力发挥

### （一）什么是跨界创新

跨界创新成为数字化下技术创新的重要方式，技术创新是企业提升核心竞争力的重要方式。我国"十四五"规划中也提出了创新驱动发展战略，创新作为引领发展的第一动力，在企业科技人力资源管理中发挥着重要作用。数字化背景下，创新充满不确定性因素，创新的边界正在不断扩展，跨界创新成为创新的一种重要方式。大数据等科学技术的发展也为跨界创新提供了必要条件。跨界创新平台为跨界创新提供资源汇聚的载体，有力支持了跨界创新的发展。真正的科学创新一定要依赖于其他领域和学科，不可能单独进行，跨界创新是未来科技创新的一个发展趋势，科技创新需要交叉学科的共同作用才能完成。科学本质上就是一个不停交叉的过程，如果仅仅只关注一个领域就很容易被时代淘汰。创新是一个复杂的系统工程，需要多方共同努力才能完成，科技创新需要依赖于跨界融合。当今时代，国家致力于命运共同体建设，命运共同体建设也需要多方合作创新，只有不同的利益诉求的创新主体都参与进来，科技创新才能得到更快发展。

### （二）跨界创新平台怎样促使能力发挥

数字化时代，跨界创新更为便利。在互联网平台上，人力资源管理者能够充分利用科学家和企业、金融界资源，汇聚高端智慧，促进科技经济深度融合，通过建立科学家科研方向和企业重大需求的对接机制，促进科技经济深度融合，提高企业科技能力和水平，完善组织架构。人才作为企业发展的重中之重，对企业研发和创新具有重要意义。企业需要建立人才供应链，保证人才充足，还要把人才引进来，汇聚更多智慧和力量。企业应该以直接引进海外人才项目为重点，重视初创型人才项目的培育。通过活动将更多的海外人才吸引到适合的地方，为地方发展"专精特新"中小企业提供必要的人才支撑和技术保障，努力实现"落下来、留得住、发展好"的目标。

跨界创新平台为科技人才创新发展提供了必要条件。让科技人才在发展的过程中能够紧跟时代步伐，实现由传统行业到新兴行业的创新发展，让科技人才的能力得到有效发挥，实现科技人才的长远发展，也为企业转型升级提供了坚实的人才基础，促进企业的创新发展。

### （三）跨界创新平台的形式

跨界创新平台中的各个参与者进行互动形成了以下三种网络，分别为价值网络（创新想法具有一定的商业价值，为了让商业价值实现进行的活动形成了价值网络）、知识网络（跨界创新平台中的各个参与者专业背景不同，掌握的知识也不同，不同学科、不同行业的创新知识进行共享、交流和扩散，就形成了知识网络）和社会网络（跨界创新平台参与者进行人际交流、思想碰撞，不同企业间人员流动、资源流动都属于社会网络的范畴）。这三种网络发生互动，就形成了跨界创新平台，实现价值创造、能力发挥的目标。

（1）知识网络与价值网络互动。企业单纯依靠自己的力量是无法获取所有创新资源的，必须把自己置身于网络中，将网络中所有可以获得的创新资源进行整合。知识网络与价值网络形成互动。创新资源的拥有者希望可以将创意变现获得经济收益，所以加入网络；基于价值网络的各个成员对未来收益抱有良好的预期，因此会进行互惠行为。基于此形成的跨界创新平台保证成员们持续进行交流，不断在知识网络中获取有益信息，逐渐扩大知识网络的规模，从而激励各成员投入研发、创意转化工作，产生更好的经济效益，价值网络吸引更多的参与者，良性循环，逐渐形成一个庞大的跨界创新平台。

（2）知识网络与社会网络互动。信息技术的发展使社会网络突破了地理、空间的限制，通过互联网就可以实现人与人的连接，只要双方互相信任、沟通就可以进行知识的传递，因此可以说知识网络的存在以社会网络为前提，无限制的社会网络使空间距离遥远、行业距离遥远、文化距离遥远的个体有机会共同探索。"跨界"中的"界"是无限的边界，往往文化差异、行业差异很大的网络参与者进行沟通时，能够产生更加有趣的、富有创造性的创新。知识网络与社会网络发生互动是以参与者的信任为基础的，用这样的方式形成的跨界创新平台需要做的就是将尽可能多、跨度尽可能大的参与者纳入平台，对参与者的行为进行监督和协调，惩处破坏信任的参与者，维护互信互惠的平台氛围。

### 三、创新评价机制培育高素质队伍

#### （一）人才评价

人才评价是发现优秀人才的重要方式，也是激励人才提升自身能力、干事创业的重要导向。随着时代发展，人才评价标准发生改变，人才评价机制有待变革，创新人才评价机制对培育高素质队伍具有重要意义。

#### （二）高素质人才的标准

企业人才评价标准，是衡量人才的重要指标。企业需要不断促使人才向人才评价标准靠近。当然，企业也要根据时代发展变革不断创新评价机制，把握时代脉搏，努力把人才培养成为时代的高素质人才，创建高素质队伍。接下来，我们就来看看新时代的企业人才标准。

（1）品行端正。品行要端正是对科技人才最基本的道德要求。如果某个人员研究能力非常出色，但品行不端，或者曾经有过侵犯他人的科技成果、篡改实验数据、抄袭剽窃等学术不端行为，即便研究能力出色，也无法让人接受。企业所培养的高层次人才必须是德才兼备的技术人才，把道德责任摆在首位。所以，企业必须重视对科技人才道德的培育与塑造，禁止学术不端行为，加强教育专业人员道德责任，弘扬科技的奉献精神。

（2）能力出众。科技人才当然要具备一定的科研能力和科技方面的专业知识，能够对新技术进行探索和研究，有较强的分析和理解能力，希望通过科学研究实现自己的价值，把科学研究当成实现自我价值的一个方向。企业会对这类人才进行专业培养，不断提升科技人才的核心素养和研发能力，让科技人才在企业研发中发挥自己的价值，实现自己的目标。

（3）业绩突出。在同等条件下，企业当然会更加青睐学历高、资历深、论文奖项多、科技成果多的科技人才。一个科技人才，企业最看重的就是他的业务能力，能否为企业创造价值。如果人才业务能力不强，企业的态度就会大打折扣。企业经营的根本目的是盈利，企业只会挑选那些能够帮助公司盈利的人才，如果一个人没有能力、没有业绩，就会失去被培养的资格。

在新的评价机制下，品行、能力、业绩三者都是评价一个人是否值得被企业培养的标准，三者要综合考量，缺一不可。通过这个标准选出的人才是最具有培养潜质的人才，企业会帮助他们继续提高自身素养，成为企业的高素质人才，建立属于企业自己的高素质队伍。

### （三）创新评价机制

（1）集团公司一体化集中管控系统——企业资源计划（enterprise resource planning，ERP）。ERP模型是一种新兴的企业管理模式，同时也是一种管理工具，主要运用数据技术、机器学习技术系统化地整合企业资源，使企业的信息流、物流和资金流合理有效地运行。依靠企业ERP模型的构建，可以实现评价机制的创新。

首先收集员工个人能力（知识技能水平、学习能力、科研能力）和工作行为（工作时间、个人纪律、业务处理量、情绪）两个维度的数据，量化员工的工作表现，在大量员工数据的基础上进行员工个人特点画像；然后进行任务特点画像，分析一项工作或任务所需要的个人能力水平、重要程度及工作耗时，从而给企业的每一项任务"贴标签"；最后将员工个人特点画像和任务特点画像结合起来，企业的业务部门发布任务，系统根据两个画像，自动匹配完成任务的员工，形成任务团队，这样一项任务与该任务的任务团队进行连接就形成了工作组，基于"工作组"建立起人力资源管理的ERP模型。

基于以上方式建立起人力资源管理ERP模型之后，就可以依据工作组进行柔性的绩效评价。因为任务与员工进行链接之后，业务部门以及人力资源管理者就可以实时地了解工作进度、效率，甚至是工作心情、士气、未来工作走向等数据，可以公正客观、有依据地给员工评分，实时动态计算任务团队中不同成员的任务贡献率，从而进行员工评价。

运用ERP模型，可以智能化地以任务贡献率进行员工评价，任务贡献率的大小直接显示员工的价值。高素质员工的评判不仅仅是依据其工作绩效，团队协作能力、给团队带来正向的情绪价值、工作稳定性、工作纪律同样是非常重要的。ERP模型可以将以上因素全部纳入任务贡献率的计算中，更加全面地识别高素质人才、挖掘高素质人才。

（2）模糊层次分析法（fuzzy analytic hierarchy process，FAHP）。模糊层次分析法是一种定性分析和定量分析相结合的评价方法，将决策过程数字化、程序化，适合在已知条件较少、缺少评价关系的情况下进行人才评价。

运用模糊层次分析法进行人才评价，一共需要以下三个步骤。

第一步，人力资源管理者筛选、选定人员评价体系中的各个评价指标，选定的评价指标必须科学、客观、可量化，必须体现人力资源管理的特点，然后对每一个待评估人员的各项评价指标进行评分。

第二步，对模糊层次分析的各项指标进行赋权，人力资源管理者需要考虑每一指标对企业运营、组织目标完成的重要性。为有效应对现实中的诸多不确定性，采用模糊语言偏好对指标进行打分，且只需要较少的评价即可以保证评价关系的一致性。基于偏好信息的互补性，对评价过程中的缺失偏好进行补全，并基于完整评价矩阵对各项指标进行赋权。该做法的好处是可以有效避免决策者因背景知识不全等原因造成的对部分偏好关系不确定的情形，也避免了错误的偏好关系可能对决策带来的误导。

第三步，对每一个待评价个体的表现进行排序。基于前一阶段的指标赋权，计算出每一个待评价个体的综合打分，生成个体的排序方案。

【章末案例】

# 深信服公司人才管理创新

## 一、公司简介

深信服科技股份有限公司（以下简称"深信服"）于 2000 年 12 月 25 日成立，2018 年 5 月在深交所挂牌上市，是一家专注于企业级网络安全、云计算及 IT 基础设施与物联网的产品和服务供应商，拥有深信服智安全、信服云两大业务品牌。深信服一直围绕解决企业级用户的 IT 问题拓展自身业务，立志承载各行业用户数字化转型过程中的基石性工作，致力于让每个用户数字化更简单、更安全，力争成为全球领先的中国高科技企业。

## 二、创新管理设计

### （一）员工股权激励计划

为了留住现有技术人才和业务骨干，自 2018 年上市以来，深信服连续实施员工股权激励计划，且预计后续会持续实施员工股权激励计划。公司业务高度依靠人才，为持续提高和巩固公司的竞争优势和行业地位，公司不断增加研发和销售投入，改进员工股权激励计划，助力公司业绩的持续增长。员工股权激励计划授予的限制性股票分别按授予之日起 12 个月后、24 个月后、36 个月后按照激励对象获授限制性股票总量的 40%、30%、30% 的归属，且要想获得股票必须满足当面综合考评等级 B 及以上、达到公司层面业绩考核目标，才有资格获得。员工股权激励计划有利于提高员工的工作积极性，让员工努力完成业绩考核目标，达到股权授予的标准，获得公司股权，成为公司的股东之一。拿到公司的股权后，员工就成了公司的股东，将自身的发展同公司的发展绑在了一起，一荣俱荣、一损俱损。为了获得更多的利润，员工会更加努力地工作，为公司创造业绩，员工还会切实关心公司的发展状况，想方设法促进公司持续健康发展，维持自己的利益。

### （二）人才选拔创新

过去深信服 60% ~ 70% 的员工来自校招，现在公司创新人才选拔，不仅通过校园招聘吸收广大优秀应届生，还通过社会招聘招揽优质人才，增加人才厚度。过去公司大部分员工来自校招，这种做法虽然能招聘到大量的优秀应届毕业生，充实公司的人才队伍，但也存在弊端。公司招聘大量应届毕业生看重的条件非常明显，无非就是三个方面：第一，应届毕业生拥有学历，具备一定的能力；第二，应届毕业生年轻，发展潜力大；第三，应届毕业生专业对口，能够很好地把学过的知识应用到实际工作中。应届毕业生的弊端也比较明显：应届毕业生刚刚毕业，还没有较丰富的工作经验，一切都要从头学起，不能立即交付工作任务，无法帮助在职员工减轻负担；应届毕业生初来乍到需要公司花费人力、物力、财力进行培养，短期内无法熟练地完成业务工作。公司为了平衡这两方面，创新了人才选拔，引进社会人才。社会上的人才一般具备较长时间的工作经验，也做过相关的工作，上手快，而且还能带领公司的应届毕业生，帮助应届毕业生熟悉工作流程和工作业务。既招聘应届毕业生，又招聘社会人才实现了公司人才的平衡。

### （三）合作共赢

深信服多年来坚持全渠道化建设，渠道网络已经广泛覆盖形成规模效应，在这个过程中也积累了一大批合作伙伴，为产品的推广和市场份额的获取打下了良好基础。深信服始终坚持简单可信赖、利益共享、共同发展的经营理念，建立了全流程、全行业的业务支撑组织和资源平台，优化合作规则和资源支持政策等，让经销商在内的合作伙伴感受到简单而又不失保障的合作模式，与合作伙伴一起共创共享共赢。不仅如此，深信服还主动创新合作模式，与合作伙伴共同搭建数字化平台来吸引更多伙伴与深信服合作，与深信服携手共进，合作共赢。

## 三、研发人才创新模式

当前 5G 通信、物联网、新能源汽车、智能穿戴等设备普及，利好芯片产业规模扩大。然而，中国大陆芯片产能占全球市场份额非常小。在科技强国的战略指导下，中国半导体行业的数字化转型发展尤为重要，这能够直接加速行业发展。

伴随着半导体企业的快速发展，IT 基础设施日渐复杂。终端种类多、接入环境复杂、用户角色多样化等因素，导致核心设计数据在流转和保存的过程中容易泄密，安全办公空间方案可解决半导体企业员工在研发办公、远程接入等场景下的数据防泄密问题，且简化了 IT 运维，提升公司效率。安全托管方案可全面抵御网络威胁，解决半导体行业用户易被网络黑客等组织恶意定向攻击勒索的问题，保障数据资产安全。分支安全组网方案能够显著优化分支与总部协同办公的访问体验，并保障业务传输安全。在云计算领域，基于半导体行业用户的业务与数据特点，深信服可为用户提供基于超融合架构的方案。

深信服为半导体行业用户提供的三大安全解决方案分别为安全办公空间方案、安全托管服务方案、分支安全组网方案。安全办公空间方案可解决集团用户在研发办公、远程接入时难以保障数据安全的问题，且能够简化 IT 运维，提升效率；安全托管服务方案可全面防范网络威胁，并帮助企业抵御勒索病毒攻击；分支安全组网方案则采用 SD-WAN，能够显著优化访问体验并保障用户数据传输安全。

深信服超融合所具备的三大热能力（热迁移、热补丁、热升级）保障稳定可靠，采用先进的数据分层和分布算法为虚拟机提供了每秒超百万进行读写操作的次数（Input/Output Operations Per Second，IOPS）的高性能，原生的基于快照技术（Changing Block Tracing，CBT）及持续数据保护（Continuous Data Protection，CDP）技术实现虚拟机的多重备份保障数据安全，保障半导体行业用户对 IT 系统可用性和可靠性的高要求。企业分布式存储方案稳定可靠，具备高性价比，其中独创的小文件合并技术、冷热数据自动缓存满足计算仿真环节对于大容量存储的需求。深信服还为关键业务提供托管式的混合云异地容灾方案，当用户本地机房发生停电、意外原因系统中断等其他不可预测的事故时，关键业务系统可在几秒内重启，保障关键业务无缝链接。

值得一提的是，HCI 6.8.0 版本就是深信服近三年的蛰伏诚意之作，让用户拥有更高品质的云基础设施和服务。超百万 IOPS、"三热"能力、云内自建安全等特性业界优先，助力半导体芯片研发环节上实现更快、更稳、更安全的目标，全面助力行业发展。

深信服始终坚持自主创新、自主研发，很多核心产品和关键技术源于企业内部的自主研发与创新。深信服分别在各地设置了不同的研发中心，每个研发中心都专注于不同的研发目标。深信服研发部门根据研发目标，结合产品的规划设计、产品运营、供应链和技术服务，以及前沿技术研发中心研发人员组成的项目组，进行产品规划、设计、编码、测试、验收等环节，最终实现产品研发成果的产品化。

深信服非常重视研发和研发人才，长期坚持创新发展战略，紧跟全球信息技术发展步伐，致力于用户数字化更简单、更安全。深信服长期坚持技术创新，重视研发投入，研发投入经费领先同行业，是国内同行业领域中研发费用占比最高的，研发费用占经营收入的 20% 以上，在国内设置了五大研发中心，研发人员比例超过 40%，其中硕士、博士学位的研发人员超过一半。深信服对研发人才进行创新管理，对于招聘的开发类、安全类、算法类岗位广招应届毕业生，不看资历、不看关系。整个公司团队氛围非常简单、和谐，给予科技人才公平竞争的机会。

深信服对应届毕业生开展全方位培养，建立了完善的应届生培养机制，采取一对一导师带教的模式。应届生能在这种模式下得到快速成长，很快熟悉公司业务，提升自己处理问题的能力。而且，深信服还会给员工安排相应的带薪培训，让员工专注于提升自身业务能力，更好地工作。

## 四、成功经验

### （一）云安全体系

深信服云安全业务面向混合多云环境的数字化应用，帮助用户构建数字化转型时代"多云一致、全栈有效、全时安心"的领先云安全体系。通过帮助用户建设多云混合 IT 的一致安全体系和一致安全能力，帮助安全团队能够持续应对 IT 基础设施多云化的演进；通过为用户提供从云基础设施、到云上应用及数据再到云上接入的全栈有效安全能力，覆盖云上安全的各个场景，实现云上"立体化"的安全保护；通过贴近云上业务和数据，为用户提供从开发、测试、部署、运行时的一站式安全保护；通过安全托管服务提供省心专家，帮助用户实现云上业务和数据的"全时安心"守护。此外，深信服通过对用户云安全需求的持续满足和不断创新，积极实现安全业务的全面云化，为用户提供了覆盖云内工作负载保护、云上应用全生命周期安全、云安全运营管理、云安全零信任接入等场景的全面云安全解决方案，助力用户实现更安全、更可靠的数字化转型。

### （二）优质服务

深信服始终坚持以客户为中心，重视客户服务，并以专业团队保障客户服务，公司设立超过 500 席的呼叫中心，随时为用户提供 7×24 小时的电话咨询和远程服务，还在全国各地建立了本地化的交付团队，通过完善的项目管理流程，为客户提供优质服务。值得一提的是，深信服还建立了快速响应服务机制，不管多晚，都会快速进行回应。某客户曾说，不管什么时候遇到问题，深信服都能及时响应，这也坚定了用户选择深信服的决心。

### （三）企业文化

深信服坚持"客户导向、奋斗进取、简单有爱、敢为人先"的企业文化和价值观，致力于让每个用户的数字化更简单、更安全。深信服自成立以来，其始终把目标客户的 IT 需求放在首位，并制订相应的应对措施，及时落地实施，坚持快速响应客户需求和诉求，想客户之所想、急客户之所急。IT 行业瞬息万变，深信服必须时刻洞悉行业风向，紧跟时代步伐，满足市场需求。因此，其坚持高研发、高投入，根据行业发展趋势和客户需求变化不断改进产品质量和服务，不断推出新的产品，持续优化内部运营和管理。公司的文化和价值观并不是空洞的口号，而是长期坚持贯彻的行为准则。公司企业文化的传播不仅依靠日常培训、宣传和制度保障，还将文化和价值观的守护与薪酬利益分配机制相结合，多维度保证文化和价值观落地。长期学习贯彻企业文化和价值观有利于营造公司的良好氛围和公司的长期稳定发展。企业文化是企业员工的行动指南，能够衡量员工的行为是否符合企业规范，长期坚持企业文化和企业核心价值观能够规范企业员工的行为，降低企业的风险。

## 五、发展与总结

为了应对行业竞争加剧的局面，公司必须坚持有效的研发投入战略，研发方向充分匹配市场需求，不断推出更有竞争力的产品和更全面的解决方案；坚持一贯倡导的客户导向，快速响应用户诉求，不断提升用户满意度和体验感；公司将更加坚决地贯彻渠道化战略，大力发展高价值的经销商，持续开展培训、知识讲座，充分利用经销商的资源，使公司的产品和服务得到大面积的覆盖。另外，深信服将充分利用网络安全、云计算及 IT 基础设施业务的协同性，在面临 IT 巨头竞争时，充分利用深信服云计算和 IT 基础架构具备的明显安全差异化优势；面临传统安全厂商竞争时，充分利用自身可以提供涵盖安全、云计算和 IT 基础设施综合解决方案的优势，使自身立于不败之地。

当新业务偏离市场和用户需求时，在市场层面，深信服将持续加大新业务市场的拓展力度，积极联合优质渠道，并持续为渠道赋能，共同推动市场对公司新业务的认可；在研发方面，公司将继续洞察市场最新需求，推动研发创新技术方向与市场需求保持一致，增强网络安全、云计算和 IT 基础设施、基础网络等主营业务产品和解决方案在各个行业的竞争力，了解市场需求，使自己的产品和服务与市场实际需求相匹配。

深信服将继续积极应对新型冠状病毒感染疫情扰动、行业竞争等外部环境变化带来的挑战，同时持续坚持技术创新和产品打磨。一是继续聚焦产品和服务质量的提升，使客户对质量提升有明显感知，不断推出符合客户需求的新产品和新功能，进一步提升产品的市场份额；二是在坚持云化、服务化转型方向的同时，兼顾主力产品的市场推广；三是在市场端合理平衡资源投入、提升人均效能；四是不断改善内部管理机制，提升组织能力，以适应业务发展变化。

## 本章小结

本章主要介绍了科技人力资源管理创新。第一节，从数智化科技人力资源管理、平台化科技人力资源管理、在线化科技人力资源管理三条路径分析数智化时代下科技人力资源创新管理。第二节，从科技人力资源管理的长期价值、科技人力资源管理的协同共赢和科技人力资源管理的变革发展三方面阐释了科技人力资源管理长期主义的价值及措施。第三节，从信息技术的应用、跨界创新平台、创新评价机制三方面说明了科技人力资源管理的具体创新模式。

## 讨论题

1. 解释科技人力资源管理的长期价值。
2. 阐述实现科技人力资源管理协同共赢的方法。
3. 说明科技人力资源管理模式创新主要体现在哪些方面。
4. 针对科技人力资源管理创新，说说你的理解。
5. 结合案例说明数字化时代下科技创新的管理路径。

# 参考文献

曹玉玲，田新民，2021. 创新视角下金融机构人力资源柔性研究 [J]. 系统管理学报，30(5)：937-947.

曾嘉，2019. 企业技术员工绩效管理与优化路径研究 [J]. 技术经济与管理研究 (6)：62-66.

陈葆华. 2021. 中国企业人力资源效能制胜的关键：厘清效能管理问题、目标与责任体系 [J]. 中小企业管理与科技 (29)：13-15.

陈多萍，2022. "互联网 +" 背景下饲料企业人力资源管理创新机制 [J]. 中国饲料 (10)：97-100.

陈慧媛，2022. 国有科技型企业人力资源战略研究 [J]. 产业创新研究 (5)：55-57.

陈凯，夏晶，陈悦，2019.《中国STEM教育白皮书》的文本挖掘 [J]. 基础教育，16(3)：25-38.

陈敏灵，王雪，郝静，等，2022. 创业者特质、人力资本对创业企业绩效的交互影响研究 [J]. 西安石油大学学报 ( 社会科学版 )，31(2)：28-38.

陈子韬，孟凡蓉，袁梦，等，2021. 科技人力资源、科技社团与科技创新绩效：基于中国内地省级面板的实证分析 [J]. 科技导报，39(10)：132-140.

成亿，2021. 企业人力资源成本管理与控制策略 [J]. 人才资源开发 (4)：73-74.

程强，崔代宇，刘怡伶，2021. 我国知识管理研究进展与热点分析：基于

CiteSpace V 的可视化视角 [J]. 图书馆工作与研究 (10)：74-82.

代向阳, 彭剑锋, 尹奎, 等, 2021. 量子管理理论研究对人力资源管理的启示 [J]. 现代管理科学 (6)：62-69.

邓学芬, 黄功勋, 张学英, 等, 2012. 企业人力资本与企业绩效关系的实证研究：以高新技术企业为例 [J]. 宏观经济研究 (1)：73 - 79.

丁志山, 2019. 论组织变革的内部伦理冲突管理 [J]. 领导科学 (4)：108-111.

董青, 黄勇, 2021. 员工全面薪酬平衡感知研究：基于心理平衡视角的解释性案例 [J]. 经济管理, 43(8)：74-90.

杜德斌, 段德忠, 夏启繁, 2019. 中美科技竞争力比较研究 [J]. 世界地理研究, 28(4)：1-11.

杜新丽, 2021. 加强企业科技创新人才队伍建设的建议 [J]. 商讯 (4)：185-186.

冯飞鹏, 韦琼华, 2020. 产业政策、科技人力资源配置与企业创新风险 [J]. 投资研究, 39(5)：142-157.

付珺, 2022. 人才薪酬管理及激励措施：以设计院为例 [J]. 人才资源开发 (2)：21-22.

高艳, 王丽宏, 张莹莹, 2019. 人力资本效能驱动制造企业转型升级的作用机制 [J]. 改革与战略, 35(6)：40-48.

高中华, 2022. 平台化转型中人力资源管理系统及其有效性：理论构建与分析 [J]. 中国人力资源开发, 39(5)：69-82.

葛立佳, 2020. 人才激励机制及薪酬体系分析 [J]. 中国集体经济 (36)：123-124.

龚天平, 2010. 伦理管理：当代企业伦理的践行机制 [J]. 上海财经大学学报, 12(4)：3-10.

郭庆, 王涛, 2021. 共促人力资源服务业平台化转型发展 [J]. 宏观经济管理 (1)：57-64.

郭士纶, 李玮皓, 2017. 职场伦理的实践与距离：论台湾地区教育体制中的职场教育 [J]. 青年发展论坛, 27(3)：62-67.

郭志文, 张严严, 2021. 员工亲组织非伦理行为的研究述评与展望 [J]. 市场周刊, 34(9)：143-146.

何永贵，冯缘，2020. 基于区块链技术的平台型企业人力资源管理体系研究 [J].
管理现代化，40(5)：99-102.

黄丽芸，2017. 农业科研院所科技人才伦理管理策略 [J]. 热带农业工程，
41(4)：81-84.

李超杰，2021. 核心竞争力视角下饲料产业人力资源管理研究 [J]. 中国饲料
(18)：93-96.

李典，2020. 双元环境下中小科技企业战略人力资源管理对绩效的影响：情
感承诺的中介作用 [J]. 科技进步与对策，37(17)：134-141.

李辉，李懿，刘翔宇，2021. 多元化雇佣模式下组织人力资源管理策略研究 [J].
领导科学 (24)：84-87.

李进生，赵曙明，2021. VUCA 时代人力资源管理模式创新的取向与路径：
以"三支柱"模式为主线 [J]. 江海学刊 (5)：90-96.

李敏，杜鹏程，于展可，等，2022. 后疫情时期中国人力资源管理的转型与变革:
第 9 届中国人力资源管理论坛述评 [J]. 管理学报，19(2)：180-186.

李树文，孙锐，罗瑾琏，2020. 新创科技企业战略人力资源与组织创新 [J].
科学学研究，38 (3)：566-576.

李燕萍，李乐，胡翔，2021. 数字化人力资源管理：整合框架与研究展望 [J].
科技进步与对策，38(23)：151-160.

李作学，马婧婧，2021. 科技人才激励因素的组态路径研究：一项 QCA 分析
[J]. 科技进步与对策，38(19)：145-151.

练星硕，黄宝强，陈希颖，2019. 协同创新背景下科研人才培养研究 [J]. 科
技创新发展战略研究，3(2)：67-70.

梁宏涛，2018. 试析大数据时代信息通信技术的伦理管理和政策 [J]. 江西通
信科技 (2)：39-42.

梁娟，2021. 后疫情时代数智化人力资源敏捷管理研究 [J]. 企业改革与管理
(8)：54-56.

廖扬眉，2022. 习近平新时代科技创新人才观 [J]. 学理论 (5)：8-10.

林喜庆，2015. "科技人力资源"定义及其相关概念辨析 [J]. 当代经济 (4)：
126-128.

刘复兴，朱俊华，2017. 大学生就业结果的影响因素研究：人力资本、SCCT

职业发展理论的视角 [J]. 西南大学学报 ( 社会科学版 )，43(5)：30-37+189.

刘明岳，2019. 知识经济时代人力资源管理的新特点 [J]. 中国乡镇企业会计 (12)：185-186.

刘伟，高理翔，2022. 技能人才激励政策、技能赋能与出口质量跃升：来自 微观企业的证据 [J]. 产业经济评论 (2)：74-92.

陆毅，2021. 弹性薪酬制度在医院薪酬设计中的应用 [J]. 中国医院，25(8)： 65-66.

罗殿军，付朝庆，2006. 战略人力资源管理维度特征分析 [J]. 外国经济与管 理 (9)：45-51.

罗锦熙，石文典，侯璐璐，2022. 亲组织非伦理行为：研究概述与展望 [J]. 心理研究，15(2)：141-151.

罗锦珍，2019. 平衡计分卡在中小企业绩效管理中的应用研究 [J]. 湖南社会 科学 (1)：120-125.

罗另，2022. 互联网企业人力资源薪酬管理的重点及优化策略研究 [J]. 商讯 (8)：187-190.

罗文豪，霍伟伟，赵宜萱，等，2022. 人工智能驱动的组织与人力资源管理变革： 实践洞察与研究方向 [J]. 中国人力资源开发，39(1)：4-16.

马雅洁，2020. 知识经济时代国企人力资源管理的创新探索 [J]. 中外企业家 (17)：110.

倪渊，张健，2021. 科技人才激励政策感知、工作价值观与创新投入 [J]. 科 学学研究，39(4)：632-643

彭剑锋，2013. 中国企业进入人力资源效能管理时代 [J]. 中国人力资源开发 (21)：6-13.

彭娟，张光磊，刘善仕，2015. 人力资源管理系统与组织结构匹配影响组织 绩效的实证研究 [J]. 华东经济管理，29(6)，113-120.

商海涛，2017. 知识经济时代人力资源管理新趋势 [J]. 财经界 (18)：138.

尚航标，杨学磊，李卫宁，2022. 战略人力资源管理策略如何影响组织惯例 更新：基于员工情感反应视角的解释 [J]. 管理世界，38(3)：162-181.

税丽，2021. 现代化工企业人力资源管理与开发问题及对策 [J]. 热固性树脂， 36(6)：I0003-I0004.

孙锐，李树文，2019. 研发型企业战略人力资源管理举措对产品创新的作用：外部平衡式环境的影响 [J]. 科学学与科学技术管理，40(10)：70-83.

谭春平，景颖，安世民，2019. 全面薪酬研究述评与展望：要素演变、理论基础与研究视角 [J]. 外国经济与管理，41(5)：101-113.

王宏，刘丽，马池珠，2020. 指向深度学习的 STEM 教育探究 [J]. 现代教育技术，30(3)：108-113.

王玲，2021. 数智化背景下企业人力资源管理的创新发展研究 [J]. 江苏科技信息，38(33)：8-10.

王炜，王学慧，刘西涛，2021. 高校科技创新人才激励管理的探求：以组织核心战略为视角 [J]. 中国高校科技 (8)：16-21.

王学义，何泰屹，2021. 人力资本对人工智能企业绩效的影响：基于中国 282 家人工智能上市企业的分析 [J]. 中国人口科学 (5)：88-101+128.

魏立群，刘军，陈苑仪，2008. 战略人力资源管理、企业文化与绩效：理论及实证检验 [J]. 中大管理研究，3(3)：57-73.

温素彬，郭昱兵，2020. 关键绩效指标法：解读与应用案例 [J]. 会计之友 (19)：148-153.

文倩，2022. 创新型企业核心人才激励机制的构建探讨 [J]. 中国集体经济 (21)：91-93.

吴俊策，2022. 科技创新人才培养路径探析 [J]. 科技创新发展战略研究，6(2)：13-19.

吴敏，2019. 知识经济时代下人才培训的开发与创新 [J]. 纳税，13(21)：285.

吴少勤，2016. 知识型企业员工培训体系构建研究 [D]. 合肥：安徽大学.

吴玉龙，2022. 战略管理视角下的人员绩效考核与薪酬管理 [J]. 中小企业管理与科技 (8)：13-15.

西楠，彭剑锋，曹毅，等，2020. OKR 是什么及为什么能提升团队绩效：柔性导向绩效管理实践案例研究 [J]. 科学学与科学技术管理，41(7)：116-138.

项玉娇，2022. VUCA 新常态下数智化赋能人力资源服务业发展路径探析 [J]. 中国商论 (6)：121-123.

徐宁，2021. 我国农村产业结构调整视野下的人力资源开发与管理研究 [J]. 农业经济 (9)：71-73.

徐晔，肖华鑫，喻家驹，2020. "互联网+"对科技资源错配影响的实证研究 [J].
江西师范大学学报（自然科学版），44(2)：120-126.

许建，丁玲，2019. 伦理决策视角下绿色供应链管理的影响因素及其对策研
究 [J]. 经济论坛 (1)：53-56.

杨桂兰，2014. 浅析人力资源管理与企业战略的契合 [J]. 现代经济信息 (4)：
26-26.

杨婧，杨河清，2020. 人力资源管理与组织绩效关系的实践：国外四大理论
的阐释 [J]. 首都经济贸易大学学报，22(1)：103-112.

杨伟国，韩轶之，2021. "人工匹配"与社会化人才开发新机制 [J]. 中国人
力资源开发，38(10)：78-90.

杨旭华，刘姗，张健，等，2022. 新就业形态下平台企业薪酬体系建构与设计 [J].
商业经济研究 (5)：126-129.

杨艳，刘子菁，2021. 空气污染对劳动供给与人力资本效能发挥的影响及路
径 [J]. 中国人口·资源与环境，31(11)：68-77.

杨颖，2018. 基于五大发展理念的科技创新人才培养机制构建 [J]. 中国高校
科技 (4)：7-9.

姚凯，寸守栋，2019. 区域辐射中心人才集聚指数与辐射力关系研究 [J]. 经
济理论与经济管理，39(6)：16-26.

叶宝忠，陈建，2022. 云制造环境下人力资源需求的评价与选择方法 [J]. 制
造业自动化，44(1)：143-148.

易湖停，刘翔宇，2019. HR 三支柱创新型人力资源管理模式：案例探索与
落地建议 [J]. 领导科学 (20)：91-94.

尹珏林，2012. 组织新颖性、创业导向与公司伦理管理：一个调节效应模型
及启示 [J]. 科学学与科学技术管理，33(12)：97-107.

袁勋，2021. 中小型建筑企业人力资源规划研究 [J]. 人力资源 (2)：108-109.

岳昌君，2022. 高质量发展下的人力资源需求 [J]. 国家教育行政学院学报 (3)：
8-10.

岳原，2022. 人力资源三支柱模式下 HRBP 的问题与优化 [J]. 中小企业管理
与科技 (7)：31-33.

张建民，顾春节，杨红英，2022. 人工智能技术与人力资源管理实践：影响

逻辑与模式演变 [J]. 中国人力资源开发，39(1)：17-34.

张洁，2022. 人才激励机制在人力资源管理中的运用 [J]. 现代商业 (22)：40-42.

张立军，2020. 数智化时代企业人才培养新模式 [J]. 人力资源 (14)：26-31.

张敏，赵宜萱，2022. 机器学习在人力资源管理领域中的应用研究 [J]. 中国人力资源开发，39(1)：71-83.

张欣，2021. 新形势下农业企业管理的创新策略分析 [J]. 新农业 (15)：89.

张艳丽，高素英，张金，2014. 面向竞争战略层面的企业战略人力资本与持续竞争优势关系研究 [J]. 河北工业大学学报，43(1)：112-118.

赵曙明，孙秀丽，2016. 中小企业 CEO 变革型领导行为、战略人力资源管理与企业绩效：HRM 能力的调节作用 [J]. 南开管理评论，19(5)：66-76+90.

赵曙明，张敏，赵宜萱，2019. 人力资源管理百年：演变与发展 [J]. 外国经济与管理，41(12)，50-73.

赵永乐，2006. 合力打造富有竞争力的科技创新人才队伍 [J]. 中国人才 (5)：9-10.

钟风云，2022. 激励理论在"大思政"育人体系建构中的作用与运用：评《大学生激励教育研究》[J]. 领导科学 (9)：155.

钟欣，林晓宁，2021. 电商行业中小微企业人力资源规划问题：以吉林省 JD 公司为例 [J]. 中国市场 (11)：173-174.

周偶，2022.《中国科技人力资源发展研究报告 (2020)》发布 [N]. 湖南日报，2022-06-26(3).

朱敬初，文莲萍，2021. 知识型员工全面薪酬激励机制分析 [J]. 人才资源开发 (5)：73-74.

DEVANNA M A, FOMBRUN C, TICHY N, 1981. Human source management：the strategic perspective[J]. Organizational dynamics，9（3）：51-68.

HITT M A, BIERMA N L, SHIMIZ U K, et al., 2001. Direct and moderating effects of human capital on strategy and performance in professional service firms：a resource-based perspective[J]. Academy of management journal，44(1)：13-28.

MAHONEY T A, DECKOP J R, 1986. Evolution of concept and practice in personnel administration/human resource management[J]. Journal of management, 12: 223-241.

ROSING K, FRESE M, BAUSCH A, 2011. Explaining the heterogeneity of the leadership-innovation relationship: Ambidextrous leadership[J]. The leadership quarterly, 22(5): 956-974.

UMPHRESS E E, BINGHAM J B, 2011. When employees do bad things for good reasons: examining unethical pro-organizational behaviors[J]. Organization science, 22 (3): 621-640.

WRIGHT P M, MCMAHAN G C, 1992. Theoretical perspectives for strategic human resource management[J]. Journal of management, 18: 295-320.

# 后　记

在党的二十大报告中，习近平总书记强调"开辟发展新领域新赛道，不断塑造发展新动能新优势"。2020年9月，习近平总书记在科学家座谈会上提出，科技要"面向世界科技前沿、面向经济主战场、面向国家重大需求、面向人民生命健康"，加快建设科技强国。"四个面向"科学地判断了当前经济发展形势和发展阶段，将科技、经济、社会、人民统一起来，融入科技之中，引领科技事业的长期发展，为经济社会带来更高质量的发展，满足人民对美好生活的期待。"四个面向"对于汇聚科技创新资源要素，推动有组织的科学研究，搭建大平台、组建大团队，形成大成果，促进大转化，构建经济社会发展的核心驱动力，实现我国关键核心技术重大突破，进入创新型国家前列等战略目标具有重要而深远的意义。

2021年年末，我接到肇庆学院经济与管理学院的教学任务，为2020级人力资源管理专业的学生开设"科技人力资源管理"课程。因为是新课，接到任务后，我立即着手为教学工作做准备。首先是遴选教材。在海量图书信息中，并没有发现《科技人力资源管理》教材，最后只能选择最接近教学目标的房宏君老师所编写的《科技人力资源管理伦理与绩效》。在这个学期的授课过程中，我开始思考，如何构建科技人力资源管理理论与实践教学的框架体系，是否可以为大学人力资源管理专业和科技企业人力资源管理部门的工作者编写一本教材，填补国内这个领域的空白？我的学生兼同事王珏斑、王国鑫；同事邓俊、王一，以及伊若文、张怡瑾、陈春宇、张瑜、周冰玉、周斌、周啸涛、赵浩凯、袁欣、黄寿、谢汶君等同志均积极配合和推进了我的这个构想。感谢匿名审稿人陈祖辉博士的意见。余腾夏同学逐句校对文稿，付出良多！你们的创新思维为本书开启了一个新的视界。

现在呈现给读者的《科技人力资源管理》具有以下创新点：

首先，这是一个校企合作、互利共赢的成果。广州市拼到科技有限公司团队充分发挥企业的优势，将广州、深圳等知名企业的案例引入书中，带来了鲜明的时代气息和前沿的理论成果；肇庆学院团队立足本土，结合教学实践，将严谨的教材体例和有益学生学习的编撰方式用于全书的编排。二者相互配合，相得益彰。

其次，这是一个师生互动共同完成的成果。感谢肇庆学院2020级人力资源管理班20名同学的支持和配合，他们在课堂上关于科学与科学精神的讨论以及收集的科技型上市企业的人力资源管理案例，很多被吸收到本教材中。因此，这是一本师生教学相长，共同完成的教材。他们的名字是：马伟钧、朱紫涵、赵安怡、张文琦、孔维朗、王婷、陈希玟、黄文熹、温翠君、陈丹、高子阳、谢泽楷、梁均栏、朱姬至、陈思颖、林浩婷、叶景昱、周潍、吴丹丽、郑梦娥。

再次，这是一个理论与实践结合，富有时代气息的成果。众所周知，科技创新是一项开放式互动与知识共创、价值共享的活动。科技企业面临科技人力资源管理有效性的新挑战。技术创新带来的"破局者"挑战，使企业不断面临竞争秩序的调整。在现代科技企业招募、支持、凝聚、激励科技人员参与、开展创新活动的管理实践过程中，传统管理理论、科学管理理论已经出现部分不适用。企业文化中最重要的伦理和价值观，在指导企业创新活动中不断受到新的挑战。现有企业组织结构、管理制度难以符合激励、开展创新活动的要求。同时，科技人才具备不一样的创新特质，也对科技企业人力资源管理实践带来新的挑战。

最后，这是一个荟萃人力资源管理专家、学者与企业管理实践者智慧的平台。在这里大家思想碰撞，交流学习，共同切磋，形成了一个综合管理理论与实践案例的、面向科技企业人力资源管理、在很多维度上颠覆了传统的人力资源管理思维和模式的创新成果。科技企业面临着企业文化、伦理、价值观、知识共创、价值共享、开放程度、制度与组织重塑等一系列挑战。接下来，我们一步步展开，并借用一些典型案例来一起探讨和思考，在当前技术创新激烈竞争之下，企业家、企业管理者应该如何做？互联网时代下如何创新企业科技人力资源管理？如何应对数字时代对科技人力资源管理的冲击？如何应对共享时代对科技人力资源管理的挑战？在互联网时代、数字时代、共享时代，如何提升科技人力资源管理的变革效能？如何保障科技企业的知识产权、履行企业社会承诺、企业社会责任和引导科技人员参与，让国家、社会、企业、个人各方达成共赢？

感谢为本书做出贡献的组织和个人：感谢武汉大学出版社代君明老师、袁凯老师的关心，没有你们的支持，本书难以顺利出版。特别需要说明的是，本书学习、借鉴、吸收和参考了国内外众多专家学者的研究成果及大量相关文献资料，并引用了一些图书、报刊、网站的部分数据和资料内容，尽可能地在参考文献中列出，也有部分由于时间紧迫，未能与有关作者一一联系，敬请原谅。在此，对这些成果的作者深表谢意。感谢我的学生们，在高校执教二十年来，你们对知识的渴求是我努力前行的动力！最后，感谢我的家人，无论遇到何种艰难险阻，你们永远是我最坚强的后盾！

周 丽

2022 年 10 月于北岭山下